Kohlhammer

Schule und Unterricht bei intellektueller Beeinträchtigung

Herausgegeben von Prof. Dr. Holger Schäfer und Dr. Lars Mohr
Band 5

Die Autorinnen

Prof. Dr. Melanie Willke (*1980) ist Professorin für Bildung im Bereich körperlich-motorische Entwicklung und chronische Krankheiten an der Interkantonalen Hochschule für Heilpädagogik (HfH) sowie Referentin und Mitglied im wissenschaftlichen Beirat der Gesellschaft für Unterstützte Kommunikation. Kontakt: melanie.willke@hfh.ch

Karen Ling (*1974) ist Sonderpädagogin und Dozentin am Institut für Sprache und Kommunikation der Interkantonalen Hochschule für Heilpädagogik Zürich (HfH) sowie Vorständin und Modulleiterin des buk – Verein Bildung für Unterstützte Kommunikation, Zug. Kontakt: karen.ling@hfh.ch

Melanie Willke/Karen Ling

Unterstützte Kommunikation

Sonderpädagogischer Schwerpunkt Geistige Entwicklung

Verlag W. Kohlhammer

Dieses Werk einschließlich aller seiner Teile ist urheberrechtlich geschützt. Jede Verwendung außerhalb der engen Grenzen des Urheberrechts ist ohne Zustimmung des Verlags unzulässig und strafbar. Das gilt insbesondere für Vervielfältigungen, Übersetzungen, Mikroverfilmungen und für die Einspeicherung und Verarbeitung in elektronischen Systemen.

Die Wiedergabe von Warenbezeichnungen, Handelsnamen und sonstigen Kennzeichen in diesem Buch berechtigt nicht zu der Annahme, dass diese von jedermann frei benutzt werden dürfen. Vielmehr kann es sich auch dann um eingetragene Warenzeichen oder sonstige geschützte Kennzeichen handeln, wenn sie nicht eigens als solche gekennzeichnet sind.

Es konnten nicht alle Rechtsinhaber von Abbildungen ermittelt werden. Sollte dem Verlag gegenüber der Nachweis der Rechtsinhaberschaft geführt werden, wird das branchenübliche Honorar nachträglich gezahlt.

Dieses Werk enthält Hinweise/Links zu externen Websites Dritter, auf deren Inhalt der Verlag keinen Einfluss hat und die der Haftung der jeweiligen Seitenanbieter oder -betreiber unterliegen. Zum Zeitpunkt der Verlinkung wurden die externen Websites auf mögliche Rechtsverstöße überprüft und dabei keine Rechtsverletzung festgestellt. Ohne konkrete Hinweise auf eine solche Rechtsverletzung ist eine permanente inhaltliche Kontrolle der verlinkten Seiten nicht zumutbar. Sollten jedoch Rechtsverletzungen bekannt werden, werden die betroffenen externen Links soweit möglich unverzüglich entfernt.

1. Auflage 2025

Alle Rechte vorbehalten
© W. Kohlhammer GmbH, Stuttgart
Gesamtherstellung: W. Kohlhammer GmbH, Heßbrühlstr. 69, 70565 Stuttgart
produktsicherheit@kohlhammer.de

Print:
ISBN 978-3-17-041254-5

E-Book-Formate:
pdf: ISBN 978-3-17-041255-2
epub: ISBN 978-3-17-041256-9

Vorwort der Reihenherausgeber

Prof. Dr. phil. Holger Schäfer (*1974) lehrt und forscht am Institut für Förderpädagogik der Universität Koblenz (Arbeitsbereich SGE); langjährige Tätigkeit als Förderschullehrer, Fachleiter, Schulleiter sowie Lehrbeauftragter an der PH Heidelberg; Beiratsmitglied und Mitherausgeber der Fachzeitschrift LERNEN KONKRET und Herausgeber der Studienreihe »Schule – Unterricht – Behinderung«.
Kontakt: holgerschaefer@uni-koblenz.de

Dr. phil. Lars Mohr (*1976) ist Sonderpädagoge und Dozent am Institut für Behinderung und Partizipation der Interkantonalen Hochschule für Heilpädagogik Zürich (HfH) sowie Lehrbeauftragter am Departement für Sonderpädagogik der Universität Fribourg.
Kontakt: lars.mohr@hfh.ch

Zur Praxisreihe

Die Praxisreihe Schule und Unterricht bei intellektueller Beeinträchtigung beschäftigt sich

- mit zentralen didaktischen und methodischen Fragestellungen der Unterrichtsgestaltung,

- angemessenen Möglichkeiten eines pädagogischen, interdisziplinären Zugangs und konkreter Intervention
- sowie organisatorischen und strukturellen Aufgabenstellungen der Schulentwicklung im Kontext intellektueller Beeinträchtigung.

Die praxisnahen Anregungen berücksichtigen pädagogische und unterrichtliche Belange sowohl in Förderschulen als auch in einem inklusiven Setting unter den jeweiligen Bedingungen.

Die Autorinnen und Autoren sind tätig in der Aus- und Weiterbildung für Lehrpersonen bzw. für Sonderpädagoginnen und Sonderpädagogen und ausgewiesene Expertinnen und Experten in ihrem Fachbereich. Sie verfügen über Praxiserfahrungen und stellen das jeweilige Themenfeld in einem kompakten Bild ausbildungswirksam sowie mit konkreten unterrichtspraktischen Bezügen dar.

Die Ausführungen sind bundesländerübergreifend, beziehen Erfahrungen aus dem deutschsprachigen Raum ein und orientieren sich an den aktuellen erziehungswissenschaftlichen Erkenntnissen. Nationaler wie auch internationaler Forschungsstand finden Berücksichtigung. Als besondere Hinweise werden neben wichtigen Definitionen und Begrifflichkeiten auch Exkurse sowie Hinweise und Beispiele aus der Praxis grafisch hervorgehoben:

 kennzeichnet Definitionen und Begriffsklärungen.

 deutet auf Praxisbezüge und weiterführende Ideen hin.

 verweist auf weiterführende Literatur.

 bietet Links zu Quellen im Internet (zuletzt geprüft am 01.03.2025).

Die Praxisreihe möchte eine Lücke schließen in der Grundlagenliteratur für die Aus- und Weiterbildung im Studium und Referendariat sowie für die Kolleginnen und Kollegen in der Praxis, denen nun in einer stringenten methodischen Aufarbeitung die zentralen Themenfelder für die Gestaltung von Unterricht und die Schulentwicklung im sonderpädagogischen Schwerpunkt Geistige Entwicklung (SGE) kompakt und aus einem Guss zur Verfügung stehen.

Dabei ist uns bewusst, dass in der Pädagogik für Schülerinnen und Schüler im SGE eine Vielfalt an Begriffen herrscht, die der Bezeichnung des Personenkreises dienen sollen. Man spricht und schreibt etwa von Lernenden mit kognitiver Beeinträchtigung, mit (zugeschriebener) geistiger Behinderung oder mit Lernschwierigkeiten (um nur wenige Beispiele zu nennen). In unserer Buchreihe kommen zudem Autorinnen und Autoren aus verschiedenen Regionen und Ländern zu Wort, mit entsprechend unterschiedlichen Formulierungsneigungen.[1] Wir haben uns mit ihnen – auch in Anlehnung an die Empfehlungen des Deutschen Instituts für Menschenrechte sowie orientiert am Originalwortlaut der UN-Behindertenrechtskonvention (»intellectual impairments«)[2] – dankenswerterweise auf eine einheitliche Begriffsverwendung verständigen können: Im vorliegenden wie in den übrigen Bänden ist die Rede von Kindern und Jugendlichen im »sonderpädagogischen Schwerpunkt Geistige Entwicklung (SGE)« oder – angelehnt an den internationalen Sprachgebrauch – »mit intellektueller Beeinträchtigung«. Demgemäß haben wir auch der Buchreihe als Ganze den Titel »Schule und Unterricht bei intellektueller Beeinträchtigung« gegeben.

- Folgende Bände sind bereits erschienen: *Wirtschaft-Arbeit-Technik* (Isabelle Penning), *Konzepte, Verfahren, Methoden* (Hans-Jürgen Pitsch & Ingeborg Thümmel), *Unterricht bei komplexer Behinderung* (Holger Schäfer, Thomas Loscher & Lars Mohr), *Wahrnehmungsförderung* (Erhard Fischer) sowie *Praxiswissen Schulhund* (Holger Schäfer, Karin Schönhofen & Andrea Beetz).
- Folgende Bände befinden sich in Vorbereitung: *Herausforderndes Verhalten* (Lars Mohr & Alex Neuhauser), *Planen und Gestalten von Unterricht* (Ariane Bühler & Albin Dietrich), *Diagnostik und Förderplanung* (Frauke Janz & Stefanie Köb), *Psychische Störungen* (Pia Bienstein), *Autismus* (Remi Frei), *Sport und Bewegung* (Christiane Reuter) (Hrsg.).

Weitere Hinweise zur Praxisreihe unter www.Kohlhammer.de

---

1 Wir sprechen in unserer Praxisreihe immer von Schülerinnen und Schülern sowie Lehrerinnen und Lehrern, weitere Geschlechter bitten wir mitzulesen und gedanklich einzubeziehen. Auch in diesem Kontext konnten wir uns dankenswerterweise mit dem Verlag sowie den Autorinnen und Autoren der Praxisreihe auf eine lesbare Form verständigen.
2 Vgl. hierzu die Ausführungen in M. Knaup, H. Schuck & R. Stöppler (2024): Teilhabe leben mit intellektueller Beeinträchtigung. Stuttgart: Kohlhammer (S. 20) sowie mit Blick auf den terminologischen Diskurs und die begriffliche Problematik den Beitrag von T. Sappok, D. Georgescu & G. Weber (2023): Störungen der Intelligenzentwicklung – Überlegungen zur Begrifflichkeit. In: Sappok, T. (Hrsg.): Psychische Gesundheit bei Störungen der Intelligenzentwicklung. Stuttgart: Kohlhammer (S. 17–23).

Vorwort der Reihenherausgeber

Die Reihenherausgabe erfolgt mit freundlicher Unterstützung der Universität Koblenz (www.uni-koblenz.de) und der Interkantonalen Hochschule für Heilpädagogik HfH Zürich (www.hfh.ch).

Zu diesem Band

»No man is an island«, »Niemand ist eine Insel« – mit dieser Gedichtzeile illustrierte der englische Poet John Donne (1572–1631), dass Menschen keine Einzelwesen sind, sondern Verbindungen zueinander haben. Um gut zu leben, müssen sie sich austauschen können. Für Lernende mit intellektueller Beeinträchtigung ist das eine besondere Herausforderung. Denn intellektuelle Beeinträchtigung bringt (fast) immer auch eine Beeinträchtigung der Kommunikation mit sich:

- Zum einen macht es den Betroffenen oft Mühe, die Äußerungen anderer korrekt zu verstehen, zum Beispiel die Anweisungen der Lehrperson im Unterricht: Um welche Aufgaben geht es? Was muss getan und was unterlassen werden?
- Zum anderen haben die jeweiligen Lernenden Schwierigkeiten, sich (verbalsprachlich) differenziert mitzuteilen. Dadurch misslingt es ihnen häufig, Empfindungen oder Gedanken adäquat »nach außen zu bringen«, etwa Schmerzen, emotionale Belastungen, Vorlieben oder Erwartungen. Das erhöht nicht zuletzt die Wahrscheinlichkeit herausfordernder Verhaltensweisen, die als »letztes Mittel« bleiben, um sich Ausdruck zu verschaffen oder in der Umwelt etwas zu bewirken.

Beide Komponenten des sozialen Austauschs – das Verstehen wie die Ausdrucksmöglichkeiten – sind die Handlungsfelder der Unterstützten Kommunikation (UK). Es handelt sich bei ihr um ein Fachgebiet mit einer kaum zu unterschätzenden Bedeutung für eine praxisnahe und wirksame Pädagogik bei intellektueller Beeinträchtigung. Mittels UK lassen sich nicht nur mehr

Bildungszugänge auftun, sondern auch Exklusionsrisiken (zum Beispiel infolge herausfordernden Verhaltens) verringern. Eine erfolgreiche Implementierung Unterstützter Kommunikation steigert folglich die Teilhabechancen und erhöht die Lebensqualität der Betroffenen.

UK umfasst ein breites Spektrum an Hilfsmitteln, das sowohl Lowtech-Lösungen wie Bildkarten oder Symboltafeln als auch Hightech-Medien wie Kommunikations-Apps oder Sprachcomputer beinhaltet. Dabei hat jede Methode (dann) ihre Berechtigung, wenn sie individuell auf die Bedürfnisse und Fähigkeiten der Schülerinnen und Schüler zugeschnitten ist. Das verlangt von den Fachkräften, dass sie offen dafür sind, sowohl analoge als auch elektronische Mittel einzusetzen und sich das Know-how für deren Verwendung anzueignen. »Viel hilft viel« oder »Hauptsache digital« kann ebenso wenig als Maßgabe dienen wie die Ablehnung oder grundsätzliche Skepsis, sich auf neue Technologien einzulassen (»So haben wir es immer gemacht und dabei bleiben wir«). Stattdessen gilt es, auf einer sorgfältigen Diagnostik der kommunikativen Kompetenzen der Lernenden aufzubauen. Sie weist den Weg, welche – passgenauen – Fördermaßnahmen infrage kommen.

Berücksichtigung in der Diagnostik wie in der Förderung muss nicht zuletzt der kulturelle Kontext finden, in dem eine Schülerin oder ein Schüler aufwächst. Menschen aus unterschiedlichen Kulturen kommunizieren auf verschiedene Weise, und ihre Vorstellungen von Verständigung, Unterstützung und Bildung können stark variieren. Eine enge Zusammenarbeit mit den Eltern (oder anderen primären Bezugspersonen) ist daher in der Arbeit mit UK unabdingbar dafür, dass sich ein ganzheitlicher und individuell zugeschnittener Kommunikationsplan für das jeweilige Kind entwickeln lässt.

Kein Mensch ist eine Insel. Wir müssen somit darauf bedacht sein, die Verbindungen untereinander zu verbessern, wo dies nötig ist. Wir müssen Brücken bauen, um besser in Kontakt zu kommen und zu bleiben. Der vorliegende Band bietet eine Einführung und Übersicht, welche Optionen uns dafür im sonderpädagogischen Schwerpunkt Geistige Entwicklung zur Verfügung stehen – und er leitet dazu an, die verschiedenen Methoden und Medien fachlich versiert zu nutzen bzw. umzusetzen. Er gibt damit eine klare Orientierung in einem Fachgebiet, das sich in der Sonderpädagogik wie kein anderes in dynamischer Entwicklung befindet.

Koblenz und Zürich, Frühling 2025
Prof. Dr. Holger Schäfer und Dr. Lars Mohr

Vorwort des Vorstands der Gesellschaft für Unterstützte Kommunikation (GesUK)

Im deutschen Bildungssystem gibt es zahlreiche Menschen mit unterschiedlichen Förderbedarfen. Viele davon sind nicht oder nur unzureichend in der Lage, sprachlich zu kommunizieren und/oder haben Probleme, die Lautsprache der Kommunikationspartnerinnen und -partner zu verstehen. Den kommunikativ eingeschränkten Personen wird häufig auch das intellektuelle Denken und Handeln nicht zugetraut. Erst Kommunikation und Sprache ermöglichen es diesen Menschen, zeigen zu können, was in ihnen steckt.

Paul Goldschmidt hat sich schon in den 1970er Jahren für die Bildung und Förderung von Menschen mit intellektueller Beeinträchtigung eingesetzt. Als Logopäde war ihm die Kommunikation sehr wichtig. »Er ist zu Kindern gegangen und hat ihnen gezeigt, wie er sie als Menschen wertschätzt« (Bärbel Weid-Goldschmidt). Dank ihm und weiteren AAC-Begeisterten wurde 1990 das deutsche Chapter von ISAAC (International Society for Augmentative and Alternative Communication) gegründet. AAC (also: UK, Unterstützte Kommunikation) möchte durch Kommunikation Wissen, Teilhabe und Selbstbestimmung fördern und erreichen.

Seit über 30 Jahren setzen sich Menschen in der Gesellschaft für Unterstützte Kommunikation (GesUK) für die Verbreitung von Wissen über UK, für Forschung im Bereich UK und für Selbstbestimmung der UK-Nutzerinnen und -Nutzer ein. Ein großes Netzwerk in den deutschsprachigen Ländern von über 2.000 Mitgliedern ist entstanden, dem auch viele Förderschulen mit dem sonderpädagogischen Schwerpunkt Geistige Entwicklung (SGE) angehören. In diesen Schulen hat Unterstützte Kommunikation seit Ende der 1990er Jahre langsam, aber stetig Einzug gehalten und ist heute aus deren Alltag nicht wegzudenken.

UK wird nicht als isolierte Methode zur Kommunikationsförderung verstanden, sondern erfordert immer die Beteiligung des sozialen Umfeldes und der jeweiligen Kommunikationspartnerinnen und -partner. Besonders der Lebens- und Förderort Schule soll einen Kommunikationsraum für UK darstellen, denn hier kann Kommunikation gelernt und gelebt werden.

Auch in der heutigen Situation mit vielen mehrsprachigen Kindern und Jugendlichen aus verschiedenen Kulturen und mit zahlreichen Kommunikations- und Sprachstörungen ist UK wichtiger denn je. Denn Kommunikation ist für alle Menschen ein wesentlicher Entwicklungsmotor und ermöglicht ein soziales Miteinander.

Wir, als Vorstand der GesUK, setzen uns dafür ein, dass alle Menschen, die UK benötigen, deren Angehörige, Lehrerinnen und Lehrer sowie Betreuungspersonal Kenntnisse, Zugang zu Ausstattung und Austausch im Netzwerk bekommen können.

Wir freuen uns, dass das Thema »Unterstützte Kommunikation« mit diesem Band einen weiteren Meilenstein in der Verbreitung von UK darstellt. Denn: Kommunikation, gleich welcher Art, ist das Grundrecht eines jeden Menschen, unabhängig von seinen intellektuellen Kompetenzen.

Berlin und Hildesheim im September 2024
Silke Braun und Ute Schnelle (für den Vorstand der Gesellschaft für Unterstützte Kommunikation e.V.)

Der Band »Unterstützte Kommunikation« erscheint in Zusammenarbeit und mit freundlicher Unterstützung der Gesellschaft für Unterstützte Kommunikation e.V. (www.gesellschaft-uk.org) und der Interkantonalen Hochschule für Heilpädagogik HfH Zürich (www.hfh.ch).

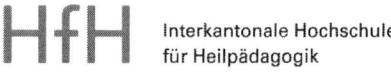

Inhalt

Vorwort der Reihenherausgeber   **5**

Zur Praxisreihe   5
Zu diesem Band   8

Vorwort des Vorstands der Gesellschaft für Unterstützte Kommunikation (GesUK)   **11**

1 Einleitung   **17**

2 Grundlagen der Unterstützten Kommunikation   **19**

2.1 Interaktion und Kommunikation – linguistische Definition(en)   20
2.2 Kommunikations- und Spracherwerb   22
2.2.1 Phase 1: vorintentionales Verhalten – vorintentionale Kommunikation (reaktiv/Affektabstimmung – 0 bis 3 Monate)   25
2.2.2 Phase 2: intentionale Verhaltensweisen – vorintentionale Kommunikation (3. bis 8. bzw. 9. Monat)   26
2.2.3 Phase 3: intentionale vorsymbolische Kommunikation – unkonventionelle Kommunikation (6. bis 12. Monat)   28
2.2.4 Phase 4: intentionale vorsymbolische Kommunikation – konventionelle Kommunikation (9. bis 15. Monat)   29
2.2.5 Phase 5: symbolische Kommunikation – konkrete Symbole (12. bis 18. Monat)   30
2.2.6 Phase 6: abstrakte Symbole – symbolische Kommunikation (18. bis 24. Monat)   32
2.2.7 Phase 7: verbale Kommunikation – Sprache (Aufbau ab 24 Monaten)   33
2.3 Zielgruppen der UK   35
2.3.1 Gruppe 1: Menschen, die präintentional kommunizieren   36

2.3.2	Gruppe 2: Menschen, die präsymbolisch, aber intentional kommunizieren	37
2.3.3	Gruppe 3: Menschen, die symbolisch kommunizieren, mit deutlichen Einschränkungen des Sprachgebrauchs	39
2.3.4	Gruppe 4: Menschen, die altersgemäß verbal-symbolisch kommunizieren	40
2.3.5	Kommunikationserwerb und Diagnostik	41
2.4	Beeinträchtigungen der Kommunikation im Kontext intellektueller Beeinträchtigung	43
2.4.1	Beeinträchtigungen der Kommunikation im SGE	43
2.4.2	Studien zur Schülerschaft mit Beeinträchtigungen der Kommunikation	45
2.5	Entstehung und Geschichte der UK	49
2.5.1	Problembereich 1: Terminologie und Abgrenzung	50
2.5.2	Problembereich 2: Zielgruppen	51
2.5.3	Aktuelle Entwicklungen	52
2.6	Zielperspektiven, Rahmenbedingungen und Modelle der UK	54
2.6.1	Zielperspektiven: Teilhabe und Partizipation	54
2.6.2	Rahmenbedingungen: UN-BRK und ICF	55
2.6.3	Modelle der Unterstützten Kommunikation	59
2.7	Formen der UK	68
2.7.1	Multimodales Kommunikationssystem	68
2.7.2	Körpereigene Kommunikationsformen	70
2.7.3	Externe Kommunikationsformen und -hilfen	75
2.7.4	Zusammenfassung	82
3	**UK-Interventionen planen und durchführen**	**84**
3.1	Interventionsplanung in der UK	84
3.1.1	UK-Interventionen	84
3.1.2	Partizipation als Ziel von UK-Interventionen	85
3.1.3	Interventionsplanung	87
3.1.4	Bedeutung von Diagnostik für die Interventionsplanung	88
3.1.5	Interventionsplanung als zyklischer Prozess	90
3.1.6	Das (kooperative) Partizipationsmodell	92

3.1.7	Das ABC-Modell	101
3.1.8	Zusammenfassung und Ausblick	106
3.2	Diagnostische Inventare	107
3.2.1	Abhängig sein – diagnostische Zugänge	108
3.2.2	Angewiesen sein – diagnostische Zugänge	108
3.2.3	Frei sein – diagnostische Zugänge	109
3.3	Die Rolle der Kommunikationspartnerinnen und -partner	109
3.3.1	Erfahrungen mit erfolgreicher Kommunikation ermöglichen	109
3.3.2	Die Bedeutung der Kommunikationspartnerinnen und -partner	110
3.3.3	Partnerstrategien zur Förderung der kommunikativen Entwicklung	111
3.3.4	Vokabularauswahl und Wortschatzaufbau	114
3.3.5	Förderung mit Fokuswörtern	117

4 UK in Schule und (inklusivem) Unterricht — 122

4.1	Handlungsfelder der UK	122
4.1.1	Handlungsfeld Beratung	123
4.1.2	Handlungsfeld Bildung und Förderung	124
4.1.3	Handlungsfeld individuelle Intervention/Therapie	125
4.2	Didaktische Modelle und Unterstützte Kommunikation	126
4.2.1	Zentrale Modelle der Entwicklungslogischen Didaktik	127
4.2.2	Universal Design for Learning (UDL)	134
4.2.3	Sprachliche und kommunikative Barrieren	139
4.3	Unterrichtsimmanente kommunikative Teilhabe gestalten	145
4.3.1	Methodik im Unterricht mit UK	146
4.3.2	Lern- und Unterrichtsorganisation mit UK	155
4.4	Literacy, Schriftspracherwerb und UK	169
4.4.1	Zur Bedeutung des Schriftspracherwerbs für UK-Nutzende	169
4.4.2	Modelle des Schriftspracherwerbs: Stufenmodelle vs. Emergent-Literacy-Modell	170
4.4.3	Grundlegende handlungsleitende Haltungen	173
4.4.4	Das Merge-Modell	176

4.4.5	Schriftspracherwerb im engeren Sinne	178
4.4.6	Schrift oder Symbole?	182
4.5	Mehrsprachigkeit und UK	183
4.5.1	Spracherwerb im Kontext von Mehrsprachigkeit	184
4.5.2	Mehrsprachigkeit – Unterstützungsmöglichkeiten und Zielgruppen der UK	188
5	**Schlusswort**	**199**
Literatur		**200**
Register		**213**

1 Einleitung

Schülerinnen oder Schüler, deren lautsprachliche Möglichkeiten nicht dafür ausreichen, sich umfassend mitzuteilen, benötigen Maßnahmen der Unterstützten Kommunikation (UK). UK bietet nicht nur Möglichkeiten, sich auszudrücken, sondern kann auch eine Hilfe sein, besser zu verstehen, was andere sagen. Ablaufpläne mit Symbolen, die Verdeutlichung des Gesagten durch Gebärden oder die Visualisierung von Aufgaben können ebenfalls helfen, wenn eine Aussage allein über Lautsprache nicht verstanden oder schnell wieder vergessen wird.

Nach den einleitenden Worten werden im zweiten Kapitel die Grundlagen der UK thematisiert (▶ Kap. 2). Im Anschluss an die Vorstellung zentraler linguistischer Definitionen wird ein Einblick in den Kommunikations- und Spracherwerb gegeben. Es erfolgt eine Darstellung der Zielgruppen Unterstützter Kommunikation sowie ein kurzer Überblick über die Entstehung und Geschichte der UK. Im Anschluss an die Vorstellung von Zielen, Rahmenbedingungen und grundlegenden Modellen der UK werden die unterschiedlichen Kommunikationsformen dargestellt.

Im dritten Kapitel wird erläutert, wie UK-Interventionen geplant und durchgeführt werden können (▶ Kap. 3). Dafür werden Grundlagen zur Interventionsplanung, zur Diagnostik im Kontext von UK und die Interventionsplanung als zyklischer Prozess vorgestellt. Zwei Modelle zur Interventionsplanung werden konkret beschrieben: das (kooperative) Partizipationsmodell und das ABC-Modell.

Schließlich wird in Kapitel 4 die Anwendung von UK in schulischen Umgebungen, insbesondere im inklusiven Unterricht, untersucht (▶ Kap. 4). Hierbei werden verschiedene Handlungsfelder, didaktische Ansätze und Methoden diskutiert, um eine effektive Integration von UK in den schulischen Alltag zu ermöglichen. Zusätzlich werden Themen wie Literacy und Schriftspracherwerb, Mehrsprachigkeit und konkrete kommunikationsfördernde Maßnahmen im Unterricht behandelt.

Durch diese strukturierte Herangehensweise bietet dieses Buch einen umfassenden Überblick über die Grundlagen, Interventionen und Anwendungen der Unterstützten Kommunikation in schulischen Kontexten, wo-

1 Einleitung

durch Leserinnen und Leser ein fundiertes Verständnis für dieses wichtige Feld der Unterstützten Kommunikation entwickeln können.³

---

3 Anmerkung: In Kapitälchen geschriebene Wörter (bspw. WILLST DU das Buch LESEN?) in den einzelnen Kapiteln werden jeweils in der alternativen Kommunikationsform ausgedrückt (bspw. durch Talker oder durch Gebärden).

2 Grundlagen der Unterstützten Kommunikation

In diesem Kapitel werden die Grundlagen der Unterstützten Kommunikation (UK) im Kontext des sonderpädagogischen Schwerpunktes Geistige Entwicklung (SGE) vorgestellt. Zu Beginn werden die allgemeinen und zentralen Konzepte von Interaktion und Kommunikation (▶ Kap. 2.1) ausgewiesen. Dabei wird insbesondere auf die Unterscheidung zwischen Interaktion und Kommunikation und die Bedeutung von nonverbaler und verbaler Kommunikation eingegangen. Im Anschluss erfolgt eine vertiefte Betrachtung der Grundlagen und Perspektiven auf den Erwerb kommunikativer und sprachlicher Kompetenzen (▶ Kap. 2.2). Nach der linguistischen und erwerbstheoretischen Einführung richtet sich der Fokus in den darauffolgenden Kapiteln (▶ Kap. 2.3 bis ▶ Kap. 2.6) auf die Grundlagen der UK in Zusammenhang mit Fragen und Themen zu intellektueller (und auch komplexer) Beeinträchtigung. Im Anschluss werden Formen der UK dargestellt (▶ Kap. 2.7).

> **Unterstützte Kommunikation**
> Unterstützte Kommunikation (UK) ist ein multidisziplinäres Fachgebiet, dessen Konzepte, Methoden und Mittel sowohl in der Sonder- und Heilpädagogik als auch in therapeutischen Disziplinen (Logopädie, Sprachtherapie) etabliert sind. Das Ziel von UK ist die Ermöglichung von Teilhabe und Partizipation von Menschen, die nicht oder schwer verständlich lautsprachlich kommunizieren (Bernasconi 2023, 10). Diese Perspektive wird in der englischsprachigen Bezeichnung »Augmentative and Alternative Communication (AAC)« wesentlich besser deutlich. Es geht hauptsächlich darum, Alternativen zur Lautsprache anzubieten oder die Lautsprache und Sprachentwicklung unterstützende (augmentative) Angebote bereitzustellen (Ling 2021, 281).

2.1 Interaktion und Kommunikation – linguistische Definition(en)

Der Begriff der Kommunikation steht in einem engen Zusammenhang mit der sozialen Teilhabe und Partizipation. Dies wird schon an der Bedeutung des lateinischen Verbs *communicare* deutlich: »etwas gemeinsam machen/teilnehmen/mitteilen/teilen« (Ling 2011, 188). Mit der Bedeutung des Verbs ist ein weites Verständnis von Kommunikation verbunden. Besonders deutlich wird dieses Verständnis im bekanntesten Axiom der Kommunikationstheorie von Watzlawick, Beavin und Jackson (2017, 60): »Man kann nicht nicht kommunizieren«. Mit diesem Zitat ist die Tatsache gemeint, dass jedes Verhalten vom Gegenüber als eine Mitteilung bzw. als eine kommunikative Absicht interpretiert werden kann. Diese Interpretationsleistung des Gegenübers ist insbesondere im Kommunikations- und Spracherwerb zentral (Scholz & Stegkemper 2022, 13).

Für die Frage des Partizipationsgrades in sozialen Situationen hilft diese weite Definition jedoch noch nicht weiter, da damit jegliches Verhalten als Kommunikation bezeichnet wird. Deswegen lohnt sich ein Blick in die Definitionen der Kommunikationstheorie und -psychologie. Hier hat sich ein Kommunikationsbegriff etabliert, der jedes partnerorientierte Handeln als Kommunikation bezeichnet (u. a. Tomasello 2011). Diese Definition ist für den pädagogischen Bereich und die UK besonders geeignet, da damit auch die nichtsymbolischen Bereiche für die wechselseitige und partnerorientierte Kommunikation berücksichtigt werden. Denn diese spielen eine nicht unwesentliche Rolle für das Verstehen und Äußern einer Mitteilung. Das machen auch Beispiele aus kommunikationspsychologischen Modellen deutlich, die aufzeigen, dass eine rein verbale, sprachliche Mitteilung etwas Unterschiedliches bedeuten oder verschieden verstanden werden kann (Schulz von Thun 2014). Die unterschiedlichen Bedeutungen einer Mitteilung werden insbesondere über die nichtsymbolische und nonverbale Ebene wie bspw. die Prosodie oder Mimik und Körperhaltung transportiert und zeigen damit an, wie diese in der Situation und in der Beziehung zum Empfänger verstanden bzw. interpretiert werden können. Dieses Zusammenspiel wird in einem weiteren Axiom von Watzlawick, Beavin und Jackson (2017, 78) deutlich:

> »Menschliche Kommunikation bedient sich digitaler und analoger Modalitäten. Digitale Kommunikationen haben eine komplexe und vielseitige logische Syntax, aber eine auf dem Gebiet der Beziehungen unzulängliche Semantik. Analoge Kommunikationen

2.1 Interaktion und Kommunikation – linguistische Definition(en)

dagegen besitzen dieses semantische Potenzial, ermangeln aber der für eindeutige Kommunikation erforderlichen logischen Syntax.«

Die digitale Modalität bei Watzlawick, Beavin und Jackson (2017) entspricht der verbalen, sprachlichen Kommunikation, die analoge Modalität den nonverbalen und nichtsymbolischen Elementen der Kommunikation. Für das Verstehen und Äußern einer Mitteilung sind beide notwendig und relevant und wir bedienen uns alle in Gesprächen immer beider Modalitäten (Scholz & Stegkemper 2022, 16). Daraus ergibt sich eine Definition von Kommunikation mit den Modalitäten verbal und nonverbal und damit verbundenen Elementen (▶ Tab. 2.1):

Tab. 2.1: Kommunikationsmodalitäten und Elemente der Kommunikation (erweitert nach Ling 2021, 282) (eigene Darstellung)

partnerorientierte Interaktion	symbolisch *Sachebene*	nichtsymbolisch *Beziehungsebene*
verbale Kommunikation	• Lautsprache (natürlich oder mit Hilfsmitteln) • Schrift • Gebärdensprache • Symbolsprachen/-systeme (bspw. BLISS, Minspeak)	–
nonverbale Kommunikation	• konventionelle Gestik (bspw. Daumen hoch für ok bzw. gut) • einzelne Gebärden oder Gebärdensammlungen ohne Grammatik (u. a. GuK, Porta, Schau doch meine Hände an) • einzelne Piktogramme (METACOM)	• vokal (Laut- oder Gefühlsäußerungen, Stimmqualität und Klangfarbe) • nonvokal (Mimik, Blickverhalten, Gestik, Körperhaltung und -bewegung, auch Atmung)

Sowohl die nonverbale und verbale Kommunikation als auch die symbolische Kommunikation werden innerhalb des Kommunikations- und Spracherwerbs in sozialen Situationen erworben.

2.2 Kommunikations- und Spracherwerb

Kinder sind umgeben von Sprache und Kommunikation, die die menschliche Kultur ausmachen. Sie bewegen sich von Anfang an durch eine sprachliche Umwelt, deren Regeln und Wissen sie sich in Kooperation mit anderen in sozialen Situationen aneignen. Sie wachsen als Individuen in eine gemeinsame menschliche Kultur hinein und je mehr soziales Handeln und Kommunikation sie erfahren, umso mehr erwerben sie Situations- und Weltwissen und damit kognitive und sozial-emotionale Kompetenzen. Spracherwerb ist damit »von Anfang an mehr als der Erwerb linguistischer Kenntnisse. Das sprachliche Wissen steht immer in enger Beziehung zu kognitiven und sozialen Fähigkeiten sowie zur Verhaltensregulation« (Grimm 2012, 15). Konkret bilden Sprache und Kommunikation die Grundlage für den Aufbau von Situations- und Weltwissen und gleichzeitig wirken Veränderungen des Situations- und Weltwissens wieder zurück auf die Sprach- und Kommunikationskompetenzen (Lage 2006, 109).

Diese wechselseitige Bedingtheit wird bspw. in der Bildung von Kategorien im Zusammenhang mit dem Wortschatzerwerb deutlich. So sind bspw. für lautsprachlich kommunizierende Kinder am Anfang alle vierbeinigen Tiere »Wauwau« und dann »Hund«. Dadurch, dass die Bezugspersonen darauf mit der Benennung der korrekten Bezeichnung reagieren (»Das ist eine Katze bzw. das ist eine Kuh«), differenzieren die Kinder die Kategorie der Vierbeiner allmählich aus bis zum Konzept »Säugetiere«. Diese Wechselwirkungen zwischen kognitiver oder sozial-emotionaler Entwicklung und Sprach- und Kommunikationserwerb definieren innerhalb der Entwicklung zentrale Meilensteine, die in unterschiedlichen (Sprach-)Entwicklungstheorien zu finden sind.

Innerhalb der UK und Sonderpädagogik liegt der Schwerpunkt in der Theorie und Forschung zum Spracherwerb auf interaktionistischen und sozialpragmatischen Theorien und Modellen (Bruner 2002; Tomasello 2011), da hier die dingliche und soziale Umwelt als zentral angesehen werden. Im Vordergrund der Ansätze stehen die Funktion und Bedeutung der Kommunikation für die gesamte Entwicklung des Menschen. Zudem ist der Spracherwerb in den Erwerb kommunikativer Kompetenzen integriert. Grundlage und Rahmung sind die soziale Situation und das soziale Handeln bzw. die Kooperation zwischen Menschen in diesen Situationen.

Sowohl die interaktionistischen als auch die sozialpragmatischen Theorien gehen von einer angeborenen Disposition zu sozialem Handeln und damit auch zum Kommunikations- und Spracherwerb aus, da Kinder von Geburt an das Bedürfnis haben, kommunikativ zu handeln und mit anderen in Kooperation zu treten (Bernasconi 2023, 29 f.). Auf dieser Basis werden zuerst die linguistischen Bereiche der Phonologie und Phonetik und in einem zweiten Schritt die Semantik und das Lexikon erworben. In einem dritten Schritt werden die Bereiche Morphologie und Syntax aufgebaut, da diese erst mit der Sprache bzw. der verbalen Kompetenz erworben werden. Diese Abfolge der drei linguistischen Sprachbereiche stehen hinter drei Meilensteinen, die in den sozialpragmatischen und interaktionistischen Theorien und Modellen gebraucht werden. Die Abfolge lässt sich folgendermaßen beschreiben:

1. *vorintentionale (präintentionale) Phase:* Die Kinder kommunizieren zwar nonverbal über Laute, Blickrichtung und Handbewegungen, verbinden damit aber anfänglich noch keine Absicht bzw. kein Ziel (Scholz & Stegkemper 2022, 19).
2. *intentionale Phase:* Deren Beginn wird von Tomasello (2011) auch als die Neunmonatsrevolution bezeichnet, in der die Kinder über die Zeigegeste und den triangulären Blickkontakt (Pendeln des Blickes zwischen der Bezugsperson und einem Gegenstand) kommunizieren. Das bedeutet, die Kinder verstehen einerseits, dass sie mit der Zeigegeste und dem triangulären Blickkontakt ein gemeinsames Thema der Kommunikation bestimmen können (»Schau mal, da ist der Ball«). Andererseits verstehen sie auch die Zeigegesten der Erwachsenen und können diesen mit dem Blick folgen (Tomasello & Rakoczy 2003, 129).
3. *verbale Kommunikation:* Diese Kommunikationsphase reicht von der Verwendung erster Wörter und konventioneller Gesten bis hin zur Verwendung der (Laut-)Sprache in korrekter Form (Scholz & Stegkemper 2022, 22).

Diese Phasen sind weit gefasst und beinhalten weitere zentrale Punkte, an denen sich wichtige Veränderungen ablesen lassen. Deswegen wird der Sprach- und Kommunikationserwerb im Nachfolgenden im Rahmen der »Kommunikationsmatrix« von Rowland (Rowland 2011; 2015) und anhand der bei Scholz und Stegkemper (2022) zu findenden Bezeichnungen der Phasen detaillierter vorgestellt (▶ Tab. 2.2). Die *Kommunikationsmatrix* von Rowland (2015) wurde mit Blick auf Kinder mit komplexen Beeinträchtigungen entwickelt, berücksichtigt unterschiedliche Ausdrucksformen der kommunikativen Entwicklung bis zu einem Alter von ca. 24 Monaten und ist in sieben unterschiedliche Kompetenzphasen unterteilt. Zentral ist, dass je nach Kommunikationsfunktion und sozialer Situation Ausdrucksformen aus verschiedenen Phasen gleichzeitig verwendet werden, um kommunikative

Absichten zu verwirklichen. Im Kommunikationserwerb geht es also nicht um eine restriktive Abfolge von Entwicklungsstufen (Scholz & Stegkemper 2022, 19). Anders ausgedrückt entwickelt sich Sprache bzw. die symbolische und verbale Kommunikation aus der Gestenkommunikation des Kleinkindes in sozialen Situationen und damit auf der Grundlage der nonverbalen und nichtsymbolischen Ausdrucksmittel. Für eine erfolgreiche Kommunikation werden diese auch später immer im Zusammenhang mit den symbolischen und verbalen Modalitäten verwendet (Tomasello 2011, 20).

Tab. 2.2: Vergleich der Phasen des Kommunikationserwerbs (eigene Darstellung)

Interaktionistische und sozialpragmatische Kommunikationstheorie (Bruner 2002; Tomasello 2011)	Kommunikationsphasen nach Rowland (Scholz & Stegkemper 2022)
vorintentionale Kommunikation	vorintentionales Verhalten (vorintentionale Kommunikation)
intentionale Kommunikation	intentionales Verhalten (vorintentionale Kommunikation)
	intentional-vorsymbolische Kommunikation (unkonventionelle Kommunikation)
	intentional-vorsymbolische Kommunikation (konventionelle Kommunikation)
verbale Kommunikation (symbolische und sprachliche Kommunikation)	symbolische Kommunikation (konkrete Symbole)
	symbolische Kommunikation (abstrakte Symbole)
	verbale Kommunikation (Sprache)

Begriffsklärungen im Kontext von UK

- *Prosodie:* Zur Prosodie gehören alle stimmlichen Elemente der Lautsprache wie Akzentuierung, Intonation bzw. Sprachmelodie, Lautstärke, Sprechgeschwindigkeit, Rhythmus und Klangfarbe.
- *Mirroring:* Mit Mirroring ist die unbewusste Spiegelung des insbesondere nonverbalen Verhaltens der anderen Person in einer Interaktion gemeint, bei dem eine Person unbewusst Gesten, Sprachmuster oder die Körperhaltung der anderen Person nachahmt.

- *turn-taking:* Das turn-taking ist eine zentrale pragmatische Fähigkeit und bezeichnet das Abwechseln der »Redebeiträge« zwischen zwei Personen.
- *Joint attention:* Bei joint attention handelt es sich um ein wichtiges Merkmal der sozialen Kognition, bei dem es dem Kind gelingt seine Aufmerksamkeit sowohl auf die Person als auch auf einen Gegenstand zu richten.
- *Triangulation bzw. trianguärer Blick:* Der trianguläre Blickkontakt ist das beobachtbare Zeichen, dass Kinder die joint attention erreicht haben. Sie pendeln dabei ihren Blick zwischen der Bezugsperson und dem Gegenstand hin und her, bspw. schauen sie zuerst auf das Spielzeug, das sie in der Hand halten, und dann zu ihrer Mutter.
- *Imitationen bzw. Imitationslernen:* Lernen durch Imitation wird oft auch als Lernen durch Nachahmung oder Beobachtungslernen bezeichnet. Kinder lernen durch die Beobachtung ihrer Bezugspersonen bestimmte Verhaltensweisen, den Umgang mit Objekten und die Sprache. Zu beachten ist hier, ob das Kind direkt in der Situation oder verzögert bzw. später und in unterschiedlich langen Zeitabständen nachahmt. Denn die unterschiedlichen Zeitpunkte und Abstände sind Merkmale für Lern- und Gedächtnisleistungen.

2.2.1 Phase 1: vorintentionales Verhalten – vorintentionale Kommunikation (reaktiv/Affektabstimmung – 0 bis 3 Monate)

Diese Phase wird oft auch als reaktive oder adaptive Stufe bezeichnet, da Kinder in dieser Phase insbesondere auf Umweltreize reagieren. Es geht also in erster Linie um die Reizverarbeitung und die Integration von Reizen. Die »kommunikativen Äußerungen« basieren in den ersten Wochen auf angeborenen Reflexen (Bewegung, Mimik) und Affekten (Unwohlsein, Wohlbefinden, Hunger) und äußern sich durch Lautieren, Weinen oder Bewegung der Gliedmaßen. Damit sind noch keine kommunikativen Absichten verbunden; Kinder können sich noch nicht vorstellen, dass sie durch ihr Verhalten etwas mitteilen könnten (Scholz & Stegkemper 2022, 20).

Dennoch nehmen sie bereits die Umwelt und ihre Bezugspersonen wahr. So konnte in Beobachtungsstudien nachgewiesen werden, dass bereits wenige Wochen alte Säuglinge aufmerksamer werden, wenn sie die Stimme ihrer Mutter oder auch Lieder hören. Die Aufmerksamkeit erhöht sich auch dann, wenn in einer anderen Sprache zu ihnen gesprochen wird. Diese Aufmerksamkeitssteigerungen zeigen, dass am Anfang der kognitiven und kommunikativen Entwicklung die Prosodie und Rhythmik steht: Bereits Säuglinge nehmen kommunikative Äußerungen ihres Umfeldes über die prosodisch-rhythmischen Merkmale und deren Veränderungen wahr, sie können Bekanntes von Unbekanntem in der Prosodie unterscheiden und können sogar rhythmisch-prosodische Klangcharakteristika bspw. von Kinderreimen wiedererkennen (Weinert & Grimm 2012, 437).

In der Kommunikationssituation geht es darum, dass die Bezugspersonen über Laut- und Körperdialoge die Affektregulation unterstützen, bspw. indem sie das Baby schaukeln, füttern oder die ersten Laute in einen wechselseitigen Dialog einbinden, indem sie die Lautfolge spiegeln. Mit diesem sogenannten *Mirroring* wird zum einen das *turn-taking* (also das Abwechseln im Dialog als wesentliches Merkmal der Pragmatik) vorbereitet. Zum anderen interpretieren Eltern bereits gestische, mimische und lautliche Äußerungen als Ausdruck eines bestimmten Bedürfnisses oder Befindens und reagieren entsprechend. Damit unterstellen sie kommunikative Absichten bzw. Intentionalität (Scholz & Stegkemper 2022, 20). Dies führt dazu, dass Kinder im Übergang zur nächsten Phase insbesondere das Kommunikationsmotiv »teilen« erfahren, da sie über die Affektabstimmung Gefühle mit ihrem Gegenüber teilen bzw. synchronisieren können (Tomasello 2011, 150).

2.2.2 Phase 2: intentionale Verhaltensweisen – vorintentionale Kommunikation (3. bis 8. bzw. 9. Monat)

In der zweiten Phase (▶ Tab. 2.2) zeigt das Kind intentionales Verhalten: Es kann innere Bedürfnisse wie Müdigkeit und Hunger durch unterschiedliche Formen von Lauten oder Weinen ausdrücken. Zudem versucht es nach einem begehrten Spielzeug zu greifen oder sich von einem Objekt abzuwenden, das es nicht möchte. Die Kommunikation ist noch vorintentional, da das Verhalten für das Kind keine eindeutige kommunikative Funktion hat und in erster Linie Ausdruck von Bedürfnissen oder inneren Zuständen ist. Das Kind schreit bspw., weil es hungrig ist, und nicht, »weil es möchte«, dass die Eltern es füttern (Scholz & Stegkemper 2022, 20).

Zusätzlich zur Unterscheidung und Verarbeitung von prosodisch-rhythmischen Merkmalen tritt die Wahrnehmung und die Unterscheidung zwischen verschiedenen Objekten sowie die Differenzierung zwischen Personen und Dingen als neue Erfahrung hinzu. Diese Fähigkeit ist ein erster Schritt für die Bildung von Begriffen und Kategorien, die sich in allen weiteren Phasen ausdifferenzieren. Dem Kind gelingt es zunehmend, seine Aufmerksamkeit zu lenken. Es kann die Aufmerksamkeit aber entweder nur auf ein Ding bzw. ein Objekt oder auf eine (anwesende) Person richten. Diese Fähigkeit wird auch als *getrennte Aufmerksamkeit* (divided attention) bezeichnet (Nelson 2007, 78).

In Interaktionen mit den Bezugspersonen ist es wichtig, dass diese auf das Verhalten des Kindes immer kontingente Reaktionen zeigen. Damit ist gemeint, dass sie auf das Verhalten des Kindes immer gleich reagieren, bspw. das Kind aus dem Bettchen nehmen, wenn es die Arme hebt, oder im »Guckuck-Dada-Spiel« das freudige Händeschütteln als ein »Ah, du willst nochmal« interpretieren. Ein weiteres zentrales Prinzip in der Interaktionsgestaltung bzw. den kontingenten Reaktionen ist eine Mischung aus einer hohen Vertrautheit und einem mittleren Grad an Neuheit oder Veränderung – ohne jegliche Variation reagiert das Kind mit Langeweile, umgekehrt fehlen ihm bei vollständig neuen Informationen die notwendigen Anknüpfungspunkte und es reagiert mit Desinteresse, indem es sich abwendet. Die Reaktionen der Erwachsenen sind dabei immer lautsprachlich begleitet, wobei der Sprachstil und die Verhaltensweisen stark strukturiert sind. So bewegt sich die Stimme intuitiv meist in einer höheren Tonhöhe, dem sogenannten »Ammenton«, da Säuglinge bis zum Alter von etwa neun bis zwölf Monaten Schwierigkeiten haben, mittlere und tiefe Tonlagen wahrzunehmen. Die Satzmelodie ist stark übertrieben. So werden Wörter gedehnt, am Ende einer Aussage die Stimmlage erhöht und besondere Wörter wie »Mama« oder »Papa« durch Akzentverschiebung (Pause, andere Tonlage) hervorgehoben. Dadurch wird die Aufmerksamkeit des Säuglings auf die rhythmisch-prosodische Struktur der Sprache unterstützt und gelenkt. Zudem werden neben der Prosodie einfache Aussagesätze mit Subjekt-Verb-Objekt-Folge verwendet und es wird intuitiv auf die »gerichtete Sprache« geachtet, d.h., die sprachlichen Äußerungen der Erwachsenen sind immer direkt an das Kind und seinen Aufmerksamkeits- und Wahrnehmungsfokus gerichtet (Grimm 2012, 44 f.).

Durch die kontingenten Reaktionen und eine konsequente Interpretation des Verhaltens, erster Gesten und Lautierungen durch die Eltern lernt das Kind, dass ein Zusammenhang zwischen seinem Verhalten und Reaktionen seiner Umwelt besteht. Anders ausgedrückt beginnt ein Verständnis des »Ursache-Wirkungs-Zusammenhangs«. Dieses wird zur Grundlage der Fähigkeiten in der nächsten Phase und erster Erfahrungen des Kommunikationsmotivs »auffordern«, da Kinder Erwachsene mit ihrem Verhalten dazu bringen können, etwas mit ihnen oder für sie zu tun (Scholz & Stegkemper 2022, 20; Tomasello 2011, 150).

2.2.3 Phase 3: intentionale vorsymbolische Kommunikation – unkonventionelle Kommunikation (6. bis 12. Monat)

Das konsequente Interpretieren des Verhaltens und einzelner Gesten sowie Lautierungen als kommunikative Äußerungen führt dazu, dass das Kind über Blickverhalten oder Gesten erste kommunikative Mitteilungen machen kann und diese zielgerichtet, also intentional, einsetzt: Es hebt die Arme, damit es hochgenommen wird, oder winkt mit den Händen zur Begrüßung oder zum Abschied. Lautsprachlich kommunizierende Kinder ahmen die Intonationen der Muttersprache nach (sogenanntes »kanonisches Lallen«). Alle Ausdrucksformen werden nun immer mehr bewusst kommunikativ eingesetzt, sind aber individuell unterschiedlich und damit größtenteils noch nicht konventionalisiert, d. h., sie werden nur von den direkten Bezugspersonen als Mitteilungen erkannt (Scholz & Stegkemper 2022, 21).

Kinder und Jugendliche mit einer intellektuellen Beeinträchtigung, die sich in dieser Entwicklungsphase befinden, zeigen bspw. durch Ziehen der Person zum gewünschten Objekt oder Lenken der Hand des Anderen zum Objekt, dass sie dieses gerne hätten. Wenn sie mit der Person kommunizieren möchten, berühren sie die Person oder schauen sie direkt an. Gesamthaft haben Kinder in dieser Phase die Absicht (Intention), das Verhalten ihres Gegenübers zu beeinflussen (Rowland 2015, 3).

In dieser Phase beginnt auch der erste Schritt der Entwicklung der *gemeinsamen Aufmerksamkeit* (joint attention). Kinder können nun die *Aufmerksamkeit prüfen*, indem sie auf das Gegenüber schauen, ob dieses seine Aufmerksamkeit auch auf dasselbe Objekt richtet (Nonn 2014, 34). Dieses Prüfen der Aufmerksamkeit wird dadurch möglich, dass Kinder ihren eigenen Körper als getrennt von der Umwelt wahrnehmen können und erkennen, dass Personen und Objekte unterschiedliche Kategorien sind (Grimm 2012, 28). Sie können ein Objekt mit dem Blick verfolgen oder suchen kurz nach dem Objekt, wenn es aus ihrem Blickfeld verschwindet. Das ist der erste Schritt auf dem Weg zur vollen Objektpermanenz, die eine zentrale kognitive Fähigkeit ist und zur Ausbildung von Begriffen und Kategorien beiträgt (Rowland 2015, 5).

In der Kommunikation mit Kindern in dieser Phase ist es wichtig zu wissen, dass nun Szenen der gemeinsamen Aufmerksamkeit möglich sind. In diesen stehen insbesondere das Teilen von Gefühlen und Meinungen im Sinne von »Toll«, »Das ist interessant« im Mittelpunkt. Anders als bei der *getrennten Aufmerksamkeit* können dazu Objekte in die Kommunikationssituation einbezogen werden und Kinder verstehen bereits erste Worte. Deswegen kann nun auch der Gebrauch von Übergangsobjekten angebahnt werden und unkonventionelle Gesten können in konventionelle Gesten umgeformt werden. Damit sind nun die Grundlagen für die konventionelle und symbolische Kommunikation erworben (Rowland 2015, 8).

2.2.4 Phase 4: intentionale vorsymbolische Kommunikation – konventionelle Kommunikation (9. bis 15. Monat)

> »Die symbolisch verwendete Geste steht für die Erreichung eines kognitiven Meilensteins, der den Gebrauch konventionalisierter sprachlicher Zeichen möglich macht. Kinder, die früh Gesten benutzen, werden so auch frühe Sprecher, wohingegen späte Gestenbenutzer späte Sprecher sind« (Grimm 2012, 29).

In der Phase der konventionellen Kommunikation stehen die konventionellen (sozial vereinbarten bzw. bekannten) Gesten im Mittelpunkt, so wie es Grimm (2012) in seinen Ausführungen »zur Erreichung eines kognitiven Meilensteins« (ebd.) beschreiben kann. Zentrales Merkmal dieser Phase ist die Zeigegeste. Sie ist für Tomasello (2011) der Meilenstein der Neunmonatsrevolution und das Kennzeichen der intentionalen Kommunikation schlechthin (Tomasello & Rakoczy 2003, 125). Allein mit der Zeigegeste lassen sich bereits viele Inhalte und die meisten Kommunikationsfunktionen ausdrücken. Auch andere konventionelle Gesten, wie das Kopfnicken für »ja« werden von Kindern in dieser Phase verwendet (Scholz & Stegkemper 2022, 21). Auf der vokalen Ebene können am Anfang betonte Lautabfolgen wie »dada« für »Papa« stehen. Diese gehen dann über in die ersten Wörter, die oftmals »Mama« oder »Papa« sind und auf diesen betonten Lautabfolgen direkt aufbauen (Grimm 2012, 37; ▶ Tab. 2.1).

Innerhalb dieser Phase erwerben die Kinder die volle Fähigkeit zur *gemeinsamen Aufmerksamkeit* (joint attention).

- Zuerst gelingt es den Kindern *der Aufmerksamkeit zu folgen*, d. h., sie folgen der Geste oder einem Blick der Bezugsperson, wenn diese auf das Objekt zeigt oder ihre Aufmerksamkeit darauf richtet.
- Kurz danach zeigen Kinder den sogenannten *triangulären Blickkontakt* und damit die volle *gemeinsame Aufmerksamkeit*, indem sie zuerst dem Blick der Bezugsperson folgen, das Objekt ansehen und dann wieder zurück zur Bezugsperson schauen.

Nun können Kinder von sich aus die Aufmerksamkeit des Gegenübers auf einen Gegenstand lenken und verstehen umgekehrt auch, dass das Gegenüber ihre Aufmerksamkeit auf etwas Bestimmtes lenken will (Nonn 2014, 34).

Intentional kommunizierende Kinder, die konventionelle Gesten verwenden, verfügen bereits über ein implizites und erfahrungsbasiertes Symbolwissen. Auf dieser Grundlage verstehen sie in der konkreten Situation Signalwörter der gesprochenen Sprache. Deren Bedeutungen sind aber noch weit entfernt von den Bedeutungen der Begriffe (Semantik) der Erwachsenensprache, da sie sich entweder auf spezifische, konkrete Handlungen oder einzelne direkt in der Situation sichtbare Objekte beziehen (Weinert & Grimm 2012, 439).

Im impliziten Symbolwissen wird deutlich, dass mit der intentionalen Kommunikation und der gemeinsamen Aufmerksamkeit kognitiv ein weiterer großer Meilenstein erreicht wird. So haben Kinder in dieser Phase eine Objektpermanenz in konkreten Situationen und erwerben aufgrund der gemeinsamen Aufmerksamkeit ein intersubjektives Wissen von gemeinsam wahrgenommenen Handlungen und Objekten, das von Tomasello als »gemeinsamer Hintergrund« bezeichnet wird (Tomasello 2011, 89). Nun geht es nicht mehr nur um den Austausch von Gefühlen, das turn-taking in Dialogen und die Prosodie (siehe vorausgehenden Infokasten »Begriffsklärungen im Kontext von UK«), sondern Kinder beginnen auf die Reaktionen der anderen oder ein Ereignis zu »antworten«, bspw. indem sie auf ein Objekt gerichtete Aktionen von anderen imitieren. Damit beginnt das sogenannte »Imitationslernen« bzw. das Lernen über Nachahmung. Die Nachahmung ist die Grundlage für die Paarung von Wort oder Symbol und Objekt (Nelson & Kessler Shaw 2002, 31).

Das Herstellen des gemeinsamen Hintergrundes und der gemeinsamen Aufmerksamkeit wird von Eltern intuitiv sprachlich begleitet. So benennen sie bspw. Dinge, auf die das Kind zeigt, stellen Fragen, die sich auf die konkrete Situation beziehen oder begleiten Handlungen lautsprachlich (Scholz & Stegkemper 2022, 21).

2.2.5 Phase 5: symbolische Kommunikation – konkrete Symbole (12. bis 18. Monat)

In dieser Phase produzieren lautsprachlich kommunizierende Kinder ca. 20 bis 30 Wörter und nutzen eine Mischung aus Zeigegesten und individuellen Gesten (Tomasello 2011, 159). Insbesondere die Mischung aus Zeigegesten und natürlichen Gesten, bspw. mit der Hand auf einen Stuhl schlagen für

»sitzen«, oder Gesten für »mein«, »kommen« oder »haben wollen bzw. möchten« sowie die Zeigegeste werden auch von Kindern und Jugendlichen mit intellektueller und/oder kommunikativer Beeinträchtigung genutzt (Rowland 2015, 6).

Auch die Nachahmung der Eigenschaften von Objekten oder von Handlungen findet statt. Insofern können Kinder in dieser Phase konkrete Symbole verwenden. Zentral in dieser Phase ist, dass sowohl die gesprochenen Worte als auch die konkreten Symbole nur im unmittelbaren Handlungszusammenhang verwendet werden. Zudem stehen sie immer entweder in einer Eins-zu-eins-Beziehung zum »Referenten« (das, wofür die Geste, das Symbol steht) oder einer wahrnehmungsbezogenen Beziehung (bspw. Haptik, Aussehen, Klang, Bewegung). Insbesondere die wahrnehmungsbezogenen Beziehungen werden bspw. in lautsprachlichen Bezeichnungen wie »wau-wau« für Hund deutlich (Scholz & Stegkemper 2022, 22).

Im Bereich der Kognition ist die Objektpermanenz voll ausgebildet, d. h., Kinder können über die konkreten Symbole nach einem nicht vorhandenen Objekt fragen. Auf dieser Grundlage können Bezugsobjekte eingesetzt werden, bspw., um auf einen Situationswechsel zu verweisen. Bezugsobjekte sollten zu Beginn der Phase insbesondere wahrnehmungsgebundene Objekte sein. Am Ende der Phase können sie durch Fotos oder Zeichnungen, die eine erste Abstraktionsebene der symbolischen Ebene darstellen, ergänzt oder ersetzt werden. Bei nicht lautsprachlich kommunizierenden Kindern kann mit der Anbahnung und Übung der Eins-zu-eins-Korrespondenz zwischen einem abstrakten Symbol und einem Referenten begonnen werden (Rowland 2015, 8).

Das Sprachverständnis umfasst ca. 200 Wörter. Es werden zusätzlich zu den Signalwörtern einfache Sätze und Aufforderungen verstanden. Kinder erfahren, dass Handlungen, Gefühle und Zustände sowie Objekte benannt werden können, und lernen so viel schneller neue Wörter. Dies bereitet den sogenannten *Benennungsspurt* vor. Dieser steht am Anfang der nächsten Phase (Weinert & Grimm 2012, 439).

Insbesondere in dieser Phase sind die Verhaltensweisen und Gesten häufig mit Verhaltensweisen der Stufen 4 und 6 durchsetzt. Deswegen tritt diese Phase bei vielen Kindern nicht als eine eigenständige Phase des Kommunikationserwerbs auf. Diese Überschneidung der Phasen wird insbesondere in der Entwicklung der symbolischen Gesten wie Winken und Kopfschütteln deutlich, die bereits ab dem zwölften Monat verwendet werden (Rowland 2015, 3).

2.2.6 Phase 6: abstrakte Symbole – symbolische Kommunikation (18. bis 24. Monat)

Oftmals werden die Phasen 6 und 7 auch zusammengefasst, da Phase 6 insbesondere durch die Verwendung einzelner abstrakter Symbole gekennzeichnet ist, während Phase 7 die regelgeleitete Verwendung eines Sprachsystems mit einer Grammatik (verbale Kommunikation) umfasst. Im Vergleich zu konkreten Symbolen und zu Fotos und Zeichnungen als ersten Abstraktionsstufen weisen abstrakte Symbole keine oder kaum Ähnlichkeiten oder Eins-zu-eins-Beziehungen zu den Dingen und Handlungen auf, auf die sie referenzieren. Bei lautsprachlich kommunizierenden Kindern sind Wörter die am meisten verwendeten Symbole (Scholz & Stegkemper 2022, 22). Sobald 100 bis 200 Wörter produktiv verwendet werden können, tauchen erste Wortkombinationen auf. Typisch für Kinder in dieser Phase ist, dass sie oftmals übergeneralisieren (»Bagger« für alle Autos) oder überdiskriminieren (»Ente« nur für die Gummi-Ente im Badezimmer) (Weinert & Grimm 2012, 440).

Das Sprachverständnis umfasst am Anfang der Phase ca. 200 Wörter und Kinder beginnen implizit Wortkategorien zu bilden. Im weiteren Erwerb und sprachlich reichhaltigen Situationen erlernen sie das Verstehen von Relationen und Wortordnungen. Aber sie verwechseln noch oft konzeptuelle Unterschiede, bspw. bei den Verben »geben« und »nehmen« (Weinert & Grimm 2012, 442). In dieser Phase wird die Repräsentationsfunktion der Sprache verstanden. In den vorherigen Phasen waren die intentionale Kommunikation und die konkreten Symbole noch stark auf präverbale und erfahrungsbasierte Konzepte und die unmittelbare Situation bezogen. Symbolische Kommunikation verändert den Bezug derart, dass es zu einer Erweiterung des gemeinsamen Hintergrundes und damit der gemeinsamen Realität kommt. Kommunikation wird kontextunabhängig und es kann über Abwesendes kommuniziert werden (Nelson & Kessler Shaw 2002, 33).

Nun geht es in den sozialen Situationen insbesondere um reichhaltige symbolische Angebote und eine entsprechende Unterstützung der kommunikativen Äußerungen sowie des Sprachverstehens der Kinder durch sprachliches und symbolisches Scaffolding (▶ Kap. 3.2) oder das Erzählen von Geschichten sowie das gemeinsame Betrachten von Bilderbüchern (Weinert & Grimm 2012, 455). Dabei werden aber immer noch nur unmittelbar vorhergehende oder nachfolgende konkrete Situationen thematisiert, größere Zeiträume wie »gestern« und »morgen« oder »nächste Woche« können die Kinder kognitiv noch nicht fassen.

2.2 Kommunikations- und Spracherwerb

> **Scaffolding**
>
> »[Scaffolding] beschreibt das Unterstützungsverhalten erwachsener Bezugspersonen, das sie in Interaktion mit einem Kind einsetzen. Grundannahme ist, dass die Bezugsperson eine Art gedachtes Gerüst (engl.: scaffold) für das Kind baut, um diesem eine möglichst selbständige Bewältigung von Aufgaben (in diesem Fall in Zusammenhang mit Sprache) zu ermöglichen. Der Erwachsene übernimmt beispielsweise Teile einer Aufgabe, die das Kind zunächst noch nicht selbst bewältigen kann, stellt gezielt Fragen oder bietet Auswahlen an. So kann das Kind sprachliche Fähigkeiten zeigen, die es ohne Unterstützung des Gesprächspartners noch nicht zur Verfügung hätte« (Willke 2020, 220).

2.2.7 Phase 7: verbale Kommunikation – Sprache (Aufbau ab 24 Monaten)[4]

Die verbale bzw. sprachliche Kommunikation beginnt mit der regelgeleiteten Kombination von einzelnen Symbolen bzw. Wörtern zu Zwei- und Mehrwortsätzen. In der Morphologie bestehen noch Unsicherheiten. Das wird insbesondere in lautsprachlichen Äußerungen deutlich, da hier zusätzlich mehrsilbige Wörter häufig um die nichtbetonten Silben gekürzt werden (Grimm 2012, 33). So kann die Äußerung »Ich Lone« bedeuten »Ich habe ein Stück Melone« und »Lone ich?« als Frage »Kann ich ein Stück Melone haben?« verstanden werden (Scholz & Stegkemper 2022, 22).

Mit den Kompetenzen der sprachlichen Kommunikation beginnt auch das Fragealter. Zu Beginn werden die Fragen durch die Betonung eines Wortes deutlich und gehen dann über die Ja- bzw. Nein-Fragen zu den W-Fragen über. Der Wortschatz wächst weiter an und die Sätze gehen von Dreiwortsätzen zu Mehrwort- und Bedingungssätzen über. Die Reihenfolge der Worte wird durch die Wichtigkeit bestimmt und noch nicht durch die grammatikalische Richtigkeit, bspw. »Anna auch spielen noch« (Pauen & Roos 2020, 89 f.).

Zu Beginn der verbalen Kommunikation haben Kinder in der Regel ein implizites Regel- bzw. Grammatikwissen. Sie leiten insbesondere aus der Prosodie (s. o.) und der Syntax grammatikalische Strukturen ab. Sie verstehen zunehmend komplexe Sätze und erreichen darauf aufbauend ca. im Alter von acht Jahren die metasprachliche Bewusstheit (Grimm 2012, 38). Diese Fä-

---

4 Ab 48 Monaten (4 Jahre) Sprachgebrauch inkl. Morphologie und Syntax, metasprachliches Bewusstsein.

higkeit, über Sprache nachzudenken und über Sprache im Dialog zu sprechen (bspw. Begriffe und Regeln zu klären), wird stufenweise erworben. Dies wird insbesondere am Erwerb morphologischer Regeln deutlich.

> **Exkurs**
> **Erwerb morphologischer Regeln**
>
> - Auf der ersten Stufe zu Beginn dieser Phase rufen Kinder korrekte Wortformen auswendig ab, wie bspw. die Mehrzahl »Männer« oder das Partizip »gegangen«. Diese Formen bzw. Konjunktionen werden als isolierte Wörter aus dem Gedächtnis abgerufen, da das Sprachwissen auf dieser Stufe noch implizit ist.
> - In der zweiten Stufe wird durch morphologische Übergeneralisierungen deutlich, dass Kinder Muster bzw. Regeln auf unregelmäßige Formen anwenden, d.h., sie haben erkannt, dass sich Worte aus regelgeleiteten und sinnhaften Elementen zusammensetzen. So wird aus »Männer« »Männers« und aus »gegangen« »gegeht« (Grimm 2012, 47).
> - In der dritten Stufe sind solche Übergeneralisierungen auf Ebene der Wortbestandteile nicht mehr zu finden, da die Wortformen in ein neu erworbenes morphologisches Regelsystem integriert wurden, in dem unterschiedliche Regeln flexibel genutzt und mit dem erworben Sprachbewusstsein »überprüft« werden (Grimm 2012, 47 f.).

Dieser große Kompetenzerwerb im Bereich der Sprachproduktion und des Sprachverständnisses hängt eng mit einem sozial-kognitiven Meilenstein zusammen, der am Ende der sechsten bis zum Beginn der siebten Phase auf Basis der gemeinsamen Aufmerksamkeit und des gemeinsamen Hintergrundes erreicht wird. Dieser Meilenstein wird als *Theory of Mind* bezeichnet.

> **Theory of Mind**
> Theory of Mind meint nichts anderes als die Fähigkeit, zu verstehen, dass eine andere Person etwas anderes erfahren, wissen oder denken kann als man selbst. Damit gelingt es Kindern, sich in andere hineinzuversetzen und unterschiedliche Perspektiven zu koordinieren. Die *Theory of Mind* ist mit einer verstärkten Abstraktionsfähigkeit verbunden. Auf dieser Grundlage entwickelt sich nun auch das Verständnis von Vergangenheit und Zukunft weiter und wird vertieft. Kinder wissen nun, was letzte Woche und vor einem Monat war oder wie lange sie noch auf die Ferien oder Weihnachten warten müssen (Höhl & Weigelt 2015, 88). Damit zu-

sammenhängend erweitert und vertieft sich das Sprachverständnis. Insbesondere Kinder bis zu und im Primarschulalter brauchen immer noch prosodische und gestische Hinweise, um bspw. ein Versprechen verstehen zu können (Weinert & Grimm 2012, 447).

Auch die Kommunikationssituationen und der Kreis der Bezugspersonen erweitern sich in der siebten Phase. Standen in den vorherigen Phasen insbesondere erwachsene Bezugspersonen im Vordergrund und im Blickfeld des Kindes, so kommen bereits ab Beginn der siebten Phase das gemeinsame Handeln und die Kommunikation mit Gleichaltrigen hinzu (Tomasello 2020, 461). Auch die gemeinsamen Formate mit Erwachsenen erweitern und vertiefen sich, da die Bezugspersonen die Situationen nicht mehr so stark strukturieren und ritualisieren, sondern vielmehr ihre Äußerungen inhaltlich und in der Länge erweitern und Kinder durch Fragen aktiver in den Dialog einbinden. Zudem verwenden sie verstärkt bei nicht korrekten Aussagen des Kindes sogenanntes Modelling (▶ Kap. 2.2; ▶ Kap. 3.2), indem sie bspw. die Äußerungen des Kindes aufgreifen, korrekt wiederholen und ein neues Wort oder einen grammatikalischen Aspekt betont einbringen (Grimm 2012, 47).

2.3 Zielgruppen der UK

Für die Personen, die potenziell von UK profitieren können, ist es zentral, die Voraussetzungen auf der personalen Seite zu erfassen. Hierzu gibt es in der Unterstützten Kommunikation unterschiedliche Systeme, die die Personengruppe je nach Bedarf und Nutzungsmöglichkeiten von UK einteilen – oder in anderen Worten: Zielgruppen für UK definieren. In den Definitionen der Zielgruppen werden ein *funktionaler Ansatz* (Wie und wozu wird UK genutzt?) und ein *kompetenzorientierter Ansatz* (Welche kommunikativen Fähigkeiten haben die Personen?) unterschieden.

Der funktionale Ansatz entspricht nahezu der Definition von AAC bzw. UK und unterscheidet drei Zielgruppen von UK:

1. UK als alternatives Ausdrucksmittel: Menschen, die nicht über Lautsprache verfügen, aber sowohl im Sprachverständnis als auch in der Sprachproduktion durch Hilfsmittel keine Einschränkungen haben

2. UK als Unterstützung (Augmentation) zum Spracherwerb: Menschen, die durch Mittel und Methoden der UK ihre schwer verständliche Lautsprache verbessern oder unterstützen können sowie im Erwerb der Lautsprache, bspw. beim Wortschatzerwerb, gefördert werden können. Hier kann der Einsatz von UK auch nur vorübergehend erfolgen.
3. UK als Ersatz (Alternative) der Lautsprache: Menschen, die UK als Ersatzsprache sowohl im Sprachverständnis als auch in der Sprachproduktion verwenden, da sie Lautsprache kaum oder gar nicht als Mittel der Kommunikation einsetzen (von Tetzchner & Martinsen 2000, 80 ff.)

Der kompetenzorientierte Ansatz orientiert sich am Kommunikations- und Spracherwerb und unterscheidet insgesamt vier Zielgruppen (Weid-Goldschmidt 2013):

1. Menschen, die prä- bzw. vorintentional kommunizieren
2. Menschen, die prä- bzw. vorsymbolisch kommunizieren
3. Menschen, die mit starken Einschränkungen des Sprachgebrauchs symbolisch kommunizieren
4. Menschen, die verbal und altersentsprechend kommunizieren

2.3.1 Gruppe 1: Menschen, die präintentional kommunizieren

Die Kompetenzen der Gruppe 1 entsprechen den Kompetenzen der ersten und zweiten Phase des Kommunikationserwerbs. Diese Gruppe umfasst insbesondere Kinder, Jugendliche und Erwachsene mit komplexer und mehrfacher Beeinträchtigung, die vorintentionale Kommunikation und vorintentionales bis intentionales Verhalten zeigen. Allerdings konzentrieren sich die Beschreibungen der Gruppe insbesondere auf die erste Phase und das vorintentionale Verhalten. So ist bei Menschen, die dieser Gruppe zugeordnet werden, eine bewusste Wahrnehmung von sich selbst und der Umwelt kaum oder nicht zu beobachten und ihre Signale werden entweder kaum wahrgenommen oder sind schwer zu deuten. Auf Kommunikationsangebote von Bezugspersonen reagieren sie wenig und oft nicht unmittelbar. Das Sprachverstehen beschränkt sich auf die Wahrnehmung der emotionalen Färbung des Gesprochenen (Weid-Goldschmidt 2013, 31). Ihre kommunikativen Mitteilungen erfolgen über körperliche Reaktionen und können teilweise stark verzögert erfolgen (Lüke & Vock 2019, 6).

Um eine Kommunikationssituation mit Menschen der Gruppe 1 zu gestalten, ist es wichtig, ihnen Intentionen zu unterstellen und sich zugewandt

2.3 Zielgruppen der UK

zu verhalten, auch wenn kaum »Antworten« erkennbar sind (Weid-Goldschmidt 2013, 34). Mögliche Ansätze und Methoden dafür sind beispielweise die »Basale Kommunikation« (Mohr, Zündel & Fröhlich 2019) oder »Intensive Interaction« (Hewett et al. 2012). Beide Ansätze umfassen ähnliche Kommunikationsstrategien, wie das *Mirroring* bzw. das wechselseitige Handeln *(turn-taking)* in der Interaktion ohne Objektbezug, konkretisieren dies aber unter dem Ziel der Stärkung der Interaktion mit einem Gegenüber bzw. dem »ich & du« durch Zulassen und Teilen einer vertrauensvollen Nähe mit einer anderen Person, das Wecken von Interesse, das Verlängern der Konzentration auf die andere Person und die Ermöglichung von Kontingenzerfahrung (Hansen 2020, 262).

> **Praxis**
> **Anton – Basale Kommunikation (Beispiel Sekundarstufe 1)**
> Anton ist zwölf Jahre alt und kommuniziert über basale Zeichen. Wird er von einer Bezugsperson angesprochen, zeigt er Aufmerksamkeit durch Hinschauen und Hinwenden. Wenn Anton einen Gegenstand in seinem nahen Umfeld sieht, der ihn interessiert, greift er nach diesem bzw. versucht nach diesem zu greifen. Unzufriedenheit drückt Anton über Vokalisationen (bspw. Lautieren) und das Abwenden von unerwünschten Situationen, Gegenständen und Geräuschen aus.
>
> Das Unterstellen von Intentionen in solchen Kommunikationskontexten ermöglicht es, Antons Handeln als eine Form von Kommunikation zu interpretieren. Dabei geht es sowohl darum, bewusste und neue Kommunikationsanlässe zu schaffen, als auch darum, in Antons Verhalten Muster und Strukturen zu erkennen, die potenziell Grundlage für intentionale Kommunikation sein könnten. Da es sich um kleine und oftmals kaum beobachtbare Signale handelt, ist es hilfreich, strukturierte Beobachtungsbögen bzw. diagnostische Verfahren zu nutzen, die für die vorintentionale Kommunikation entwickelt wurden (▶ Kap. 3.2.1).

2.3.2 Gruppe 2: Menschen, die präsymbolisch, aber intentional kommunizieren

Der Gruppe 2 werden Kinder, Jugendliche und Erwachsene mit sogenannter komplexer und intellektueller Beeinträchtigung zugeordnet, die für intentionale Kommunikation offen sind (Lüke & Vock 2019, 7). In Kommunikationssituationen geht es um das Hier und Jetzt. Kinder dieser Gruppe verstehen

Lautsprache nur in Ansätzen über Signalwörter mit zusätzlichen gestischen und mimischen Hinweisen in vertrauten Situationen. Insbesondere das kommunikative Verhalten ist auffällig, da bereits in der frühen Entwicklung kaum explorierendes Neugierverhalten zu beobachten ist, selbst wenn es die motorischen Fähigkeiten zulassen würden (Weid-Goldschmidt 2013, 45). Dennoch können sie deutlich machen, dass sie etwas haben oder tun wollen oder etwas ablehnen, wenn die Objekte im Hier und Jetzt vorhanden sind (ebd., 48).

Die Gruppe umfasst Menschen, die der *Aufmerksamkeit folgen* können, und diejenigen, welche die Fähigkeit zur *gemeinsamen Aufmerksamkeit* erworben haben. Für die Erkundung und Wahrnehmung der Gegenstandswelt bzw. die Stärkung der Beziehung *ich & Objekt* ist es zentral, das Interesse an den Dingen zu wecken, Erkundungen der Objekte zu ermöglichen und den gezielten Umgang mit Gegenständen zu unterstützen. Hier können auch erste Hilfsmittel für den Aufbau des Ursache-Wirkungs-Zusammenhangs eingesetzt werden. Wenn die gemeinsame Aufmerksamkeit (auf Objekt und Person) möglich ist, geht es um *ich & du & die Dinge* und darum, die gemeinsame Aufmerksamkeit in ritualisierten und strukturierten Formaten herzustellen, bspw. indem Objekte in das wechselseitige Handeln eingebracht werden und Zeigegesten wahrgenommen und aufgegriffen werden (Hansen 2020, 263 f.).

> **Praxis**
> **Anna-Maria – Zeigen und Gebärden (Beispiel Sekundarstufe 1)**
> Anna-Maria ist elf Jahre alt und sehr interessiert am Austausch mit anderen. Sie zeigt auf Dinge, die sie interessieren, und prüft mit Blicken, ob die andere Person erkennt, worauf sie sie aufmerksam machen möchte. Wenn eine andere Person nicht auf ihr Lautieren reagiert, tippt sie diese an, um ihre Aufmerksamkeit zu erlangen. Anna-Maria nutzt Gebärden, die sie in der Schule gelernt hat, um in bekannten Situationen eine Handlung zu steuern (»nochmal«, »stopp«, »schneller« usw.).
>
> Wenn die Fähigkeit zur intentionalen Kommunikation vorhanden ist und in der konkreten Situation bereits einzelne eindeutige Gesten bzw. Gebärden verwendet werden können, kommt es darauf an, unter Berücksichtigung der motorischen Möglichkeiten die vorsymbolischen Gesten durch konventionelle Gebärden zu erweitern, mit der Einführung von Bild- und Symbolmaterial in konkreten Situationen zu beginnen (▶ Kap. 2.7) und die Aufmerksamkeit darauf zu lenken (vgl. Rowland 2015).

2.3.3 Gruppe 3: Menschen, die symbolisch kommunizieren, mit deutlichen Einschränkungen des Sprachgebrauchs

Die Gruppe 3 ist nach der Einteilung von Weid-Goldschmidt (2013) die Gruppe, die am heterogensten ist. Die kommunikativen Kompetenzen reichen von Fähigkeiten, die knapp über denen von Gruppe 2 liegen und insbesondere durch die intentionale Kommunikation gekennzeichnet sind, bis zur symbolischen Kommunikation (Lüke & Vock 2019, 7). Von Weid-Goldschmidt (2013) wird sie allgemein als die Gruppe bezeichnet, deren kommunikativ-sprachliche Kompetenzen nicht ihrem Lebensalter entsprechen. Sie umfasst Kinder, Jugendliche und Erwachsene, die Einschränkungen der Motorik, Sensorik oder Wahrnehmungsverarbeitung haben. Auch Menschen mit intellektueller oder schwerer Sprachbeeinträchtigung werden in diese Gruppe eingeordnet (ebd.). Trotz der fließenden Übergänge zu Gruppe 2 und 3 und der Heterogenität der Kompetenzen geht es im Kern um *ich & du & ein Symbol* und *ich & du & die Sprache* (Leber 2012; 2018) sowie um den Übergang vom konkreten Symbol zum abstrakten Symbolverständnis.

Dies wird insbesondere in der Beschreibung der Kompetenzen deutlich: In der Sprachproduktion umfassen die Fähigkeiten alle Kompetenzstufen von der symbolischen über die sprachliche Kommunikation mit einem Wortschatz von ca. 100 bis 150 Wörtern bis zur verbalen Kommunikation mit einem umfangreichen Wortschatz und komplexen sprachlichen Fähigkeiten. Das Sprachverständnis kann ebenfalls von einem rezeptiven Wortschatz von ca. 100 bis 150 Wörtern bis zum Verstehen komplexer sprachlicher Äußerungen in unmittelbaren Situationen reichen. So können Personen der Gruppe bspw. auf Geschichten, humoristische oder paradoxe Aussagen situationsadäquat reagieren (Weid-Goldschmidt 2013, 63 f.).

> **Praxis**
> **Mesut – sprachunterstützende Kommunikation mit dem Tablet (Beispiel Primarstufe)**
> Mesut ist zehn Jahre alt und lebt mit seinen Eltern und zwei jüngeren Geschwistern seit sieben Jahren in Deutschland. Die Familiensprache ist Dari. Er nutzt spontan eine Reihe nonverbaler Kommunikationsformen wie bspw. Blickkontakt, Mimik und Gestik. In der Schule spricht er einige deutsche Wörter, die aber nur von Personen verstanden werden, die ihn gut kennen. Auch in Dari nutzt er einzelne Wörter und mischt diese teilweise mit deutschen Wörtern. Seit Beginn des Schuljahres hat Mesut ein iPad mit der App MetaTalkDE®. Er kann so oftmals Anliegen und Bedürf-

nisse ausdrücken. Dafür nutzt er vorwiegend Einwortsätze in Form einzelner Verben oder Nomen. In alltäglichen Situationen bildet er Mehrwortsätze mit bekannten Satzanfängen (bspw. »Ich habe ...« oder »Ich möchte ...«).

Für Kinder und Jugendliche der Gruppe 3 kommt es im Sinne einer multimodalen Kommunikationsförderung in einem ersten Schritt darauf an, die geeignete Kombination aus Kommunikationsmitteln zu finden (▶ Kap. 2.7) und kommunikative Kompetenz bzw. Strategien aufzubauen (▶ Kap. 2.6.3). Dabei gilt es, sowohl Verständlichkeit und Eindeutigkeit als auch eine pragmatische Handhabung zu berücksichtigen (Erdélyi & Thümmel 2019). Bei Mesut kommt zudem in einem zweiten Schritt die Analyse des multimodalen Kommunikationssystems im Kontext Mehrsprachigkeit hinzu (▶ Kap. 4.5).

2.3.4 Gruppe 4: Menschen, die altersgemäß verbal-symbolisch kommunizieren

Die Gruppe 4 entspricht der Zielgruppe 1 des funktionalen Ansatzes und umfasst Menschen, die UK als Alternative zur Lautsprache benötigen, und damit insbesondere Personen, die aufgrund von körperlich-motorischen Beeinträchtigungen oder progredienten Erkrankungen oder Unfällen nicht oder nicht mehr über lautsprachliche Möglichkeiten verfügen (Lüke & Vock 2019, 8). Auch bei angeborenen Beeinträchtigungen zeigen bereits kleine Kinder, die dieser Gruppe zugeordnet werden, in der Regel ihrem Alter entsprechende kommunikative und kognitive Fähigkeiten. Insbesondere das Sprachverständnis ist kaum oder nicht eingeschränkt. So zeigen sie schon früh Interesse an Inhalten, die über die konkrete Situation hinausgehen, und können die Konzepte von Vergangenem und Zukünftigem verstehen (Weid-Goldschmidt 2013, 81 f.).

Praxis
Marie-Florence – multimodale Kommunikation mit Tablet, Gebärden und Symbolkarten (Beispiel Primarstufe)
Marie-Florence ist acht Jahre alt. Seit dem ersten Schuljahr nutzt sie eine elektronische Kommunikationshilfe mit umfangreichem Vokabular und einer Buchstabenseite. Sie navigiert zuverlässig durch das Vokabular und kann meist ausdrücken, was sie sagen möchte. In den letzten Monaten hat sie in der Schule viele neue Wörter gelernt. Bei Missverständnissen kann

sie auf Nachfragen des Gesprächspartners ihre Aussage wiederholen oder diese umformulieren. In alltäglichen Situationen mit ihr bekannten Personen setzt Marie-Florence Gebärden ein oder zeigt auf Symbolkarten, die in der Klasse bspw. am Stundenplan hängen. Zunehmend beginnt sie, die Kommunikationshilfe bei Gesprächen mit Fremden einzusetzen.

Wie auch in den anderen o. g. Beispielen ist hier die zeitliche Perspektive zu berücksichtigen: Kinder, wie hier Marie-Florence, müssen in unterrichtlichen wie auch außerunterrichtlichen Phasen genügend Zeit für die Nutzung alternativer Kommunikationsformen (körpereigene, elektronische wie auch nicht-elektronisch Formen) haben. Zudem gilt es immer, die Hilfsmittel (Tablet wie auch Symbolsysteme) so zu aktualisieren, dass die Schülerinnen und Schüler stets aktuelles Wort- und Buchstaben- sowie Symbol-, Bild- und Gebärdenmaterial zur Verfügung haben (▶ Kap. 2.7).

2.3.5 Kommunikationserwerb und Diagnostik

Blickt man auf die Spracherwerbsphasen (▶ Kap 2.2) und die Zielgruppen der UK, wird deutlich, dass diese die gleichen Meilensteine in der kommunikativen Entwicklung beinhalten. Allerdings überlappen sich die Phasen zum Teil, da sie je nach Zuordnung mehrere Meilensteine enthalten können oder der Übergang zur nächsten Phase anders gesetzt wird (▶ Tab. 2.3).

Es kann davon ausgegangen werden, dass es in der Abfolge und den Meilensteinen der Phasen des Kommunikations- und Spracherwerbs keinen grundsätzlichen Unterschied zwischen Kindern ohne und Kindern mit einer Beeinträchtigung gibt. Allerdings zeigt sich in verschiedenen Untersuchungen, dass der Kommunikations- und Spracherwerb bei Kindern mit einer Behinderung wesentlich heterogener verläuft und von einer hohen Variabilität geprägt ist (vgl. für einen Überblick: Sarimski 2020; 2024). Dies hängt damit zusammen, dass oftmals bereits die frühen kommunikativen Äußerungen der Kinder aufgrund einer intellektuellen, körperlich-motorischen oder einer Sinnesbeeinträchtigung verändert sein können. Fehlende oder kaum sichtbare Signale erschweren die wechselseitige Interaktion mit den Eltern und der Umwelt, die für den Spracherwerb so zentral ist. Durch die Probleme in der Interaktion sind die Eltern häufig unsicher und zeigen seltener das intuitive entwicklungsförderliche Verhalten. Das wird insbesondere daran deutlich, dass sowohl weniger Interaktionen stattfinden als auch aufgrund fehlender bzw. kaum sichtbarer Reaktionen des Kindes die Turn-taking-Dialoge wesentlich kürzer sind. Außerdem scheinen die Eltern auch seltener Intentionen zu unterstellen.

Tab. 2.3: Vergleich der Zielgruppen mit den Phasen des Kommunikationserwerbs und der UK-Diagnostik (eigene Darstellung)

Kommunikationsphasen nach Rowland (Scholz & Stegkemper 2022)	Kommunikation einschätzen und unterstützen (Leber 2012; 2018)	Zielgruppen der Unterstützten Kommunikation (Weid-Goldschmidt 2013)
vorintentionales Verhalten (vorintentionale Kommunikation)	nicht-intentionale Kommunikation (ich & du)	Gruppe 1: präintentional
vorintentionale Kommunikation (intentionales Verhalten)	auf dem Weg zur intentionalen Kommunikation (ich & du)	
intentional-vorsymbolische Kommunikation (unkonventionelle Kommunikation)	intentionale Kommunikation (ich & du & die Dinge)	Gruppe 2: intentionales Verhalten – intentionale Kommunikation
intentional-vorsymbolische Kommunikation (konventionelle Kommunikation)		
symbolische Kommunikation (konkrete Symbole)	symbolische Kommunikation (ich & du & ein Symbol)	Gruppe 3: intentionale Kommunikation – symbolische Kommunikation
symbolische Kommunikation (abstrakte Symbole)		
verbale Kommunikation (Sprache)	verbale Kommunikation (ich & du & die Sprache – Wortschatzexplosion)	Gruppe 4: verbale Kommunikation – Sprache

Für Kinder, die bereits symbolisch mit UK kommunizieren, entsteht das Problem, dass sie Sprache bzw. die Nutzung der UK-Mittel meistens nur rezeptiv lernen können. Denn es fehlen ihnen für die alternative Sprache Vorbilder und Modelle (sogenannte *Asymmetrie-Hypothese*). Deswegen kommen sie über den klassischen (Sprach-)Lernweg der Imitation und Nachahmung nur erschwert in die Sprachproduktion. Auch bei Erwachsenen bzw. Kindern der Zielgruppe 4 findet meist weniger Austausch statt und sie werden oft nicht unmittelbar verstanden (Bernasconi 2023, 38 f.).

Mit dieser kurzen Skizzierung der Besonderheiten des Spracherwerbs werden zwei Bereiche deutlich, die zentral für Unterstützte Kommunikation sind, nämlich

- zum einen die Orientierung an den kommunikativen Kompetenzen, die im Kommunikations- und Spracherwerb angeeignet werden und deren spezifische Bedarfe in den Zielgruppen der UK gefasst werden – diese sind Grundlage für konkrete Interventions- und Unterrichtsplanung (▶ Kap. 3; ▶ Kap. 4) – und
- zum anderen das allgemeine Merkmal, das die Personengruppe miteinander verbindet: »eine als nicht gelingend erlebte Kommunikation bzw. eine wahrgenommene Beeinträchtigung oder Störung der Interaktion« (Bernasconi 2023, 11).

Mit dem gemeinsamen Merkmal der Beeinträchtigungen der Kommunikation ist die grundlegende Zielperspektive der UK verbunden, kommunikative Teilhabe zu ermöglichen (▶ Kap. 2.5.1), und gleichzeitig die Frage nach der Definition von Beeinträchtigungen der Kommunikation und der Größe der Gruppe der Kinder und Jugendlichen, die von UK profitieren können.

2.4 Beeinträchtigungen der Kommunikation im Kontext intellektueller Beeinträchtigung

2.4.1 Beeinträchtigungen der Kommunikation im SGE

Allgemein handelt es sich bei Kommunikationsbeeinträchtigungen um ein bio-psycho-soziales Konstrukt, das sowohl von individuellen Voraussetzungen als auch von Haltungen der Bezugspersonen, Umweltbedingungen, Sozialisationserfahrungen und strukturellen Bedingungen beeinflusst wird (Bernasconi 2023, 11). Konkret und mit Bezug zum bereits vorgestellten Kommunikationsmodell (▶ Kap. 2.1) beziehen sich Kommunikationsbeeinträchtigungen sowohl auf das Sprachverständnis, das eng mit dem Aufbau von Situations- und Weltwissen verbunden ist, als auch auf die Sprachproduktion in unterschiedlichen (UK-)Modalitäten mit Verwendung einer Grammatik.

Das Verhältnis von Sprachverständnis und Sprachproduktion ist sehr zentral. Das zeigen auch die Definitionen dessen, was eine sogenannte geistige Behinderung bzw. eine intellektuelle (auch kognitive) Beeinträchtigung in ihrem Kern ausmacht. Den entsprechenden Definitionen ist gemeinsam, dass bei intellektueller und komplexer Beeinträchtigung oftmals das Sprachverständnis nicht oder kaum beeinträchtigt ist, aber dafür die Sprachfähigkeit (u. a. Jantzen 2002, 336). Dies führt zu einem großen Unterschied zwischen dem bereits vorhandenen Situations- und Sprachverständnis und der eigenen Ausdrucksfähigkeit (Seifert et al. 2001, 109). Ausgehend von den Definitionen und den Daten aus Schulerhebungen ist es eigentlich keine Frage mehr, dass auch Kinder und Jugendliche mit intellektueller und komplexer Beeinträchtigung in ihrer Entwicklung von UK profitieren können (▶ Kap. 2.4.2).

Allerdings wird unter der Perspektive von Beeinträchtigungen des Sprachverständnisses und der Sprachproduktion als Kern von komplexer und intellektueller Beeinträchtigung noch eine weitere Gruppe von Kindern und Jugendlichen deutlich. Dieser Gruppe können Kinder und Jugendliche zugeordnet werden, die lautsprachlich und meist mit korrekter Syntax, aber nicht situationsadäquat kommunizieren. Ihre Aussagen sind meist nicht mit Bedeutung oder Sinn verbunden und sind oftmals einzeln abgespeicherte Wörter mit interessantem Klang oder Wörter, deren Bedeutung interessante Reaktionen beim Gegenüber auslösen. Teilweise werden von diesen Kindern auch ganze Sätze oder Dialoge, bspw. aus Fernsehsendungen, einschließlich der Körpersprache und Intonation nachgeahmt. Kinder dieser Gruppe kennen die meisten, die im sonderpädagogischen Schwerpunkt Geistige Entwicklung (SGE) arbeiten. In der Literatur und in Studien wird diese Gruppe jedoch oft vernachlässigt (Ling 2015, 197).

> »Meines Erachtens und meiner Erfahrung nach profitieren sie beim Aufbau von Sprach- und Weltwissen genauso von Methoden der UK wie die anderen Zielgruppen. Vor dem Hintergrund der De-Kategorisierung in einer inklusiv orientierten Behindertenpädagogik ermöglicht die Matrix der Beeinträchtigungen verbaler Kommunikation pädagogische Problemlagen ansatzweise zu konkretisieren und damit den Blick auf pädagogisches Handeln zu lenken. Gleichzeitig soll mit der Begriffswahl verdeutlicht werden, dass es um Kommunikation bzw. Interaktion und systemisch auftretende bio-psycho-soziale Probleme und nicht um Merkmale der Person geht« (ebd., 198).

In der sogenannten schulischen Geistigbehindertenpädagogik und im SGE besteht auf der Grundlage der oben verwendeten Definitionen und entsprechender Studien zur Schülerschaft mit intellektueller Beeinträchtigung seit über 20 Jahren Konsens, dass ein ausgeprägter Bedarf an »Angeboten und

2.4 Beeinträchtigungen der Kommunikation im Kontext intellektueller Beeinträchtigung

Unterstützungsmaßnahmen im Kontext Sprachentwicklung und Sprachförderung erkennbar« (Dworschak et al. 2012, 108) ist. Weitere Studien aus den 2000er Jahren zeigen, dass eine Vielfalt von Ansätzen in der Praxis bekannt ist und teilweise genutzt wird, jedoch findet sich äußerst selten die Nennung von UK (u.a. Janz, Klauß & Lamers 2009; Klauß, Lamers & Janz 2006). Aus diesem Grund lohnt sich ein Blick in die Studien, die sich mit dem Anteil an Schülerinnen und Schülern mit Kommunikationsbeeinträchtigungen auseinandersetzen. Hier bieten Studien zur Schülerschaft im Förderschwerpunkt körperliche und motorische Entwicklung (kmE) und im sonderpädagogischen Schwerpunkt Geistige Entwicklung (SGE) in Deutschland Anhaltspunkte, die die Bedeutung von Unterstützter Kommunikation als einem zentralen Ansatz verdeutlichen können (Scholz & Stegkemper 2022, 35).

2.4.2 Studien zur Schülerschaft mit Beeinträchtigungen der Kommunikation

Bei allen deutschsprachigen Studien zum Anteil von Schülerinnen und Schülern mit Beeinträchtigungen der Kommunikation handelt es sich um quantitative Erhebungen, die auf Auskünften der Lehrpersonen, der Schulleitungen und zum Teil der Eltern beruhen. Sie beziehen sich größtenteils auf einzelne Bundesländer in Deutschland und verwenden unterschiedliche Kategorien und Definitionen. Die Studien lassen sich grob in drei Gruppen unterteilen:

1. Untersuchungen zum Anteil der Kinder und Jugendlichen an Schulen mit dem sonderpädagogischen Schwerpunkt Geistige Entwicklung und körperlich-motorische Entwicklung, die kaum oder nicht verständlich sprechen oder keine Lautsprache haben (vier Studien)
2. Untersuchungen zum UK-Bedarf unter Berücksichtigung der kompetenzorientierten Zielgruppen von Weid-Goldschmidt (2013) (eine Studie)
3. Untersuchungen zu den Gesamtmerkmalen bzw. -kategorien der Schülerschaft im sonderpädagogischen Schwerpunkt Geistige Entwicklung (zwei Studien)

Insgesamt zeichnet sich trotz der unterschiedlichen Definitionen und Kategorien ab, dass sich zwischen einem Fünftel bis zu einem Drittel der Schülerinnen und Schüler nicht über Lautsprache ausdrücken kann und zwischen 10 und 20 % der Schülerschaft nicht verständlich oder altersgemäß sprechen können. Insofern kann man davon ausgehen, dass ein Großteil der Kinder und Jugendlichen, die dem Förderschwerpunkt körperlich-motorische (kmE) und dem sonderpädagogischen Schwerpunkt Geistige Entwicklung (SGE) zugeordnet werden, von Unterstützter Kommunikation profitieren kann (Scholz & Stegkemper 2022, 37).

Tab. 2.4: Anteil der Kinder und Jugendlichen in den Förderschwerpunkten kmE und SGE, die nicht oder kaum verständlich lautsprachlich kommunizieren (Bernasconi, Bächler & Feichtinger 2023, 6) (eigene Darstellung)

Autorinnen und Autoren	(Förder-) Schwerpunkt und befragte Gruppen	Erhebungsgebiet	Anteil an Gesamtschülerschaft im Förderschultyp
Theunissen & Ziemen (2000)	SGE, Befragung der Lehrpersonen	Sachsen-Anhalt (n = 2.150)	38,6 % Kinder und Jugendliche, die nicht oder kaum verständlich lautsprachlich kommunizieren
Boenisch (2009)	kmE, Befragung der Schulleitungen und Lehrpersonen	bundesweit (außer Bremen) (n = 11.666)	• 20 % ohne Lautsprache • 82 % davon mit zusätzlicher Diagnose SGE • Spanne von 1 % in Mecklenburg-Vorpommern bis 35 % in Baden-Württemberg
Erdélyi & Thümmel (2011)	SGE, Befragung der Lehrpersonen	Niedersachsen (n = 574)	26,88 % nicht oder kaum verständlich lautsprachlich kommunizierende Kinder und Jugendliche
Scholz, Wagner & Negwer (2018)	kmE, Befragung der Lehrpersonen	Rheinland-Pfalz (n = 1.031)	• 35,8 % ohne Lautsprache • 16,3 % mit für Fremde nicht verständlicher Lautsprache

Bei der einzigen deutschsprachigen Untersuchung, die in ihrer Vorgehensweise die Einteilung nach den Zielgruppen der UK verwendet, handelt es sich um eine Studie von Bernasconi, Bächler und Feichtinger (2023), die an Schulen mit dem sonderpädagogischen Schwerpunkt Geistige Entwicklung sowie mit dem Förderschwerpunkt körperliche und motorische Entwicklung in Nordrhein-Westfalen durchgeführt wurde und in der die Schulleitungen und die Lehrpersonen nach dem Bedarf an assistiven Technologien und UK befragt wurden. Für den Anteil der Schülerinnen und Schüler mit Bedarf an UK an der Gesamtschülerschaft (n = 21.039) wurden die Ergebnisse aus den vorangegangenen Studien bestätigt: Für 31,6 % der Schülerinnen und Schüler

2.4 Beeinträchtigungen der Kommunikation im Kontext intellektueller Beeinträchtigung

an Förderschulen mit dem sonderpädagogischen Schwerpunkt Geistige Entwicklung und für 32,9 % der Kinder und Jugendlichen in Förderschulen mit dem Förderschwerpunkt körperliche und motorische Entwicklung wurde ein UK-Bedarf angegeben (Bernasconi, Bächler & Feichtinger 2023, 7). Interessant ist der Vergleich der Zuordnung zu den Zielgruppen, da mit diesen eine klare Kategorisierung von Kommunikationsbeeinträchtigungen vorliegt (▶ Tab. 2.5).

Tab. 2.5: Vergleich von Zielgruppen der UK in den Schwerpunkten SGE und kmE (Bernasconi, Bächler & Feichtinger 2023, 9) (eigene Darstellung)

Zielgruppen	UK-Bedarf (n = 3.766) in %	SGE in %	kmE in %
1 vorintentionale Kommunikation	33,9	30,4	40,9
2 präsymbolische Kommunikation	23,7	24,8	21,5
3 symbolische Kommunikation	24,5	26,9	19,6
4 altersgemäße symbolische Kommunikation	17,9	17,9	18,0

Gruppe 1 ist mit 40,9 % an Schulen mit dem Förderschwerpunkt körperliche und motorische Entwicklung deutlich stärker vertreten als an Schulen mit dem sonderpädagogischen Schwerpunkt Geistige Entwicklung. Umgekehrt liegt der Anteil der Gruppe 3 bzw. der nicht altersgemäßen symbolischen Kommunikation im sonderpädagogischen Schwerpunkt Geistige Entwicklung mit 26,9 % höher als im Förderschwerpunkt körperliche und motorische Entwicklung (19,6 %) (▶ Tab. 2.5; Bernasconi, Bächler & Feichtinger 2023, 9).

Auch wenn es sich in der Untersuchung von Bernasconi, Bächler und Feichtinger (2023) um eine Studie unter Berücksichtigung der kompetenzorientierten Zielgruppen handelt, liegt wie in den anderen Untersuchungen das Problem vor, dass lediglich die produktiv-kommunikativen Kompetenzen indirekt durch die Lehrpersonen untersucht wurden, d. h., was die Schülerinnen und Schüler kommunikativ oder sprachlich äußern können. Eine Ausnahme stellen die beiden Untersuchungen zur »Schülerschaft im Förderschwerpunkt geistige Entwicklung« SFGE I und SFGE II dar, die im Abstand von ca. zehn Jahren in Bayern durchgeführt wurden (Dworschak et al. 2012; Baumann et al. 2021). Denn im Bereich Sprache und Kommunikation wurden sowohl das Sprachverständnis als auch die Sprachproduktion berücksichtigt

2 Grundlagen der Unterstützten Kommunikation

und die Lehrpersonen nach ihrer Einschätzung der Kompetenzen im Bereich Sprache und Kommunikation befragt.

In der Studie SFGE I (n = 1.629) umfasst die Gruppe der nichtsprechenden Kinder und Jugendlichen 19,1 %, was weitgehend mit den anderen Studienergebnissen übereinstimmt, bei denen die Kategorie »nicht-sprechend« erhoben wurde. Insgesamt wurden bei 68,2 % der Schülerinnen und Schüler Sprach- und Sprechstörungen angegeben. Von diesen 68,2 % haben etwas weniger als die Hälfte (46,2 %) einen Dysgrammatismus und 20,5 % der Kinder haben eine Redeflussstörung (Stottern oder Poltern). Alle drei Diagnosen gehören zu den Sprachentwicklungsstörungen, d. h., ein wesentliches Merkmal der Diagnose ist die nicht altersgemäße Lautsprache. Bei knapp einem Drittel der Kinder und Jugendlichen (31,1 %) ist die Sprachentwicklungsstörung so stark, dass sie von Fremden nicht verstanden werden können (Wagner & Kannewischer 2012, 109). Die in den anderen Studien nicht erhobenen Kompetenzen der Kinder und Jugendlichen im Sprachverständnis werden von den Lehrpersonen für 9,9 % der Gesamtstichprobe als nicht einschätzbar angegeben; 48,9 % verstehen Signalworte, einfache Sätze und Anweisungen und 41,2 % verstehen komplexe Sätze und Anweisungen (ebd., 106).

In der Nachfolgestudie SFGE II (n = 1.000) werden die Einschätzungen der Lehrpersonen in Bezug auf das Sprachverständnis ihrer Schülerinnen und Schüler für die Gruppe der sprechenden und der nicht bzw. kaum sprechenden Kinder getrennt erhoben (▶ Tab. 2.6).

Tab. 2.6: Einschätzung des Sprachverständnisses der sprechenden und nichtsprechenden Schülerschaft im Förderschwerpunkt Geistige Entwicklung im Vergleich (Baumann 2021, 104) (eigene Darstellung)

Sprachverständnis	sprechend n = 671 (in %)	kaum bzw. nicht sprechend n = 409 (in %)
nicht einschätzbar	0,1	19,1
versteht Wörter, einfache Sätze und Anweisungen	17,4	54,8
versteht komplexe Sätze und Anweisungen	82,4	26,2

Auch wenn es sich um die Einschätzungen von Lehrpersonen handelt, wird durch die Kontrastierung der beiden Gruppen insbesondere im Sprachverständnis eine große Diskrepanz zwischen der sprechenden und der nicht oder kaum verständlich sprechenden Schülerschaft deutlich. Das verweist einmal mehr auf die Bedeutung des Aufbaus von kommunikativen Kompetenzen und Situations- und Weltwissen durch Unterstützung oder Ersetzung der Lautsprache bzw. Maßnahmen der Unterstützten Kommunikation. Insgesamt wird im Gegensatz zur SGFE-I-Studie ein starker Bezug auf das Gebiet der Unterstützten Kommunikation deutlich. Ein Drittel der Schülerschaft (33,2 %) verfügt über Lautsprache ohne Artikulationsstörungen, 29,4 % der Kinder und Jugendlichen haben leichte Artikulationsstörungen, sind aber für Fremde verständlich. Jeweils knapp ein Fünftel ist für Fremde nicht verständlich (19,1 %) oder ist nichtsprechend (18,2 %). Diese beiden Kategorien werden zur Gruppe der nicht oder kaum verständlich sprechenden Kinder und Jugendlichen zusammengefasst. Diese Gruppe macht fast 40 % (37,3) der Schülerschaft, die auf UK angewiesen ist, aus (Baumann 2021, 110). Die genannten Daten der Studien verdeutlichen eindrücklich, dass es

> »nicht nur im Förderschwerpunkt körperlich-motorische Entwicklung, sondern auch in der Schülerschaft im Förderschwerpunkt geistige Entwicklung in Bayern einen enormen Bedarf an Unterstützter Kommunikation gibt« (Wagner & Kannewischer 2012, 109).

> »Die aktuellen Daten fordern Handlungsbedarf – auch auf bildungspolitischer Ebene. So ist dafür Sorge zu tragen, dass allen kaum und nicht sprechenden Kindern und Jugendlichen uneingeschränkter Zugang zu kompetenter UK-Förderung gewährleistet wird, um ihr Recht auf Kommunikation, Gesundheit, Selbstbestimmung und Teilhabe sowie Bildung zu erfüllen« (Baumann 2021, 111).

2.5 Entstehung und Geschichte der UK

Als wissenschaftlich fundiertes Fachgebiet verbreitete und etablierte sich die AAC (Augmentative and Alternative Communication) bereits seit den 1970er Jahren im englischsprachigen und skandinavischen Raum als Teilgebiet der »speech language pathology« und wird insbesondere als eine zentrale medizinisch-therapeutische Teildisziplin wahrgenommen (Lüke & Vock 2019, 2). Im Gegensatz dazu wurden die Maßnahmen und Methoden der AAC in Deutschland erst in den 1990er Jahren durch eine Dissertation der Sonderpädagogin Ursula Braun bekannt gemacht. Unter dem Sammelbegriff »Unterstützte Kommunikation« verbreiteten sich die Maßnahmen und Methoden im sonderpädagogischen Praxisfeld relativ schnell (Boenisch & Nonn 2020, 40).

In den ersten 20 Jahren war die UK noch weit von einer umfassenden Theoriebildung und einer Etablierung als sonderpädagogisches Fachgebiet im Hochschulbereich entfernt. So erhielten bspw. auch die wenigen weiteren Dissertationen im Bereich der UK (Lage 2006; Renner 2004) im Verhältnis zu den Erkenntnissen noch wenig Resonanz in der Sonderpädagogik oder der (universitären) Sprachtherapie. Internationale Literatur und Theoriebildung wurde (wenn überhaupt) in erster Linie anwendungsbezogen rezipiert und bereits vorhandene Studien, bspw. zur Evidenz von UK-Maßnahmen (Schlosser 2003), wurden kaum wahrgenommen. So konstatierte eine erste (deutsche) Studie zu Kindern und Jugendlichen ohne (verständliche) Lautsprache in deutschen Förderschulen (Boenisch 2009), dass kaum theoretische Auseinandersetzungen im Feld der UK vorhanden seien. Noch 2018 führte die starke Praxisorientierung dazu, dass in der einschlägigen Fachzeitschrift »Unterstützte Kommunikation« die inzwischen relativ große UK-Fachcommunity »nach den Auswirkungen der Differenz von anwendungsorientierter und sprachentwicklungsorientierter Perspektive auf UK-Interventionen« befragt wurde (Braun 2020, 20). Dies veranlasste Ursula Braun 30 Jahre, nachdem sie die UK nach Deutschland gebracht hatte, zu der Feststellung, dass auch heute noch überwiegend anwendungsorientiert und wenig theoriebasiert mit UK gearbeitet werde (ebd.).

Diese kurze Vorstellung der Geschichte der deutschsprachigen UK zeigt deutlich, dass UK vor allem von Praktikerinnen und Praktikern implementiert, weiterentwickelt und vorangetrieben wurde, wobei die schnelle Verbreitung insbesondere an Förderschulen für körperlich-motorische Entwicklung stattfand. Diese Entwicklung aus der Praxis für die Praxis kann einerseits als Stärke und andererseits auch als Schwäche ausgelegt werden, da damit mehrere Problemstellen in der Entwicklung und Etablierung als Fachgebiet der Sonder- und Heilpädagogik verbunden sind, welche zum Teil bis heute fortwirken (Braun 2020, 19f.). Diese betreffen insbesondere die Terminologie, die theoretischen Bezugspunkte und Grundlagen der UK (▶ Kap. 2.5.1) sowie die Definition der Zielgruppen, die von UK profitieren können (▶ Kap. 2.5.2).

2.5.1 Problembereich 1: Terminologie und Abgrenzung

Ein Problembereich ist der Begriff UK selbst. Insbesondere in der Praxis wird UK als Sammelbegriff oftmals sehr breit verwendet. So werden bspw. auch

Visualisierungs- und Strukturierungsmethoden, die im Unterricht mit Piktogrammen oder Bildern arbeiten, als UK bezeichnet. Auch Methoden aus dem TEACCH-Ansatz (Treatment and Education of Autistic and related Communication Handicapped Children) werden der UK zugeordnet. Unterstützte Kommunikation umfasst aber mehr als reine Unterrichts- bzw. Strukturierungsmethoden. So geht es beim Einsatz von UK in erster Linie um die Unterstützung von Teilhabe in unterschiedlichen Situationen und damit auch um Kompetenz- und Strategieaufbau für nicht oder kaum sprechende Personen (Scholz & Stegkemper 2022, 46). Zudem kommt es auf der begrifflichen Ebene immer wieder vor, dass Unterstützte Kommunikation mit der sogenannten »Gestützten Kommunikation« verwechselt wird (engl. Facilitated Communication). Bei der »Gestützten Kommunikation« handelt es sich um eine einzelne Methode, die eine (Hand-)Führung zur Ansteuerung einer Computertastatur oder einer Kommunikationshilfe beinhaltet. Sie stammt wie der TEACCH-Ansatz ebenfalls aus dem Autismusbereich, ist aber wissenschaftlich hoch umstritten (Wachsmuth 2020a, 77).

2.5.2 Problembereich 2: Zielgruppen

Auch die Perspektive auf die Zielgruppen von UK (▶ Kap. 2.3) ist eine Problemstelle. Die anfängliche Konzentration auf Menschen mit körperlich-motorischen Beeinträchtigungen und die Verbreitung von UK an Schulen mit dem entsprechenden Förderschwerpunkt führten vor allem in zwei Bereichen zu einem verkürzten Verständnis im Einsatz von UK:

- Einerseits kam die Perspektive auf, dass UK den Lautspracherwerb verhindere, da Kinder und Jugendliche ihre ggf. vorhandenen Kompetenzen zur lautsprachlichen Kommunikation nicht mehr nutzen oder vielleicht sogar verlieren könnten. Insgesamt haben jedoch unterschiedliche Studien deutlich gezeigt, dass dieses Problem nicht auftritt. So wurde in einer Metastudie von Millar, Light und Schlosser (2006) auf der Grundlage von 23 Studien aus den Jahren 1975 bis 2003 gezeigt, dass UK definitiv keine negativen Einflüsse auf die Sprachproduktion von Menschen mit Autismus-Spektrum-Störung (ASS) und einer intellektuellen Beeinträchtigung hat. Der Einsatz von UK zeigte über die gesamten Studien hinweg deutlich, dass 89 % der Studienteilnehmenden lautsprachliche Kompetenzen durch UK hinzugewinnen konnten. Lediglich bei 11 % der Personen kam es zu keiner Verbesserung der lautsprachlichen Fähigkeiten und bei niemandem zu negativen Effekten (Millar, Light & Schlosser 2006, 248). Weitere qualitative Studien (u. a. Kaufmann 2006) bestätigen, dass durch UK-Maßnahmen der Lautspracherwerb unterstützt wird, weil Kinder und Jugendliche dadurch vielfältige Erfahrungen sammeln können, die sie im Wortschatzerwerb und in der lautsprachlichen Kommunikation insgesamt unterstützen (Scholz & Stegkemper 2022, 50).

- Ein eingrenzender Faktor für den Einsatz von UK-Methoden und -Mitteln ist andererseits, dass zum Teil noch heute die Annahme besteht, die Nutzung von UK sei an vorhandene Kompetenzen der Person gebunden (sogenanntes Kandidatenmodell). Dadurch und durch die kaum stattgefundene Übernahme von UK in andere Bereiche der Sonderpädagogik wurden insbesondere Kinder und Jugendliche mit intellektuellen Beeinträchtigungen ausgeschlossen. Dies wurde bspw. in einer Studie von Bundschuh Herbst und Kannewischer (1999) deutlich, die dezidert Kinder und Jugendliche mit intellektuellen oder komplexen Beeinträchtigungen von UK-Maßnahmen ausschließt. Spätere Studien zur Schülerschaft im Förderschwerpunkt Geistige Entwicklung sowie zu Kindern und Jugendlichen mit komplexen Beeinträchtigungen kommen ohne oder lediglich mit einer aspekthaften Erwähnung von UK als einer Methode unter vielen aus (u. a. Dworschak et al. 2012; Janz, Klauß & Lamers 2009). Dies ist umso verwunderlicher, als in den jeweiligen Studien sowie in weiteren Veröffentlichungen deutlich wurde, dass Beeinträchtigungen der Sprache bzw. der verbalen Kommunikation der pädagogisch relevante Kern bei intellektueller und komplexer Beeinträchtigung sind (▶ Kap. 2.4).

»Für potenzielle [Nutzerinnen und Nutzer] [...] von UK bestehen keine Mindestvoraussetzungen, d. h. Kinder und Jugendliche und Erwachsene müssen nicht erst über bestimmte Kompetenzen verfügen, *bevor* sie UK nutzen können, sondern die Kompetenzen entwickeln sich gleichsam *mit*, *durch* und *in* der Nutzung von UK« (Bernasconi 2023, 10; Hervorh. i. O.).

2.5.3 Aktuelle Entwicklungen

Daraus ergibt sich ein breites Spektrum von Menschen, die von UK profitieren können. Dieses reicht von Menschen mit Einschränkungen der körperlichen Funktionen durch Syndrome wie bspw. Down-Syndrom, Angelman-Syndrom oder Autismus bis hin zu solchen mit neurologischen wie auch progredienten Erkrankungen, die zu einem Verlust oder einer nicht verständlichen Lautsprache führen können (bspw. Schlaganfall oder Amyotrophe Lateralsklerose) (Sarimski 2024). Aber auch Kinder und Jugendliche mit psychischen Beeinträchtigungen wie bspw. Mutismus und nicht oder anders alphabetisierte Menschen mit Fluchterfahrung können in ihrer kommunikativen Teilhabe durch Methoden und Mittel der UK unterstützt werden (Bernasconi 2023, 13).

Diese Erweiterung der UK auch in Verbindung mit der *Beseitigung* der beschriebenen Mythen (wie Verhinderung des Spracherwerbs und Bindung von UK an kognitive Voraussetzungen) wurde durch die zunehmende wissenschaftliche Fundierung der UK durch Studien und die Aufnahme des internationalen Fachdiskurses möglich. Seit den 2010er Jahren kann man sagen, dass sich die UK auch im deutschsprachigen Raum von einem praxisorientierten Ansatz zu einem interdisziplinären Fachgebiet für alle Kinder, Jugendlichen und Erwachsenen entwickelt, die Probleme in der lautsprachlichen Kommunikation haben. Dies wird insbesondere daran deutlich, dass zentrale Lehrbücher sowohl im sprachtherapeutischen (Lüke & Vock 2019) als auch sonderpädagogischen Bereich (Scholz & Stegkemper 2022) erschienen. Mit dem 2020 herausgegebenen »Kompendium Unterstützte Kommunikation« (Boenisch & Sachse 2020a) wurde zudem ein Überblick über die Entwicklungen und zentralen Bereiche der UK veröffentlicht. Damit erfolgte eine wissenschaftliche Grundlegung für die Weiterentwicklung und Qualitätssicherung der UK als multidisziplinäres Fachgebiet (Boenisch & Sachse 2020b, 15).

Gerade um der anfänglichen reinen Anwendungsorientierung entgegenzuwirken und sowohl das Spektrum der Zielgruppe als auch die theoretische Fundierung zu berücksichtigen, reicht es nicht mehr aus, die verschiedenen Maßnahmen, Mittel und Methoden der UK einfach zu beschreiben (▶ Kap. 2.6). Denn in der UK geht es nicht nur darum, den Spracherwerb und die Lautsprache zu unterstützten oder zu ersetzen, sondern um eine grundsätzliche Verbesserung der Kommunikationsmöglichkeiten und der Interaktionssituationen. Das erfordert die Berücksichtigung der gesamten Situation und damit eine mehrdimensionale Herangehensweise, die sowohl die Rahmenbedingungen, die Bezugspersonen und die UK-Nutzerinnen und -Nutzer als auch die unterschiedlichen Hilfsmittel und Methoden in den Blick nimmt (Bernasconi 2023, 14).

Zentral sind dabei die Bezugnahmen auf die Zielperspektiven von Therapie und Pädagogik, insbesondere hinsichtlich Teilhabe und Partizipation, sowie die Einbindung des bio-psycho-sozialen Behinderungsbegriffs, wie er in der ICF zugrunde gelegt wird. Diese Perspektiven unterstreichen die Bedeutung einer umfassenden, ganzheitlichen Herangehensweise, die nicht nur die kommunikativen Fähigkeiten verbessert, sondern auch die sozialen und gesellschaftlichen Teilhabemöglichkeiten der betroffenen Personen stärkt, wie sie von der UN-Behindertenrechtskonvention gefordert werden.

> **Weiterführende Literatur** (Grundlagen)
>
> Boenisch, J. & Sachse, S. K. (Hrsg.) (2020): Kompendium Unterstützte Kommunikation Stuttgart: Kohlhammer.
> Lüke, C. & Vock, S. (2019): Unterstützte Kommunikation bei Kindern und Erwachsenen. Berlin: Springer.
> Scholz, M. & Stegkemper, J. M. (2022): Unterstützte Kommunikation. Grundfragen und Strategien. München: Ernst Reinhardt.

2.6 Zielperspektiven, Rahmenbedingungen und Modelle der UK

»The ultimate goal of AAC is not to find a technological solution to communication problems but to enable individuals to efficiently and effectively engage in a variety of interactions and participate in activities of their choice« (Beukelman & Mirenda 2005, 27).

Das zentrale Ziel der Unterstützten Kommunikation ist also nicht, nur technologische Lösungen für Probleme der Kommunikation und Sprache zu finden. Es geht vielmehr darum, die individuelle Teilhabe in alltäglichen Situationen und unterschiedlichen Aktivitäten zu unterstützen und zu verbessern (ebd.). Im Kern geht es dabei um eine Erhöhung der Lebensqualität und des Wohlbefindens, bspw. durch die Unterstützung von sozialen Netzwerken und die Ermöglichung von Partizipation in verschiedenen Teilsystemen der Gesellschaft wie bspw. dem Bildungssystem oder der beruflichen Rehabilitation (Boenisch & Nonn 2020, 41).

2.6.1 Zielperspektiven: Teilhabe und Partizipation

Teilhabe und Partizipation sind Zielperspektiven in der Sonder- und Heilpädagogik sowie in medizinisch-therapeutischen Berufen, aber auch in der Sozial- und Bildungspolitik. Insbesondere in der deutschsprachigen Literatur werden die Begriffe oft synonym verwendet. Allerdings handelt es sich um vielschichtige Begriffe, die teilweise in unterschiedlichen Modellen graduell abgestuft oder unterschiedlich definiert werden. Unter Bezugnahme auf Schwab (2016) wird darauf verwiesen, dass Teilhabe und Partizipation unterschiedliche Bedeutungen haben. So meint Teilhabe das Einbezogensein in eine Lebenssituation und Partizipation die Möglichkeit der Mitbestimmung an (gesellschaftlichen, organisationalen und sozialen) Entscheidungsprozessen (Bernasconi & Terfloth 2020, 33). Grundsätzlich kann man jedoch davon ausgehen, dass sich sowohl Partizipation als auch Teilhabe in sozialen Situationen zwischen Menschen verwirklichen und damit der Kommunikation und kommunikativen Fähigkeiten eine zentrale Rolle zukommt.

Kommunikation und Teilhabe bzw. Partizipation beeinflussen sich gegenseitig (Bernasconi & Sachse 2019, 129):

- Je höher die kommunikativen Fähigkeiten sind, umso mehr ist man in soziale Situationen einbezogen und kann mitentscheiden.
- Umgekehrt gilt, dass Menschen, je mehr sie in soziale und gesellschaftliche Zusammenhänge sowie Entscheidungsprozesse einbezogen werden, umso mehr kommunikative Fähigkeiten erwerben.

Dieser wechselseitige Prozess zwischen Kommunikation und Teilhabe verdeutlicht, dass sich die Möglichkeiten für Teilhabe und Partizipation von nicht (verständlich) lautsprachlich kommunizierenden Menschen immer in einem Spannungsfeld von individuellen Kompetenzen der jeweiligen Person und ihrem Umfeld und Möglichkeitsstrukturen in sozialen und gesellschaftlichen Zusammenhängen verwirklichen oder gestört werden können (Bernasconi & Terfloth 2020, 38). Dieses Spannungsfeld wurde bereits 1998 von Beukelman und Mirenda im sogenannten Partizipationsmodell als Grundlage für UK-Interventionen gefasst (▶ Kap. 3).

2.6.2 Rahmenbedingungen: UN-BRK und ICF

Die Bedeutung von Teilhabe und Partizipation als Zielperspektive sowie Grundlage der UK wurde vor allem mit der UN-Behindertenrechtskonvention (UN-BRK), die in Österreich 2008, in Deutschland 2009 und in der Schweiz 2014 ratifiziert wurde, und der International Classification of Functioning, Disability and Health (ICF) der WHO besonders gestützt. Denn in beiden wird zentral der Zusammenhang zwischen Kommunikation(sfähigkeiten) und Partizipation(smöglichkeiten) hergestellt und begründet und zudem alternative oder unterstützende Kommunikation als zentrales Element aufgenommen (Ling 2021, 281).

2 Grundlagen der Unterstützten Kommunikation

> **Exkurs**
> **UN-BRK** (Übereinkommen über die Rechte von Menschen mit Behinderungen)
> Mit der Ratifizierung der UN-BRK (die sogenannte Behindertenrechtskonvention) der Vereinten Nationen (UN) wird es für die unterzeichnenden Länder verbindlich, die gleichberechtigte Partizipation in allen Gesellschaftsbereichen für Menschen mit Behinderungen zu sichern. Als wesentliches Mittel und Feld für Maßnahmen zur Stärkung der Partizipation wird der Zugang zu »ergänzender und alternativer Kommunikation« – und damit zu UK bzw. AAC definiert und findet sich bereits in den Begriffsbestimmungen (Artikel 2) als zentraler Begriff (Lage & Knobel Furrer 2014, 20). Auch in weiteren zentralen Artikeln findet sich »ergänzende und alternative Kommunikation«:
>
> - Artikel 9: »Zugänglichkeit«, insbesondere in den Bereichen Information und Kommunikation und zu Einrichtungen und Diensten
> - Artikel 21: »Recht der freien Meinungsäußerung, Meinungsfreiheit und Zugang zu Informationen« und deren gleichberechtigte Ausübung mit anderen
> - Artikel 24: »Bildung« und eine diskriminierungsfreie chancengerechte Verwirklichung der Bildung in einem inklusiven Bildungssystem
> - Artikel 30: »Teilhabe am kulturellen Leben sowie an Erholung, Freizeit und Sport«
> (UN-BRK 2008)
>
> In dieser Auswahl zeigt sich, dass Kommunikation als Medium verstanden wird, um Partizipation in den unterschiedlichen gesellschaftlichen Teilbereichen zu erreichen, was dem bereits beschriebenen Zusammenhang von Partizipation und Kommunikation entspricht (Bernasconi & Terfloth 2020, 38). Mit der UN-Behindertenrechtskonvention wird eine prinzipielle und menschenrechtliche Perspektive eingenommen, die zu einer zunehmenden Bewusstheit und Ermöglichung von Teilhabe und Partizipation in allen Lebensbereichen beitragen kann (Lage & Knobel Furrer 2014, 21).

Als Menschenrechtskonvention hat die UN-BRK direkte Auswirkungen insbesondere auf der organisationalen und gesellschaftlichen bzw. politischen Ebene, die nicht zu unterschätzen sind. So lässt sich bspw. konstatieren, dass in den letzten zehn Jahren sowohl auf der gesetzlichen Ebene (Schul- und Gleichstellungs- sowie Teilhabegesetze) als auch in öffentlich-politischen

2.6 Zielperspektiven, Rahmenbedingungen und Modelle der UK

Leitlinien, über konkrete Richtlinien und Leitlinien von Organisationen der Behindertenhilfe bis zu Lehr- und Bildungsplänen, UK häufiger genannt und stärker berücksichtigt wird (Braun 2020, 28).

Auf der individuellen und sozialen Ebene sind die Formulierungen jedoch zu allgemein und abstrakt. Für eine allgemeine Beschreibung des konkreten Zusammenhangs von Individuum, sozialen Situationen und gesellschaftlichen Rahmenbedingungen bietet sich der bio-psycho-soziale Behinderungsbegriff der ICF (International Classification of Functioning, Disability and Health) der WHO an, die 2005 in deutscher Sprache erschienen ist (DIMDI 2005).

> »the ICF fits our international AAC community like an old shoe that we have been wearing for many years« (Fried-Oken & Granlund 2021, 1; zit. nach Bernasconi 2023, 44).

Das Zitat, dass die ICF zur UK so perfekt wie ein alter Schuh passt, bezieht sich auf die zentrale Rolle, die das sogenannte Partizipationsmodell (Beukelman & Mirenda 2005) in der UK im englischsprachigen Raum spielt. Denn bereits seit den 1990er Jahren wurden mit dem Partizipationsmodell Wechselwirkungen zwischen dem Umfeld und der unterstützt kommunizierenden Person in das Zentrum aller Maßnahmen und theoretischen Betrachtungen gerückt. Dies wird besonders in der gleichwertigen Betrachtung von Umfeld (Gelegenheit) und Person (Zugang) deutlich (▶ Kap. 3).

> **Exkurs**
> **ICF (International Classification of Functioning, Disability and Health)**
> Das Modell der ICF (DIMDI 2005) zeigt auf, dass eine Beeinträchtigung oder Behinderung immer aus Wechselwirkungen
>
> - zwischen einer »Schädigung« von Körperfunktionen (bspw. der Motorik oder der Kognition),
> - »Umweltfaktoren« wie bspw. Einstellungen, Organisationen oder technischen Hilfen
> - und »personenbezogenen Faktoren«, wie Umgang mit einer Beeinträchtigung oder Temperament, entstehen.
>
> Diese Komponenten stehen wiederum alle in Wechselwirkung mit »Aktivitäten«, zu denen u.a. auch Lernen, Spracherwerb und Kommunikation gehören. Diese werden mit dem Bereich »Teilhabe bzw. Partizipation« zu einer Domäne verbunden (▶ Abb. 2.1).

2 Grundlagen der Unterstützten Kommunikation

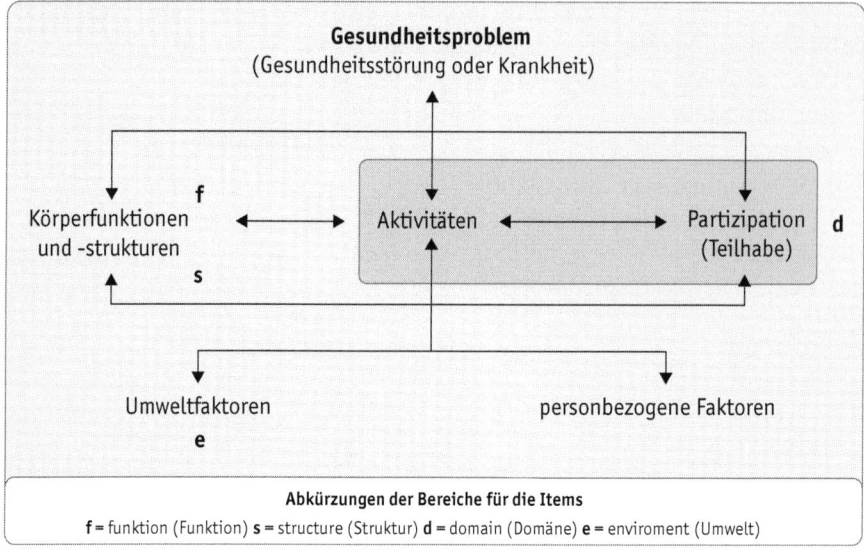

Abb. 2.1: Bio-psycho-soziales Modell der ICF (DIMDI 2005) (eigene Darstellung)

Dieses bio-psycho-soziale Wechselwirkungsmodell (▶ Abb. 2.1) überwindet das klassische Kausalmodell von Behinderung. Behinderung ist damit nicht mehr auf eindeutige medizinische oder individuelle Ursachen zurückzuführen. Vielmehr entsteht eine Behinderung aus dem Zusammenspiel aller genannten Faktoren, die sich jeweils gegenseitig bedingen. Anders ausgedrückt: Behinderung ist relational, d.h., sie ist abhängig von den Situationen, in denen sie erfahren wird, sowie relativ in Bezug auf die persönlich erfahrene und wahrgenommene Einschränkung. Auch nicht lautsprachlich kommunizierende Personen erleben nicht kontinuierlich *Behinderung*. Zum Beispiel kann ein nicht lautsprachlich kommunizierendes Kind mit alternativen Kommunikationsmöglichkeiten und -hilfen in seinem familiären, sozialen und schulischen Umfeld problemlos teilhaben und kommunizieren. Wenn es jedoch in eine neue Umgebung kommt, bspw. durch einen Schulwechsel oder einen Krankenhausaufenthalt, kann die Teilhabe behindert werden, da das neue Umfeld möglicherweise nicht mit den Kommunikationshilfen vertraut ist (Bernasconi 2023, 43).

Das Problem sowohl bei der ICF als auch bei der UN-BRK ist, dass Teilhabe und Partizipation als zentrale Zielperspektive nur bedingt konkretisiert und operationalisiert werden können. Deswegen werden dafür weitere Modelle benötigt, um zum einen die Fähigkeiten und Kompetenzen der nicht (verständlich) lautsprachlich kommunizierenden Person zu erfassen und zum anderen den Zusammenhang von Teilhabe und Kommunikation zu konkretisieren (Bernasconi & Sachse 2019, 133; ▶ Kap. 2.6.3).

2.6.3 Modelle der Unterstützten Kommunikation

Insgesamt sind für die Konkretisierung und Analyse der Fähigkeiten und Kompetenzen sowie den Grad der Teilhabe und Partizipation von unterstützt kommunizierenden Personen drei übergeordnete Modelle relevant:

- das linguistische Modell *Form, Funktion und Inhalt* von Bloom und Lahey (1978), das sich auf die (laut-)sprachliche Kommunikation bezieht und für die UK angepasst und ergänzt wurde (u. a. Bernasconi 2023, 45 f.)
- die für UK entwickelten Modelle der *kommunikativen Kompetenz* von Light (Light 1989; 2003; Light & McNaughton 2014)
- das *Fähigkeitskontinuum* von Dowden (2004)

Form, Funktion und Inhalt in der Unterstützten Kommunikation

Kommunikative Mitteilungen haben nicht nur die bereits beschriebenen nonverbalen und verbalen Modalitäten (▶ Kap. 2.1), sondern auch eine Funktion, d.h. ein Ziel, warum und wozu miteinander kommuniziert wird, und einen Inhalt, der der Sachebene entspricht und nichts anderes meint als das, worüber gesprochen werden soll (Fröhlich 2020, 243).

Die *Form* beinhaltet die Regeln, die für verbale Kommunikation und Sprache gelten. Sie untergliedert sich in drei sprachwissenschaftliche Bereiche:

1. Die *Phonologie*, in der es um Aussprache, die Organisation von Sprachlauten sowie den Sprachklang bzw. Stimmqualität und damit die nonvokalen Elemente der verbalen Kommunikation geht. Kinder lernen bereits früh, welche Laute in ihrer Umgebungssprache bedeutungsunterscheidend sind (»Hut« – »Wut«) und welche Regeln für die Kombinationen von Lauten erlaubt sind, d.h., welche Lautkombinationen sich richtig anhören.
2. Die *Morphematik* oder *Morphologie*. Diese umfasst den Aufbau von Wörtern aus Morphemen als sinntragenden Einheiten (bspw. Vorsilben wie »ge-« oder »ver-«), die Wortarten wie Verben und Nomen und die Flexionen von Wörtern bspw. bei der Pluralbildung (»Mann« – »Männer«) oder der Vergangenheit (»sie geht« – »sie ging«).

3. Die *Syntax*. Damit ist die Kombination von Wörtern zu einem Satz gemeint. So wäre »Anna liest das Buch« ein sinnvoller Satz. »Das Buch liest Anna« ergibt hingegen keinen Sinn (Weinert & Grimm 2012, 435).

Die Form wird in der UK ergänzt und erweitert um die *Modalität*, in der kommuniziert wird. Denn unterstützt Kommunizierende nutzen eine Vielzahl an nonverbalen und verbalen Kommunikationsformen, die sie je nach Inhalt und Funktion unterschiedlich einsetzen. Bestimmte Inhalte und Funktionen können bspw. nicht (oder nur schwer) über körpereigene Formen wie Gesten, Lautierungen oder Gebärden ausgedrückt werden. Auch grafische Symbole eignen sich nicht für jeden Inhalt. Zudem sind weder die körpereigenen Formen noch die grafischen Symbole dazu geeignet, jemanden herbeizurufen, der sich nicht in der unmittelbaren Umgebung befindet oder Sichtkontakt hat. Hierfür werden Geräte mit Sprachausgabe benötigt. Mit der Form wird in der UK insbesondere die Wie-Frage verbunden: Wie und in welchen UK-Formen kommuniziert eine Person (Fröhlich 2020, 243)?

Die *Funktion* bezieht sich auf den sozialen Gebrauch der Sprache und damit auf den Bereich der Pragmatik, in dem es darum geht situationsadäquat kommunizieren zu können und dadurch eigene Kommunikationsziele und -motive erreichen zu können (Bernasconi 2023, 45 f.). Deswegen beinhaltet die Funktion auch das Wissen über soziale Regeln, die in drei Bereiche unterteilt werden können:

1. sozial akzeptierte *Kommunikationsformen*, um zu bitten, über etwas zu informieren oder etwas zu befehlen
2. *Regeln der Gesprächssteuerung* im Sinne von Wissen darüber, wie ein Gespräch begonnen wird oder welche Regeln für den Wechsel von Redebeiträgen gelten (turn-taking)
3. *Diskurswissen*: wie bspw. Regeln in Form Geschichte erzählt oder in welcher Art und Weise neue von alten Informationen unterschieden und hervorgehoben werden

Insgesamt schließt die Pragmatik soziokulturelles Welt- und Situationswissen sowie auch das Wissen um Gefühle und Bedürfnisse mit ein. Anders ausgedrückt ist mit der pragmatischen Kompetenz auch der Bereich der Kognition und Emotion verbunden (Grimm 2012, 18). In der UK stehen weniger die Betrachtung und Analyse der allgemeinen sozial akzeptierten Kommunikationsformen und Regeln sowie das Diskurswissen im Mittelpunkt. Vielmehr geht es um die *individuellen Kommunikationsmotive* der unterstützt kommunizierenden Personen. Deswegen werden der Grund (Warum?) und das Ziel

2.6 Zielperspektiven, Rahmenbedingungen und Modelle der UK

(Wozu?) einer kommunikativen Äußerung betont und folgende Fragen stehen im Mittelpunkt der Analyse: Will die Person jemanden begrüßen, Gefühle oder Einstellungen teilen oder etwas fordern und vielleicht protestieren (Fröhlich 2020, 243)?

Der *Inhalt* umfasst das Lexikon und Semantik, also den Wortschatz (Lexikon) im Sinne der Anzahl an Wörtern und der Wortbedeutung sowie das Begriffsverständnis und das Sprachverstehen (Semantik). Wie zentral das Sprachverstehen über einzelne Wortbedeutungen hinaus ist, zeigt sich daran, dass sich die Wortbedeutungen im Kontext verschieben können: So bedeutet das Wort »leicht« in den folgenden Beispielsätzen etwas je Unterschiedliches: »Die Feder ist leicht« – »Die Arbeit fällt mir nicht leicht« (Grimm 2012, 18). Im Inhalt bzw. dem Lexikon und der Semantik geht es in der UK in erster Linie um die übergeordnete Perspektive des Inhaltes. Dies wird an den damit verbundenen Fragen deutlich: Über was möchte die Person kommunizieren? Was sind zentrale Themen für die Person? Will sie bspw. über bestimmte Erlebnisse sprechen, über bestimmte Orte, an denen sie war, Dinge, die ihr wichtig sind (Fröhlich 2020, 243)?

> »Neben der Berücksichtigung von Inhalt, Form und Funktion ist es hilfreich, sich den gesamten Tages- oder sogar Wochenablauf anzuschauen. Wo sind Kommunikationsanlässe? Wo bestehen Mitbestimmungs-, also Wahl- und Entscheidungsmöglichkeiten? In welchen Situationen haben die Bezugspersonen Zeit für ein Gespräch? Welches Vokabular braucht man für all diese Situationen?« (ebd.)

Kommunikative Kompetenz unterstützt kommunizierender Personen

Während in der Anpassung des Modells »Form, Funktion und Inhalt« vor allem die allgemeinen Bereiche und Merkmale einer kommunikativen Äußerung mit Unterstützter Kommunikation im Zentrum standen, ermöglicht das Modell »kommunikative Kompetenz« eine genaue Analyse der Fähigkeiten der unterstützt kommunizierenden Person.

Kommunikative Kompetenz
Bereits im Jahr 1989 definierte Light »kommunikative Kompetenz« für Menschen mit Beeinträchtigungen der Kommunikation als ein multidimensionales dynamisches Konstrukt, in dessen Zentrum die pragmatischen Fähigkeiten der Person mit dem Ziel einer gelingenden Alltagskommunikation stehen. Die pragmatischen Fähigkeiten werden als ein Zusammenspiel der Funktionalität und Angemessenheit der Kommuni-

kation und individuellem Wissen, Urteilsvermögen und Fähigkeiten der Person definiert.

Konkret geht es darum, dass angemessene funktionale Fähigkeiten erworben werden können, mit denen Bedürfnisse und Wünsche ausgedrückt und Informationen ausgetauscht werden können sowie soziale Nähe herstellbar ist (Bernasconi 2023, 46). Light (2003) betonte, dass Personen, die auf Unterstützte Kommunikation angewiesen sind, dieses Wissen, Urteilsvermögen und die Fähigkeiten in vier miteinander verbundenen Bereichen erwerben und integrieren müssen, um kommunikative Kompetenz aufzubauen: linguistisch, operational, sozial und strategisch (▶ Abb. 2.2).

Abb. 2.2: Kommunikative Kompetenz nach Light (1989) (Bernasconi & Sachse 2019, 128)

* Die *linguistischen Fähigkeiten* beziehen sich nach Light (2003) sowohl auf das Sprachverständnis der gesprochenen Sprache als auch auf das Wissen über die »linguistischen Codes« des eigenen Kommunikationssystems. Dazu gehören das Lexikon und die Semantik, wie das Kennen und Verwenden von Gebärden oder Piktogrammen, sowie die semantisch-syntaktischen Fähigkeiten, die erforderlich sind, um verschiedene Gebärden oder Piktogramme zu konkreten Gesprächsbeiträgen zu kombinieren (Bernasconi & Sachse 2019, 128).
* Die *soziale Kompetenz* beinhaltet die Fähigkeiten, sich je nach sozialer Situation und Gesprächspartnern angemessen am Gespräch zu beteiligen und sich an die Gesprächspartnerinnen und -partner anzupassen. Dazu

braucht es zum einen den Erwerb angemessener pragmatischer Fähigkeiten (bspw. turn-taking, Initiieren von Themen oder das Einbringen zusätzlicher Kommentare und Fragen). Zum anderen braucht es auch allgemeine soziale Kompetenzen wie bspw. auf die Kommunikationspartnerinnen und -partner einzugehen, an ihnen Interesse zu zeigen und ein positives Selbstbild zu vermitteln (Light 2003, 6).
- Die *operationalen Fähigkeiten* beziehen sich zum einen auf die Fähigkeit Kommunikationshilfen akkurat und effizient zu nutzen, d. h. Wörter auf der Kommunikationshilfe zu finden und die Kommunikationshilfe anzusteuern, um Beiträge in der jeweiligen Kommunikationsform zusammenstellen zu können (Bernasconi & Sachse 2019, 128). Zum anderen gehört auch die Fähigkeit dazu, körpereigene Kommunikationsformen (Gesten, Gebärden, Mimik) zu planen und auszuführen (Light 2003, 6).
- Die *strategischen Fähigkeiten* umfassen nach Light (2003) die kreative Nutzung des vorhandenen Wissens und Vokabulars, um Probleme und Einschränkungen in den operationalen, sozialen und sprachlichen Bereichen zu umgehen. Bei Problemen in den sprachlichen Fähigkeiten können Verständnisprobleme bspw. umgangen werden, indem dazu aufgefordert wird, dass zusätzlich Symbole oder Gebärden von der sprechenden Person verwendet werden. Bei fehlenden Wörtern können diese entweder umschrieben werden oder anderen Personen Hinweise darauf gegeben werden. Bei Einschränkungen im operativen Bereich könnte man bspw. bei einer elektronischen Kommunikationshilfe signalisieren, dass gerade eine Nachricht konstruiert wird. Für die angemessenen Strategien im sozialen Bereich könnte man eine Einführungs- bzw. Vorstellungsstrategie entwickeln, um unbekannte Personen mit Blick auf die Besonderheiten der Kommunikation zu beruhigen oder eine persönliche Assistenz anleiten, damit sie das Gespräch immer wieder zu der unterstützt kommunizierenden Person zurücklenkt (Light 2003, 7).

Im Jahr 2003 erweiterte Light diese Definition und argumentierte, dass das Erreichen kommunikativer Kompetenz nicht nur von diesen vier Kompetenzen beeinflusst wird, sondern auch von einer Vielzahl psychosozialer Faktoren (bspw. Motivation oder Selbstvertrauen) sowie von Barrieren und Unterstützungsfaktoren (bspw. Finanzierung oder Wissen) im sozialen und gesellschaftlichen Kontext (▶ Kap. 3.1.6).

2 Grundlagen der Unterstützten Kommunikation

Tab. 2.7: Beispiele für psychosoziale Faktoren, die das Erreichen der kommunikativen Kompetenz von unterstützt kommunizierenden Menschen beeinflussen können (Light 2003, 14; Übers. K. L.) (eigene Darstellung)

psychosozialer Faktor	Definition	potenzieller Einfluss auf kommunikative Kompetenz
Motivation zur Kommunikation	Der Drang zu kommunizieren wird durch die Überzeugung beeinflusst, dass das Ziel (d. h. die Kommunikation) wichtig und wertvoll ist und dass es erreicht werden kann.	definiert den Wunsch oder Antrieb der Person, in bestimmten Situationen mit anderen zu kommunizieren
Einstellung zu UK	mit Emotionen (positiv oder negativ) aufgeladene Vorstellungen über Unterstützte Kommunikation, welche die Nutzung (oder Nichtnutzung) von UK in bestimmten sozialen Situationen begünstigen	beeinflusst die Bereitschaft der Person, UK zu nutzen, um in bestimmten Situationen mit anderen zu kommunizieren
kommunikatives Selbstvertrauen	Selbstvertrauen, das auf der Überzeugung der Person beruht, dass sie in bestimmten Situationen erfolgreich kommunizieren wird	beeinflusst die Neigung des Individuums, in bestimmten Situationen tatsächlich zu handeln (d. h. zu kommunizieren)
Resilienz	Fähigkeit, die schädlichen Auswirkungen von Widrigkeiten zu verhindern, zu minimieren oder zu überwinden; Fähigkeit, Probleme zu kompensieren und sich von Misserfolgen zu erholen	beeinflusst die Beharrlichkeit der Person, trotz Barrieren, Widrigkeiten und Kommunikationsfehlern weiter zu kommunizieren

Mit der Erweiterung von 2003 bietet das Modell der *kommunikativen Kompetenz* einen umfassenden Rahmen für die Entwicklung funktionaler Kommunikationsfähigkeiten und berücksichtigt sowohl die internen Fähigkeiten der unterstützt kommunizierenden Person als auch die externen psychosozialen und umgebungsbedingten Faktoren, die die Kommunikation beeinflussen (Light & McNaughton 2014, 1) und zur Erweiterung und Konkretisierung des Partizipationsmodells genutzt werden können (▶ Kap. 3.1.6). Allerdings wird in der Beschreibung der Fähigkeiten deutlich, dass der Schwerpunkt des Modells auf Zielgruppe 4 nach Weid-Goldschmidt (2013) liegt. Für die Entwicklung der kommunikativen Kompetenz und die aufeinander aufbauenden Fähigkeiten mit Blick auf die Zielgruppen 1 bis 3 ist das nachstehend beschriebene Fähigkeitskontinuum zentral.

2.6 Zielperspektiven, Rahmenbedingungen und Modelle der UK

Fähigkeitskontinuum

Das sogenannte Fähigkeitskontinuum ist eine weitere zentrale Orientierung. Mit dem Fähigkeitskontinuum wird der Blick auf die Wechselseitigkeit einer Kommunikation zwischen den Kommunikationspartnerinnen und -partnern gelenkt. Damit werden die Kompetenzen der unterstützt kommunizierenden Person in Wechselwirkung mit den Kompetenzen des Umfeldes und der Gestaltung der gemeinsamen Situation gesetzt. Mit dem Fähigkeitskontinuum wird deutlich: Je abhängiger eine Person in ihrer Kommunikation ist, umso wichtiger ist es, dass die Bezugspersonen den gemeinsamen Kontext und die wechselseitige Kommunikation gestalten und stützen (Bernasconi 2023, 41; ▶ Abb. 2.3).

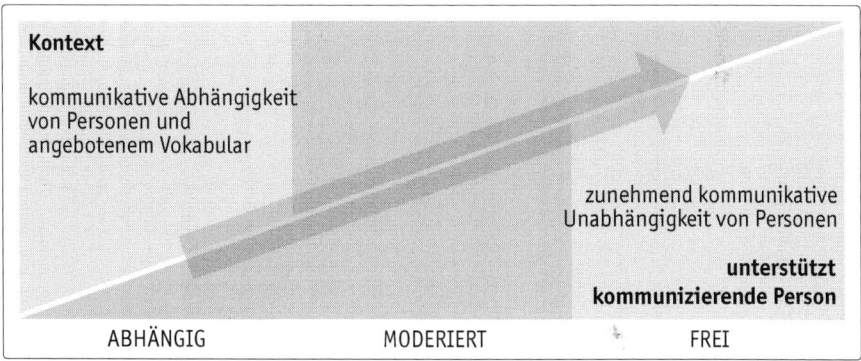

Abb. 2.3: Entwicklung kommunikativer Unabhängigkeit im Fähigkeitskontinuum (in Anlehnung an Dowden 2004) (Sachse & Bernasconi 2020, 205; Bernasconi 2024, 114) (eigene Darstellung)

Zwischen den drei Bereichen des Fähigkeitskontinuums – abhängige, moderierte und freie Kommunikation – gibt es noch zwei Übergänge. Den Übergang *abhängig - moderiert* und den Übergang *moderiert - frei*. Daraus ergeben sich insgesamt fünf Fähigkeits- bzw. Kompetenzstufen:

1. In der *abhängigen Kommunikation* sind Kinder und Jugendliche hochgradig angewiesen auf den konkret gestalteten Kontext und die Fähigkeiten der Bezugspersonen, da sie nicht-intentional und nichtsymbolisch kommunizieren.
2. Im Übergang *abhängig - moderiert* werden erste Gebärden und Bildsymbole von den unterstützt kommunizierenden Kindern sicher verwendet. Sie benötigen dafür aber klar strukturierte Situationen und eine kontingente, ritualisierte Gestaltung der Interaktionen durch die Bezugspersonen.

3. Unterstützt kommunizierende Kinder, die *moderiert* kommunizieren, können bereits symbolisch unterschiedliche Kommunikationsfunktionen und Inhalte in der direkten Situation verwenden, benötigen jedoch noch klare Moderationshilfen und Unterstützung durch die Bezugspersonen.
4. Der Übergang *moderiert – frei* umfasst die Nutzung von unterschiedlichen Kommunikationsformen und insbesondere der symbolischen Kommunikation. Diese ist zwar noch nicht altersentsprechend, aber die Kinder und Jugendlichen können zunehmend unabhängig von der konkreten Situation und von den Kompetenzen der Kommunikationspartnerinnen und -partnern kommunizieren.
5. *Freie* Kommunikation bedeutet, dass die unterstützt kommunizierenden Personen bei der Gestaltung der Kommunikation nicht mehr von der Situation und anderen Personen abhängig sind. Vielmehr können sie sowohl Themen als auch Kommunikationsfunktionen selbst bestimmen und erreichen (Nonn 2023, 62).

Verbindet man nun das Fähigkeitskontinuum mit der kommunikativen Kompetenz, ergibt sich eine Matrix, die die Kompetenzen der unterstützt kommunizierenden Person mit der Art der Kommunikation verbindet.

Matrix – Fähigkeitskontinuum und kommunikative Kompetenz

Die Verbindung aus der kommunikativen Kompetenz und dem Fähigkeitskontinuum ermöglicht, die Kompetenzen der unterstützt kommunizierenden Personen konkret zu beschreiben. Auf dieser Grundlage können Maßnahmen und Ziele so formuliert werden, dass sie zum einen spezifisch genug sind, um Fortschritte zu definieren und zu ermöglichen. Zum anderen kann mit dem Fähigkeitskontinuum gleichzeitig der Fokus auf Aktivitäten und Teilhabe gelegt werden. Dies stellt sicher, dass der Erwerb der Kompetenzen praktisch in alltägliche Interaktionen und gesellschaftliche Teilhabe eingebettet werden kann.

Praxis
Goals Grid
Zur Formulierung konkreter Ziele kann bspw. das *Goals Grid* genutzt werden. Das Goals Grid sammelt Beispiele für spezifische Interventionsziele beim Einsatz von Sprachausgabegeräten. In den Spalten wird aufgezeigt, wie sich die Fähigkeiten in den vier Bereichen der kommunikativen Kompetenz hin zur kommunikativen Unabhängigkeit entwickeln (von

abhängig bis frei). Dabei werden in den Zeilen nicht nur die drei Stufen abhängig, moderiert und frei unterschieden, sondern auch die Übergangsphasen berücksichtigt (Bernasconi & Sachse 2020, 209 f.).

Tab. 2.8: Auszüge aus dem Goals Grid (Bernasconi & Sachse 2020, 210)

Bereiche des Fähigkeitskontinuums	Bereiche der kommunikativen Kompetenz			
	linguistische Fähigkeiten	operationale Fähigkeiten	soziale Fähigkeiten	strategische Fähigkeiten
abhängig	reagiert regelmäßig auf Ansprache (mind. ein turn) mit Vokalisationen, Zeigen, Augenbewegungen, Mimik und/oder Gestik	nimmt die Kommunikationshilfe visuell, auditiv oder körperlich wahr (achtet auf Sprachausgabe oder versucht sie auszulösen)	zeigt in der Interaktion immer mal wieder Aufmerksamkeit für Gesprächspartnerin durch Hinschauen, Blickkontakt, Berührung	merkt, wenn die beabsichtigte Nachricht nicht übermittelt wurde (ist bspw. frustriert, wenn das Sprachausgabegerät nicht funktioniert)
Übergang abhängig – moderiert	nutzt Gebärden, Symbole o. Ä., um Handlungen zu steuern (mehr, fertig, stopp)	findet häufig genutztes Vokabular in vertrauten Situationen	nutzt die Kommunikationshilfe in wechselseitiger Interaktion (turn-taking)	wiederholt eine Aussage, wenn diese nicht gehört bzw. verstanden wurde
moderiert	antwortet mit vorbereiteten Phrasen auf Fragen	navigiert bei bekannten Aktivitäten zu logischen Kategorien bzw. Seiten	kann ein Gespräch weiterführen, indem etwas kommentiert oder eine allgemeine Frage gestellt wird	nutzt Reparaturstrategien, wenn nötig (wiederholen, mit anderen Worten sagen, ersten Buchstaben sagen)
Übergang moderiert – frei	bildet im Gespräch neue Sätze; kombiniert drei und mehr Wörter (nutzt bspw. Kernvokabular, Kategorien, Tastatur und Kommentare)	navigiert zwischen Seiten mit Kernvokabular, Kategorien, Tastatur und Kommentaren hin und her	kündigt einen Themenwechsel adäquat an (»Ich muss dir was erzählen« oder »Weißt du was?«)	bemerkt und kommentiert Missverständnisse (»falsch«, »nochmal neu«, »Warte!«)

Tab. 2.8: Auszüge aus dem Goals Grid (Bernasconi & Sachse 2020, 210) – Fortsetzung

Bereiche des Fähigkeitskontinuums	Bereiche der kommunikativen Kompetenz			
	linguistische Fähigkeiten	operationale Fähigkeiten	soziale Fähigkeiten	strategische Fähigkeiten
frei	buchstabiert altersentsprechend	nutzt Funktionen wie Wortvorhersage, Sprachausgabe anpassen, Bearbeiten	bittet um genauere Erklärung, wenn etwas nicht klar ist	wählt situations- und partnerabhängig die effektivste Kommunikationsform aus

2.7 Formen der UK

In der UK werden unterschiedliche Kommunikationsformen lautsprachersetzend oder lautsprachunterstützend genutzt. Es lassen sich körpereigene Kommunikationsformen und externe Hilfen unterscheiden. Als körpereigene Formen werden alle Kommunikationsformen bezeichnet, die ohne Einbezug anderer, externer Hilfsmittel realisiert werden (Lüke & Vock 2019, 18). Bei der Nutzung sogenannter externer Kommunikationsformen werden Hilfsmittel zur Kommunikation verwendet. Dies können sowohl nicht-elektronische als auch elektronische Hilfsmittel sein. In aller Regel ist die Nutzung nur einer Kommunikationsform allein nicht sinnvoll und nicht zielführend. Abhängig von der Kommunikationssituation, den Kommunikationspartnerinnen und -partnern und der Kommunikationsfunktion braucht es unterschiedliche bzw. mehrere Kommunikationsformen. Es wird von einem multimodalen Kommunikationssystem gesprochen (▶ Abb. 2.4).

Im Folgenden werden einzelne Kommunikationsformen und Kommunikationshilfen vorgestellt.

2.7.1 Multimodales Kommunikationssystem

Jeder Mensch kommuniziert multimodal. Beim Erzählen von einem Erlebnis werden bspw. neben der Lautsprache immer auch Mimik und Gestik verwendet, um das Gesagte zu unterstützen.

2.7 Formen der UK

multimodales Kommunikationssystem			
körpereigene Kommunikationsformen		externe Kommunikationshilfen	
allgemeine Kommunikationsformen	kompensierende Kommunikationsformen	nicht-elektronische Kommunikationshilfen	elektronische Kommunikationshilfen
• Körperhaltung • Atmung • Muskelspannung • Gestik und Mimik • Blickbewegungen • Vokalisationen • Lautsprache	• Gebärden • Ja- bzw. Nein-Zeichen • Gesten für Buchstaben (bspw. Fingeralphabet, Lormen)	• reale Objekte • Miniaturen • Fotos • Bilder • grafische oder tastbare Symbole • Buchstabentafeln	• kleine Hilfen • Hilfen mittlerer und hoher Komplexität • Schriftsprachbasierte Hilfen/ABC-Seiten

Abb. 2.4: Multimodales Kommunikationssystem – systematische Darstellung von Kommunikationshilfen (Ling 2021, 284) (eigene Darstellung)

Multimodales Kommunikationssystem
In der UK wird unter einem multimodalen Kommunikationssystem eine Kombination unterschiedlicher körpereigener Kommunikationsformen und externer Kommunikationshilfen verstanden. Die einzelnen Kommunikationsformen haben je Vor- und Nachteile. Durch eine Kombination können die jeweiligen Nachteile einer Kommunikationsform ausgeglichen werden. So ist bspw. die Kommunikation über Gesten und Gebärden zwar schnell und immer verfügbar, jedoch nur für vertraute Kommunikationspartnerinnen und -partner verständlich. Für die Kommunikation mit unvertrauten Gesprächspartnern braucht es dementsprechend bspw. eine elektronische Kommunikationshilfe mit Sprachausgabe, die auch für Uneingeweihte verständlich ist. Das Zusammenstellen einer Aussage braucht jedoch deutlich länger, was ein Nachteil der Kommunikation mit elektronischen Kommunikationshilfen ist.

Die Auswahl einer geeigneten Kommunikationsform ist abhängig von unterschiedlichen Faktoren. Je nach Situation, Kommunikationspartnerinnen und -partnern sowie Kommunikationsfunktion ist eine andere Kommunikationsform sinnvoll. Gerade kompetente UK-Nutzende wählen sehr bewusst je unterschiedliche Formen. UK-Nutzende müssen dementsprechend von Beginn an unterschiedliche Kommunikationsformen angeboten bekommen, damit sie in allen kompetent werden können.

> **Praxis**
> **Multimodalität konkret**
> Marie-Florence nutzt ihre elektronische Kommunikationshilfe in unterschiedlichen Situationen, bspw. wenn sie von etwas erzählen möchte oder etwas fragen möchte. Sie kann mit der Kommunikationshilfe über Erlebnisse aus der Vergangenheit oder Zukunft sprechen und über Dinge, die nicht im Raum sind. In der Frühstückssituation, wenn alles auf dem Tisch steht, nutzt sie einen Zeigeblick, um deutlich zu machen, was sie essen und trinken möchte. Diese Kommunikationsform ist in der spezifischen Situation eindeutig und schneller als die Nutzung der elektronischen Kommunikationshilfe.

2.7.2 Körpereigene Kommunikationsformen

Körpereigene Kommunikationsformen umfassen alle Formen der Kommunikation, die ohne externe Hilfsmittel ausgeführt werden – unabhängig davon, ob sie bewusst zur Kommunikation (intentional) oder nicht-intentional eingesetzt werden (Braun 2020, 24). Unterschieden werden können sogenannte basale Kommunikationsformen, die sehr grundlegende Ausdrucksmöglichkeiten bieten wie bspw. das Ausdrücken aktueller Befindlichkeiten, die Nutzung von Gesten und Gebärden, mit der theoretisch komplexe Ausdrucksmöglichkeiten zur Verfügung stehen, sowie schriftsprachbasierte Formen, mit denen systematisch Aussagen buchstabiert werden können. Ling (2021, 284) führt unter dem Begriff »allgemeine Kommunikationsformen« speziell auch Gestik und Mimik, Blickbewegungen, Vokalisationen und (schwer verständliche) Lautsprache auf. Braun (2020) fasst die grundlegende Bedeutsamkeit körpereigener Kommunikationsformen wie folgt zusammen (siehe Infokasten):

> **Körpereigene Kommunikationsformen**
>
> »Körpereigene Kommunikationsformen bilden die Basis eines jeden UK-Systems, denn sie sind jederzeit verfügbar, schnell und ortsunabhängig zu nutzen und mit vertrauten Partnern [und] Partnerinnen häufig sehr effektiv. Gleichzeitig jedoch bleibt die Kommunikation bei körpereigenen Kommunikationsformen auf eingeweihte Personen begrenzt, so dass eine externe Kommunikationshilfe in vielen Fällen unverzichtbar erscheint« (Braun 2020, 24).

2.7 Formen der UK

Basale Kommunikationsformen

In der Kommunikation werden immer (bewusst oder unbewusst) sogenannte basale Äußerungen getätigt. Diese umfassen bspw. die Veränderung der Körperhaltung, An- oder Entspannung des Körpers oder das Hinwenden zu einem Reiz. Scholz und Stegkemper (2022, 39) sprechen von »basalen Konzepten«, um zu verdeutlichen, dass solche Ausdrucksformen den Anspruch erheben, voraussetzungslos einsetzbar zu sein, und allen Menschen unabhängig von einer Beeinträchtigung gleichermaßen zur Verfügung stehen.

Menschen, die (noch) nicht gezielt in kommunikativen Austausch mit ihrem Umfeld treten (Gruppe 1 nach Weid-Goldschmidt, 2013; ▶ Kap. 2.3), können mithilfe von Unterstützter Kommunikation in ihrer Kommunikationsentwicklung unterstützt werden. Interventionen im Kontext der UK zielen immer auch auf eine Entwicklung der Kommunikation bzw. Verbesserung der kommunikativen Situation. In diesem Verständnis können alle basalen Äußerungen (bspw. Veränderung des Atemrhythmus, Blickbewegung) von einer Bezugsperson aufgegriffen werden (weiterführend Reisenberger 2019). Auch wenn eine bestimmte Regung noch nicht bewusst kommunikativ (nicht-intentional) eingesetzt wird, kann diese als kommunikatives Zeichen etabliert werden. Im Sinne der sogenannten Überinterpretation (Lüke & Vock 2019, 23) wird einer Äußerung eine Bedeutung zugemessen und entsprechend reagiert. Über das wiederholte Erlebnis, dass eine bestimmte Äußerung zuverlässig zu einer Reaktion führt, kann die Person lernen, die Verhaltensweise bewusst einzusetzen, um das gewünschte Ergebnis hervorzurufen. Es entwickelt sich ein Ursache-Wirkungs-Verständnis.

> **Praxis**
> **Kommunikationsförderung und Kontextoptimierung**
> Im Kontext der Verbesserung der kommunikativen Situation ist im SGE (und hier insbesondere bei Interventionen mit Schülerinnen und Schülern mit komplexer Behinderung) die Berücksichtigung von zeitlichen Ressourcen von großer Bedeutung. Der Dialog mit basalen Kommunikationsformen (intentional oder vorintentional) bedarf Ruhe und auch der Zeit zur Wiederholung und Nachfrage, um möglichst eindeutige Antworten zu erhalten bzw. Fragen stellen zu können. Der meist eng getaktete Rhythmus des Stundenplans (auch Vertretungssituationen usw.) kann dem entgegenstehen und es empfiehlt sich, für diese besonderen Belange angemessene Zeit- und somit Kommunikationsräume vorzuhalten (Schäfer 2024).

Gesten

Es lassen sich unterschiedliche Formen von Gesten unterscheiden, welche auch im Kontext von UK zu beobachten sind:

- *Ikonische Gesten* (auch als bildhafte oder symbolische Gesten bezeichnet) werden genutzt, um etwas Gesagtes zu unterstreichen (Lüke & Vock 2019, 25). So reckt ein Kind bspw. die Arme und Hände weit in die Höhe, um zu beschreiben, dass etwas groß ist.
- *Deiktische Gesten* (auch als hinweisende Gesten bezeichnet) werden von Kindern spontan kommunikativ eingesetzt (Tomasello, Carpenter & Liszkowski 2007, 705), um bspw. auf etwas zu deuten, was sie haben möchten.

Gebärden

Gebärden nehmen eine besondere Stellung im Rahmen der körpereigenen Kommunikationsformen ein, da mit ihnen aufgrund ihrer Eindeutigkeit (ähnlich der Lautsprache) theoretisch alles ausgedrückt werden kann (Lüke & Vock 2019, 24). Während Gesten in der Regel spontan und kreativ eingesetzt (erfunden) werden, haben Gebärden eine festgelegte Bedeutung, die kulturell tradiert ist.

Unterschieden wird die Nutzung von Gebärden in Formen, die Lautsprache ersetzen, und solche, die Lautsprache begleiten. Als lautsprachersetzende Form ist die Deutsche Gebärdensprache (DGS) zu nennen. Sie ist eine vollwertige Sprache mit eigenem Wortschatz und eigener Grammatik.

Häufiger als die DGS werden im Rahmen der UK (unter anderem auch zur Minderung von Komplexität) die lautsprachbegleitenden Formen des Gebärdeneinsatzes genutzt. Dabei werden einzelne Gebärden aus einer Gebärdensammlung bzw. einem Gebärdensystem in die Grammatik der Lautsprache integriert. So werden bspw. in den Aussagen »Was willst du machen?« oder »Wer soll mitmachen?« zentrale Schlüsselwörter gebärdet (▶ Abb. 2.5). Werden einzelne Wörter eines Satzes gebärdet, spricht man von lautsprachunterstützendem Gebärden (LUG).

Seltener wird das sogenannte lautsprachbegleitende Gebärden (LBG) eingesetzt, bei dem jedes gesprochene Wort durch eine Gebärde begleitet wird. Diese Variante wird vor allem verwendet, um Kindern mit Hörbeeinträchtigung die Struktur und Grammatik der Lautsprache näherzubringen (Lüke & Vock 2019, 26).

2.7 Formen der UK

was? **wer?**

Abb. 2.5: Gebärden »Was?« und »Wer?« (SIGN-Sammlung) (https://sign.shop-hho.de/)

> **Praxis**
> **Einsatz von Gebärden und Schulentwicklung**
> In der Praxis sollten möglichst verbindliche Regelungen zu den Gebärdensystemen (auch zur Symbolsammlung wie bspw. METACOM) getroffen werden bspw. durch eine »Fachkonferenz UK«, deren Entwicklungsarbeiten dann gesamtschulisch abgestimmt werden (zur Schulentwicklung im Kontext SGE vgl. u. a. Schäfer & Rittmeyer 2019).

Schriftsprachbasierte Formen

Bestimmte körpereigene Kommunikationsformen ermöglichen es, praktisch alles auszudrücken, indem Aussagen buchstabiert werden. Dies ist bspw. mit einem sogenannten Kopfalphabet möglich. Bei dieser Kodierung braucht es zwei Kopf- oder Blickbewegungen, um einen Buchstaben auf einer imaginierten Buchstabentafel anzuwählen. Mit der ersten Richtungsbewegung wird das Feld ausgewählt, in dem sich der gewünschte Buchstabe befindet. Mit der zweiten Kopfbewegung wird innerhalb des Feldes der Buchstabe selbst gewählt. Im gezeigten Beispiel (▶ Abb. 2.6) würde die Kombination »oben rechts« + »unten links« den Buchstaben P beschreiben.

Eine weitere (kognitiv sowie auch feinmotorisch) sehr anspruchsvolle Form des Buchstabierens mit körpereigenen Kommunikationsformen ist das Lormen. Dabei stehen unterschiedliche Positionen und Bewegungen auf der Handfläche für einzelne Buchstaben (▶ Abb. 2.7). Die gewünschte Aussage wird dem Kommunikationspartner bzw. der -partnerin praktisch in die Hand geschrieben.

2 Grundlagen der Unterstützten Kommunikation

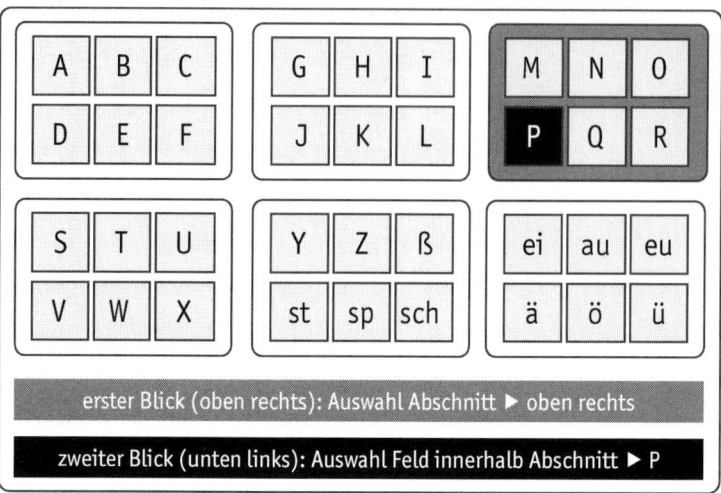

Abb. 2.6: Buchstabentafel für Kopfalphabet (eigene Darstellung)

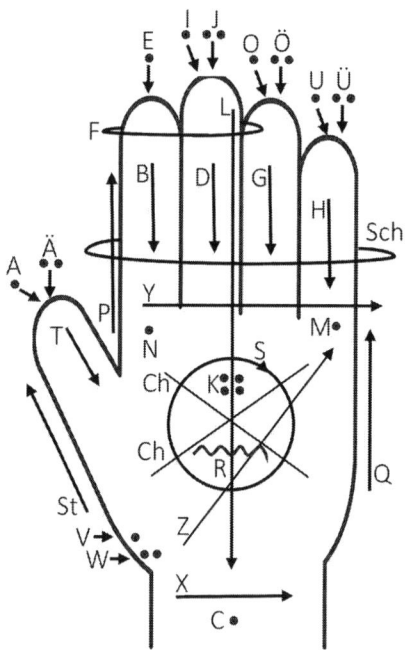

Abb. 2.7: Lormen-Hand (eigene Darstellung)

Zusammenfassung

Zusammenfassend lässt sich feststellen, dass die Vielfalt körpereigener Kommunikationsmöglichkeiten Nutzenden je nach Situation und Kompetenzen Kommunikationsmöglichkeiten auf allen möglichen Komplexitätsstufen ermöglicht – von basalen Kommunikationsformen bis hin zum Tätigen komplexer Aussagen mithilfe von Buchstabieren.

> **Weiterführende Literatur** (Grundlagen und Praxis Gebärden)
>
> Dangschat, H. & Ender, K. (2017): Gebärden im Fokus. In: Lage, D. & Ling, K. (Hrsg.): UK spricht viele Sprachen. Zusammenhänge zwischen Vielfalt der Sprachen und Teilhabe. Karlsruhe: von Loeper. 21–36.
> Dangschat, H. & Plachta, S. (2020): Teilhaben mit Gebärden: Strategien zur Etablierung von lautsprachunterstützenden Gebärden (LUG). In: Boenisch, J. & Sachse, St. K. (Hrsg.): Kompendium Unterstützte Kommunikation. Stuttgart: Kohlhammer. 233–239.

2.7.3 Externe Kommunikationsformen und -hilfen

Neben den körpereigenen Möglichkeiten der Kommunikation gibt es die Möglichkeit der Kommunikation über externe Kommunikationshilfen. Unterschieden werden (A) nicht-elektronische und (B) elektronische Hilfen. Die Bandbreite der Möglichkeiten dessen, was ausgedrückt werden kann, ist sehr groß und stark abhängig von der Form und dem vorhandenen Vokabular.

Nicht-elektronische Kommunikationshilfen

Es gibt eine große Vielfalt nicht-elektronischer Kommunikationshilfen. Zu nennen sind (1) Bezugsobjekte, (2) grafische Symbole wie Fotos und Zeichnungen bzw. Piktogramme sowie (3) schriftsprachbasierte Formen und weitere mehr.

1. *Bezugsobjekte:* Dreidimensionale Objekte, die als Stellvertreter für eine Handlung, ein Objekt, ein Tier, eine Situation oder eine Person stehen, werden als gegenständliche Zeichen bezeichnet (Lüke & Vock 2019, 32). Dabei kann das jeweilige Bezugsobjekt ein Gegenstand sein, der für eine Handlung tatsächlich verwendet wird (Noppenball steht für Massage), ein Teil eines tatsächlich verwendeten Gegenstandes (Anschnallgurt steht für Busfahrt), eine Miniatur (Pferdefigur steht für Hippotherapie) oder ein

Stellvertreterobjekt (Armband identisch zu dem, das eine Person immer trägt; ▶ Abb. 2.8). Die Objekte können eingesetzt werden, um Orientierung zu bieten, indem sie als sogenannte Ankündigungszeichen genutzt werden. So wird bspw. einer unterstützt kommunizierenden Person ein Löffel in die Hand gegeben, um das anstehende Mittagessen anzukündigen, das mit einem Raumwechsel verbunden ist. Bezugsobjekte müssen über einen längeren Zeitraum etabliert werden, damit die unterstützt kommunizierende Person deren Bedeutung erlernen kann, indem sie konsequent angeboten werden, wann immer die Ankündigung relevant ist (Trissia, Geck & Tüscher 2022, 127).

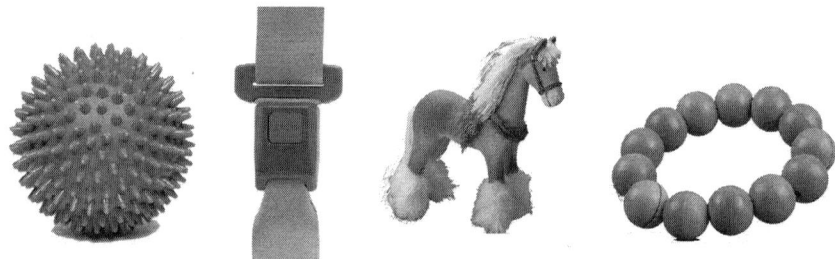

Abb. 2.8: Bezugsobjekte: Realobjekt, Teil des Objektes, Miniatur, Stellvertreterobjekt (eigene Darstellung)

2. *Grafische Symbole* sind eine der am häufigsten verwendeten Formen in der UK. Bei dieser Form werden Fotos, Zeichnungen oder Piktogramme aus Symbolsammlungen oder -systemen eingesetzt.
    • *Fotos* stehen als symbolische Darstellung für konkrete Personen, Gegenstände oder Orte bzw. Tätigkeiten. Die kommunikativen Möglichkeiten des Einsatzes sind eingeschränkt, da sie wenig abstrakt sind. So kann es bspw. zu Schwierigkeiten in Bezug auf die Abstraktion kommen, wenn eine unterstützt kommunizierende Person verstehen soll, dass bspw. das Foto der blauen Lieblingstasse auch das Trinken aus einem roten Becher bedeuten soll (Hüning-Meyer & Bollmeyer 2012, 03.004.001).
    • *Piktogramme* stellen eine abstraktere Form von grafischen Symbolen dar und stehen für einzelne Wörter, ganze Aussagen oder stellen grammatikalische Marker (bspw. Mehrzahl; Silbe »ge-«, um die Vergangenheit zu bilden) dar. Sie werden meist aus Symbolsammlungen oder -systemen entnommen. Während die Zeichen von Symbolsystemen

(bspw. Bliss) nach einem bestimmten Regelwerk miteinander kombiniert werden können und sich so praktisch alles ausdrücken lässt, handelt es sich bei den Symbolsammlungen (bspw. METACOM oder Boardmaker) um eine Zusammenstellung grafischer Symbole, die keine festen Anwendungsregeln im Sinne einer Grammatik haben (Lüke & Vock 2019, 35 f.).

Die Abbildungen lassen sich danach unterscheiden, wie ähnlich das Symbol dem ist, was es darstellt. Man spricht von der sogenannten Ikonizität (Müller & Gülden 2016, 18). Ist ein Symbol transparent, so gibt es einen engen Zusammenhang zwischen der Darstellung und dem, was dargestellt wird (bspw. Gegenstände). Bei transluzenten Symbolen kann deren Bedeutung meist nach einer Erklärung verstanden werden (eine im Bett liegende Person steht für »schlafen«). Ist ein Symbol opak, so besteht kein Zusammenhang zwischen der Darstellung und dem Benannten (ein rotes Kreuz für »nicht«). Die Bedeutung muss explizit erlernt werden (Lüke & Vock 2019, 33).

Auf den ersten Blick scheint es, als ob gerade zu Beginn der UK-Nutzung transparente Symbole besonders einfach zu erlernen sind. Tatsächlich ist es jedoch so, dass im Alltag vor allem Wörter relevant sind, die nicht einfach dargestellt werden können, wie bspw. »nicht«, »auch«, »mehr«. Dementsprechend müssen schon von Beginn an Symbole für solche Wörter angeboten werden. Die Bedeutung wird von den unterstützt kommunizierenden Personen durch wiederholte Nutzung gelernt.

- *Darstellungsformen und didaktische Arrangements:* Grafische Symbole können als nicht-elektronische Hilfen in unterschiedlicher Weise arrangiert werden: in Form von Einzelsymbolen, Kommunikationstafeln oder Kommunikationsordnern bzw. -mappen (▶ Abb. 2.9). Hier ist neben diagnostischer Kompetenz (Was kann das Kind?) auch die didaktisch-methodische Kompetenz gefragt (Was biete ich dem Kind an?).
- *3D-Kommunikationssymbole:* Noch vergleichsweise neu ist die Entwicklung taktiler Kommunikationssymbole für Kinder und *Jugendliche* mit Sehbeeinträchtigungen. Einzelne Wörter oder Aussagen werden nach systematischen Prinzipien in 3D-gedruckte Symbole übertragen und können von den Nutzenden ertastet werden (▶ Abb. 2.10).

3. *Schriftsprachbasierte nicht-elektronische Hilfen:* Für Personen, die schriftsprachliche Fähigkeiten mitbringen, kann eine Buchstabentafel, mit deren Hilfe Aussagen buchstabiert werden, eine Möglichkeit der Kommunikation bieten. Das Buchstabieren einzelner Aussagen ist unter Umständen sehr zeitaufwändig. Das Kommunikationstempo kann erhöht werden, indem

2 Grundlagen der Unterstützten Kommunikation

die Gesprächspartnerin bzw. der Gesprächspartner auf Basis der gewählten Buchstaben Vorschläge macht, was die unterstützt kommunizierende Person meinen könnte. Man spricht dabei von Ko-Konstruktion.

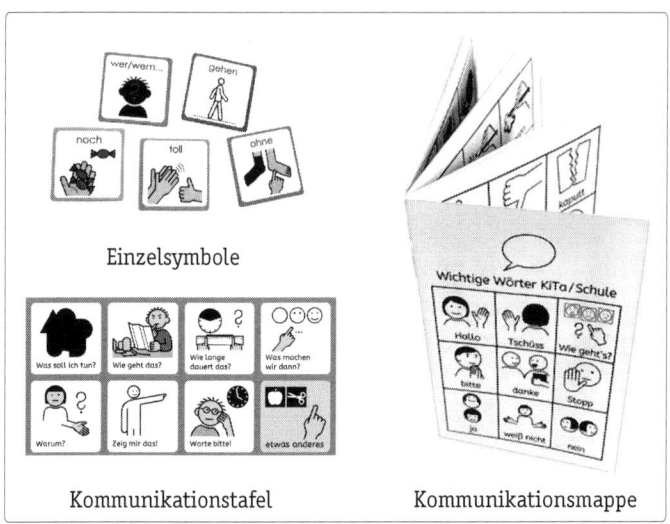

Abb. 2.9: Grafische Symbole (METACOM-Symbole) (eigene Darstellung)

Abb. 2.10: 3D-gedruckte Symbole (eigene Darstellung)

Elektronische Kommunikationshilfen

Elektronische Kommunikationshilfen (EKH) sind in vielerlei Hinsicht vielfältig und unterliegen einem schnelllebigen Wandel gerade in Bezug auf die Hard- und Software. So lassen sie sich bspw. anhand der Größe, des angebotenen Vokabulars oder auch der Art der Ansteuerung systematisieren.

Grundsätzlich lassen sich (1) sogenannte kleine Hilfen und (2) Hilfen mittlerer und hoher Komplexität unterscheiden (▶ Abb. 2.4).

1. *Kleine Hilfen*: Bei den sogenannten kleinen Hilfen handelt es sich um einfache elektronische Geräte, die sehr begrenzte Aussagemöglichkeiten bieten. Häufig kann auf ihnen nur eine Aussage gespeichert und auf Tastendruck wieder abgerufen werden. Ziel des Einsatzes ist es, basale Kommunikationserlebnisse zu ermöglichen. Nutzende können bspw. vielfältige Erfahrungen des Zusammenhangs von Ursache und Wirkung machen, wenn etwa eine beliebte Handlung (bspw. Kitzeln) nach jedem Druck auf einen Button mit der Aussage »NOCHMAL« wiederholt wird. Dieses Verständnis ist eine Voraussetzung für das Verstehen der Funktion von Sprache (Boenisch, Willke & Sachse 2020, 251).

    Zur Anbahnung des Ursache-Wirkungs-Verständnisses werden häufig auch sogenannte Adaptionshilfen eingesetzt. Hier werden bspw. elektronisch Spielzeuge so adaptiert, dass sie mithilfe eines Tasters gesteuert werden können. Adaptionshilfen besitzen jedoch keine Sprachausgabe und sind daher keine Kommunikationshilfen im engeren Sinne.

2. *Elektronische Kommunikationshilfen mittlerer und hoher Komplexität*: Elektronische Kommunikationshilfen mit umfangreicherem Wortschatz und Grammatik-Funktionen bieten die Möglichkeit einer vielseitigen Kommunikation. Die Hilfen unterscheiden sich in der Hardware (das Gerät selbst), dem Anwendungsprogramm (inkl. Umfang des Wortschatzes und dessen Strukturierung) und der Ansteuerung.

    Die Vielfalt an Hardware ist groß und eng verbunden mit den Möglichkeiten der Ansteuerung. Die Bandbreite reicht von Geräten in Smartphone-Größe, die mit einem Eingabestift angesteuert werden, bis hin zu Geräten mit großen Monitoren, bei denen Felder mithilfe einer Kopfmaus oder Augensteuerung ausgewählt werden können.

    Zentral für die kommunikativen Möglichkeiten, die eine elektronische Hilfe bietet, ist der Wortschatz, den eine Anwendung bereitstellt. Dabei sollte Vokabular zur Verfügung stehen, das situationsspezifische Aussagen ermöglicht und die spezifischen Interessen des Kindes beinhaltet. Gleichzeitig braucht es auch Wörter, die situationsunabhängig und flexibel einsetzbar sind – das sogenannte Kernvokabular. Neben dem Umfang (wie viele Wörter, Aussagen, Wortteile, grammatikalische Marker usw.) ist auch die Organisation des Wortschatzes je nach Anwendung unterschiedlich. Es lassen sich Systematiken unterscheiden, in denen der vorhandene Wortschatz auf den Hilfen eingespeichert ist.

- *Kommunikationshilfen mit einer statischen Oberfläche* kann man sich vorstellen wie Kommunikationstafeln, die sprechen: Wird ein Feld aktiviert, wird die entsprechende gespeicherte Aussage gesprochen (bspw. der GoTalk 4+, 9+ oder 20+; online unter www.attainmentcompany.com → Suchbegriff: GoTalk).
- Bei *Kommunikationshilfen mit dynamischer Struktur (auch hierarchische Ebenen genannt)* führen Tasten, die sich auf der Startseite befinden, auf kontextspezifische Unterseiten. Die Sortierung des Wortschatzes kann dabei semantisch (das Feld »Personen« führt zu »Mama«, »Papa«, »Emil« usw.), pragmatisch (das Feld »Etwas stimmt nicht« führt zu »Mir ist kalt«, »Ich habe Schmerzen« usw.) oder alphabetisch (das Feld »A« führt zu »aber«, »abholen«, »Apfel« usw.) organisiert sein.
- Manche Anwendungen *kombinieren das Prinzip statischer Oberflächen mit dem einer dynamischen Struktur.* Hier bleiben meist Teile der Oberfläche immer gleich. Auf diesen befinden sich bspw. häufig genutzte Aussagen wie »ja« und »nein« immer an derselben Stelle – unabhängig davon, auf welcher thematischen Unterseite man sich befindet.
- Eine speziell für elektronische Hilfen entwickelte Kodierungsstrategie ist *Minspeak*. Bei Wortschatzprogrammen mit dieser Struktur generiert die Kombination spezieller Bildsymbole (sogenannte Ikonen) Aussagen (»Apfel« und »plus« ergibt »lecker«; »Elefant« und »Apfel« ergibt »füttern«).

Unabhängig von der Struktur, in der ein vorgefertigter Wortschatz abgespeichert ist, haben die meisten Programme auch eine Buchstabenseite bzw. Tastatur, mit der Aussagen buchstabiert werden können. Dies ist auch für Nutzende mit (noch) geringen schriftsprachlichen Fähigkeiten bedeutsam. Fehlt bspw. ein Wort im gespeicherten Wortschatz, kann allein der Anfangsbuchstabe eines Wortes einen Hinweis darauf geben, was die Person sagen will. In aller Regel gibt es die Möglichkeit, weitere Aussagen zu speichern. Diese sollten möglichst in die vorhandene Struktur eingepasst werden.

Die Hilfen lassen sich anhand weiterer Aspekte unterscheiden, die für die alltägliche Nutzung relevant sind: welche anderen Anwendungen mit dem Gerät nutzbar sind, wie lange der Akku hält, wie leistungsstark der Lautsprecher ist, wie sich die Hilfe transportieren lässt, wie gut sie gegen Stürze gesichert ist, wer technischen Support bietet etc.

Praxis
Anwendungsberatung durch Fachfirmen
Je komplexer die Einsatzmöglichkeiten der elektronischen Hilfsmittel und der hier verwendeten Software werden, desto anspruchsvoller wird auch die Nutzung für die Lehrkräfte. Fehlendes Wissen und damit verbundene Unsicherheit können zur fehlerhaften Nutzung oder auch zum Ausschluss solcher Hilfsmittel (und damit auch zu einer massiven Teilhabeeinschränkung unterstützt kommunizierender Personen) führen. Solchen Entwicklungen kann (aus einer professionellen Haltung der Lehrkräfte) in folgender Hinsicht entgegengesteuert werden:

- Zuvorderst sollte die Anwendungsberatung durch die Hilfsmittelfirmen genutzt werden, die vor Ort und im Rahmen von Onlineschulungen Eltern sowie Lehrkräfte in der Nutzung beraten und unterstützen.
- Zudem können auch Beratungsstellen für Unterstützte Kommunikation oder auch dahingehende regional übergeordnete »Arbeitskreise UK« um Unterstützung angefragt werden. Eine Liste mit Kontaktadressen findet sich bspw. auf der Homepage der Gesellschaft für Unterstützte Kommunikation (www.gesellschaft-uk.org → Suchbegriff: Beratung).
- Schließlich können im Sinne kollegialer Beratung auch innerschulische Beratungs- und Unterstützungsprozesse initiiert werden, bspw. auch angestoßen durch eine Fachkonferenz UK.

Eine Kombination der drei Entwicklungs- und Beratungsschritte ist in der Regel am effektivsten und im Sinne von nachhaltiger Schulentwicklung empfehlenswert.

2 Grundlagen der Unterstützten Kommunikation

Abb. 2.11: komplexe elektronische Kommunikationshilfe (Tablet) (links), BIGmack (rechts) (eigene Darstellung)

2.7.4 Zusammenfassung

Die Nutzung unterschiedlicher Kommunikationsformen und -hilfen ist neben den Fähigkeiten der unterstützt kommunizierenden Person abhängig von der Kommunikationssituation, den Kommunikationspartnerinnen und -partnern sowie der Kommunikationsfunktion. Alle Kommunikationsformen und -hilfen haben spezifische Vor- und Nachteile.

- So sind körpereigene Kommunikationsformen zwar immer verfügbar und erlauben daher schnelle und spontane Kommunikation (Vorteil), werden jedoch nur von eingeweihten bzw. vertrauten Personen verstanden (Nachteil).
- Eine Kommunikation unter Einbezug von Kommunikationshilfen ermöglicht hingegen häufig auch den Austausch mit unvertrauten Personen und über eine räumliche Distanz (Vorteile), bringt jedoch unter Umständen technische Herausforderungen und eine Abhängigkeit von der Bereitstellung der Hilfe sowie teils hohen Kosten mit sich und kann nicht überall genutzt werden (Nachteile).

Durch eine Kombination der Nutzung unterschiedlicher Formen (multimodale Kommunikation) können die Vorteile der einzelnen Formen genutzt und Nachteile ausgeglichen werden (vgl. zur Übersicht und Struktur ▶ Abb. 2.4).

Der Einsatz spezifischer Kommunikationsformen und -hilfen steht nicht direkt mit dem Entwicklungsstand der kommunikativen Entwicklung in Zusammenhang. Jede einzelne Form bietet Möglichkeiten auf unterschiedlichen Entwicklungsniveaus. So können körpereigene Formen ebenso genutzt werden, um basale Bedürfnisse auszudrücken wie auch um komplexe Aussagen über ein Kopfalphabet zu buchstabieren. Entsprechende Apps auf tabletbasierten Hilfen können basale Kommunikationserfahrungen wie das Erleben von Ursache-Wirkungs-Zusammenhängen ermöglichen, andere Apps erlauben das Bilden von Aussagen in Form von Mehrwortsätzen. Bernasconi (2023) stellt in diesem Zusammenhang heraus:

> »Dies entspricht [...] dem Grundprinzip, dass es keine Mindestvoraussetzung auf Seiten der u. k. [unterstützt kommunizierenden] Personen für den Einsatz bestimmter Hilfsmittel gibt, sondern vielmehr die Kreativität, der Mut und die Freude des Umfelds und der begleitenden Professionellen Einsatz- und Entwicklungsmöglichkeiten hemmen oder fördern« (Bernasconi 2023, 131).

Hierzu sind insbesondere das Wissen und die Kompetenzen sowie die Einstellungen der Fachpersonen relevant, die Teil der unterstützenden Umweltfaktoren sind. Es geht um die Gestaltung der unmittelbaren Umwelt und der direkten Interaktionen. Hierzu gehören sowohl die Interventionsplanung (▶ Kap. 3) als auch die Unterrichts- und Schulentwicklung (▶ Kap. 4).

3 UK-Interventionen planen und durchführen

3.1 Interventionsplanung in der UK

3.1.1 UK-Interventionen

Ausgehend vom Ziel der gelingenden Alltagskommunikation definieren Sachse und Bernasconi (2020) UK-Interventionen wie folgt:

> »UK-Interventionen bezeichnen das geplante und systematische Unterstützen einer nichtlautsprachlich kommunizierenden Person bei der Erweiterung ihrer kommunikativen Unabhängigkeit und Partizipation. Dies geschieht vorwiegend durch Maßnahmen wie das Verändern und Anpassen von Kontextfaktoren (z.B. durch Unterstützungsleistungen der Gesprächspartner, den Einsatz von Kommunikationshilfen in unterschiedlich stark vorbereiteten Situationen) (vgl. auch Romski & Sevcik 2018)« (Sachse & Bernasconi 2020, 204).

Es wird deutlich, dass sich eine Intervention nie allein auf die unterstützt kommunizierende Person selbst bezieht. Immer sollten das gesamte Lebensumfeld und die individuelle Lebenssituation im Zentrum der Betrachtung stehen (Bernasconi 2023). Kommunikation findet immer im Kontext von Beziehung statt (▸ Kap. 2.2) und dementsprechend kann eine Verbesserung der kommunikativen Situation einer Person nicht allein durch eine Veränderung bei dieser Person bewirkt werden. Es braucht einen Einbezug möglichst aller an der Kommunikation beteiligten Personen. So stellt Bernasconi (2023) auch fest, dass im Kontext von UK-Interventionen nicht solche Maßnahmen im Fokus stehen, die

> »die kommunikativen Schwierigkeiten über die Person selbst zu verändern versuchen, sondern es setzt sich zunehmend die Erkenntnis durch, dass insbesondere die Anpassung der Umweltbedingungen zu einem Abbau von kommunikativen Schwierigkeiten führt« (Bernasconi 2023, 20).

Verfügt eine Person über nur eingeschränkte kommunikative Kompetenzen, hat dies nicht nur mit einer vorliegenden Beeinträchtigung zu tun. Häufig fehlen auch umfassende Erfahrungen mit Kommunikation und Interaktion. Konnte ein Kind bestimmte kommunikative Kompetenzen (noch) nicht entwickeln, »sollte zuerst gefragt werden, ob es genügend Gelegenheiten gehabt hatte, diese zu erwerben« (Hollenweger 2019, 39).

Damit eine Intervention zielgerichtet gestaltet werden kann, braucht es eine umfassende Interventionsplanung (vgl. zur Berücksichtigung der ICF im Kontext UK außerdem Bernasconi 2020, 365 ff.). Auf Basis von Einschätzungen der aktuellen Kommunikationssituation werden Ziele und Maßnahmen festgelegt und in der Folge umgesetzt.

> **Weiterführende Literatur** (Grundlagen und Praxis)
>
> Bernasconi, T. (2020): ICF und UK: Chancen einer aktivitätsbezogenen Perspektive. In: Boenisch, J. & Sachse, S. K. (Hrsg.): Kompendium unterstützte Kommunikation. Stuttgart: Kohlhammer. 365–371.
> Mischo, S. & Thümmel, I. (2024): Unterstützte Kommunikation. Diagnostik und Interventionsplanung. Themenheft Lernen konkret Nr. 1. Braunschweig: Westermann.
> Schäfer, H. (2024): Diagnostik, Beratung und Interventionsplanung bei komplexer Behinderung. In: Schäfer, H., Loscher, Th. & Mohr, L. (Hrsg.): Unterricht bei komplexer Behinderung. Sonderpädagogischer Schwerpunkt Geistige Entwicklung. Schule und Unterricht bei intellektueller Beeinträchtigung. Band 3. Stuttgart: Kohlhammer (hier: Kapitel 4.5.3).

3.1.2 Partizipation als Ziel von UK-Interventionen

> **Partizipation als zentrale Zielstellung**
> Das zentrale Ziel von UK-Interventionen ist, die Partizipation bzw. Teilhabe einer unterstützt kommunizierenden Person zu verbessern. Kommunikation und Teilhabe bedingen sich gegenseitig, da das eine Einfluss auf das andere hat. Um teilhaben zu können, braucht es kommunikative Kompetenzen. Gleichzeitig wirkt sich umfassende Teilhabe positiv auf Möglichkeiten zur Kommunikation und auf die Entwicklung der Kommunikation aus. Dorothea Lage bringt dies auf den Punkt: »Ohne Kommunikation keine Teilhabe und ohne Teilhabe keine Kommunikation« (Lage 2006, 186).

Dabei ist der Grad der Partizipation nicht nur von den Fähigkeiten der Person abhängig. Mindestens ebenso wichtig sind auch die Kontextfaktoren:

- Wie verhalten sich die Kommunikationspartnerinnen und -partner?
- Welche Kommunikationsformen stehen einer unterstützt kommunizierenden Person in unterschiedlichen Situationen zur Verfügung und von wem werden diese verstanden?
- Wie gestalten sich unterschiedliche Situationen?
- Welche Aspekte gilt es schließlich auch im Zuge von Transitionen (bspw. dem Übergang von der Kita in die Schule und von der Schule in den Beruf) zu beachten?

Neben dem Einfluss, den sie als Kommunikationspartnerinnen und -partner in konkreten Situationen ausüben, *planen* und *gestalten* Lehrkräfte auch Interventionen. Leitende Frage sollte dabei sein, wie eine gelingende Alltagskommunikation und die Entwicklung zunehmender kommunikativer Unabhängigkeit unterstützt werden können.

Damit Teilhabe gelingt, muss das komplexe Zusammenspiel zwischen einer unterstützt kommunizierenden Person selbst und den Umweltfaktoren, zu denen neben einer Kommunikationshilfe vor allem auch die Personen in ihrem Umfeld und somit auch die Kommunikationspartnerinnen und -partner gehören, beachtet werden. Im Sinne der ICF (▶ Kap. 2.6.2; ▶ Abb. 2.1) werden zwar Schädigungen und damit verbundene Beeinträchtigungen beachtet, die zum Bedarf an Maßnahmen der UK führen, die Beschaffenheit der Umwelt ist jedoch von noch größerer Bedeutung – und beinhaltet letztlich die Faktoren, bei denen pädagogisch und therapeutisch Einfluss geübt werden kann. In diesem Verständnis gilt es,

- einerseits die zugrunde liegenden Schädigungen zu beachten. So haben bspw. körperlich-motorische Beeinträchtigungen einen Einfluss auf die Auswahl einer geeigneten Kommunikationsform und deren Ansteuerung und kognitive Beeinträchtigungen haben unter Umständen einen Einfluss auf die Auswahl einer Kommunikationsstrategie.
- Ebenso zentral ist in der Interventionsplanung jedoch der Blick auf die Ermöglichung von Teilhabe in unterschiedlichen Aktivitäten, die durch eine Erweiterung der kommunikativen Möglichkeiten einer Person verbessert werden kann (sowie Light & Mcnaughton 2015; Pretis 2019, 63 f.).

Besonders, wenn ein Kind beginnt, mithilfe von UK zu kommunizieren, benötigt es noch viel Unterstützung durch sein Umfeld. Ziel der Intervention ist, dass es zunehmend kommunikative Kompetenz entwickelt und unabhängiger von der Unterstützung der Kommunikationspartnerinnen und -partner wird. Dowden (2004, o.S.) beschreibt die Entwicklung kommunikativer Unabhängigkeit im Kontext eines Fähigkeitskontinuums (▶ Kap. 2.6.3; ▶ Abb. 2.3). Dort werden drei Stufen kommunikativer Kompetenz benannt: abhängige, moderierte und freie Kommunikation. In diesem Verständnis nimmt die Abhängigkeit von äußeren Rahmenbedingungen wie der Unterstützung durch Kommunikationspartnerinnen und -partner und die Strukturierung kommunikativer Situationen mit zunehmender Beherrschung der Kommunikation in der alternativen Form ab. Ziel ist es, dass eine Person, was immer sie möchte, wem immer sie möchte, wann immer sie möchte, mitteilen kann (Burkhart & Porter 2015).

In diesem Verständnis liegt die Verantwortlichkeit für gelingende Teilhabe insbesondere zu Beginn der Entwicklung nicht bei der unterstützt kommunizierenden Person selbst, sondern beim sozialen (hier: schulischen und familiären) Umfeld. Es hat die Aufgabe, Situationen und Aktivitäten so zu gestalten bzw. anzupassen, dass Teilhabe möglich wird (Lage & Knobel Furrer 2014). Sachse und Bernasconi fassen wie folgt zusammen:

»UK-Interventionen bezeichnen das geplante und systematische Unterstützen einer nicht lautsprachlich kommunizierenden Person bei der Erweiterung ihrer kommunikativen Unabhängigkeit und Partizipation. Dies geschieht vorwiegend durch Maßnahmen wie das Verändern und Anpassen von Kontextfaktoren (z.B. durch Unterstützungsleistungen der Gesprächspartner, den Einsatz von Kommunikationshilfen in unterschiedlich stark vorbereiteten Situationen)« (Sachse & Bernasconi 2020, 204).

3.1.3 Interventionsplanung

Damit Interventionen zielgerichtet und in Absprache mit allen Beteiligten stattfinden können, braucht es eine gute Interventionsplanung. Geeignete Interventionen können dabei nicht lediglich aus der kommunikativen Beeinträchtigung einer Person abgeleitet werden. Vielmehr braucht es eine Planung, die möglichst alle relevanten Umweltfaktoren (bspw. Gesprächspartnerinnen und -partner sowie -situationen) wie auch die psychosozialen Faktoren (bspw. Motivation) einer Person einbezieht.

Es lassen sich allgemeine Empfehlungen für die Planung von UK-Interventionsmaßnahmen beschreiben, die Sachse und Bernasconi (2020) in Anlehnung an Light und Mcnaughton (2015, 89) in vier Punkten zusammenfassen (siehe Exkurs).

UK-Interventionsmaßnahmen (Planungsempfehlungen)

1. »Vorhandene Fähigkeiten der betreffenden Person werden erweitert, um Kommunikation zu maximieren. Dies erfordert auch eine differenzierte Diagnostik der kommunikativen Fähigkeiten in unterschiedlichen Situationen, nicht lediglich eine Sprachstanderhebung.
2. Interventionen streben die Partizipation der Person in verschiedenen Alltagskontexten (Schule, Freizeit, Familie) an; es geht vor allem um gelingende Alltagskommunikation (Bernasconi 2024).
3. Die Interventionen müssen einen Mehrwert für die Person und ihr Lebensumfeld haben. Interventionsziele orientieren sich daher an der Lebensrealität der unterstützt kommunizierenden Person (vgl. auch Klang et al. 2016).

Bei den Kontextfaktoren werden Umweltfaktoren (Einstellungen des Umfelds, Modelling-Fähigkeiten der Bezugspersonen) und personbezogene Faktoren der unterstützt kommunizierenden Person berücksichtigt (vgl. auch Moorcroft, Scarinci & Meyer 2018)« (Sachse & Bernasconi 2020, 207).

Hier wird erneut deutlich, dass der Fokus bei der Interventionsplanung nicht nur auf die unterstützt kommunizierende Person, sondern auf das komplette Umfeld und die Lebenssituation gerichtet wird.

3.1.4 Bedeutung von Diagnostik für die Interventionsplanung

Für eine gezielte und geeignete Interventionsplanung ist das möglichst umfassende Erheben relevanter Einflussfaktoren von großer Bedeutung. Das damit verbundene diagnostische Vorgehen ist im Rahmen der UK-Interventionsplanung eng verzahnt mit der Planung und Evaluation der Intervention. Somit zielt UK-Diagnostik nicht auf das isolierte Erheben von Informationen, sondern hat immer den gesamten Prozess der Interventionsplanung und -umsetzung im Blick und wird von diesem geleitet.

Aufgrund der Komplexität der Fragestellungen, der vielfältigen Einflussfaktoren und der großen Heterogenität der Zielgruppe kann kein standardisiertes diagnostisches Vorgehen festgelegt werden, das für alle Situationen gleichfalls anwendbar ist. In der Regel lassen sich aus diagnostischen Erhebungen auch nicht kausal Maßnahmen im Sinne eines Wenn-Dann ableiten.

Scholz und Stegkemper (2022) beschreiben, dass für spezifische Fragen im Kontext von UK-Diagnostik, die sich auf einzelne Kommunikationsaspekte wie bspw. den Wortschatz oder die Ansteuerung einer Kommunikationshilfe beziehen, formalisierte Verfahren vorliegen, die weitgehend objektive Einschätzungen erlauben. Weitaus zentralere Aspekte wie die Gestaltung von kommunikativen Situationen durch Kommunikationspartnerinnen und -partner oder die kommunikativen Fähigkeiten einer unterstützt kommunizierenden Person in unterschiedlichen Kontexten können jedoch nicht mithilfe standardisierter Methoden und Instrumente erhoben werden. Es braucht hier weitgehend offene Methoden, die sich auf systematische (strukturierte) Beobachtungen von unterschiedlichen Kommunikationssituationen beziehen (ebd., 73).

> **Exkurs**
> **Zur Komplexität von Diagnostik und UK**
> »Insgesamt stellt UK-Diagnostik eine besondere Herausforderung dar, weil
>
> - nahezu keine standardisierten Verfahren existieren, die die Komplexität der Kommunikationssituation einer Person ohne Lautsprache umfassend betrachten,
> - vorhandene (standardisierte) Verfahren oftmals durch eine spezifische Fokussierung den Blick auf die Gesamtheit der Kompetenzen einer Person verengen bzw. nur Teilaspekte betrachten und
> - standardisierte Testverfahren, die den Entwicklungsstand über die Lautsprache erfassen, i.d.R. nicht eingesetzt werden können und auch nonverbale Testverfahren sich oftmals aufgrund der vielfach existierenden motorischen Beeinträchtigungen der Zielgruppe nicht anbieten.
>
> Entsprechend erfordert die UK-Diagnostik
>
> - intensives Fachwissen zu Entwicklungsverläufen unter den Bedingungen von körperlicher oder kognitiver Beeinträchtigung, Grundwissen zu Beeinträchtigungen im Bereich von Motorik, Wahrnehmung, Sozialisation etc.,
> - Fachkenntnisse über spezifische Behinderungsbilder wie Cerebralparese, ASS, ALS etc. sowie die entsprechenden Entwicklungsverläufe und Besonderheiten,

> - Kenntnisse mit Blick auf den regulären Spracherwerb sowie Veränderungen beim Spracherwerb ohne Lautsprache und letztlich
> - dezidierte allgemeindiagnostische Kompetenzen mit Blick auf die Gestaltung von Diagnostik sowie das Methodenrepertoire hinsichtlich allgemeiner sowie spezifischer Materialien« (Bernasconi 2023, 22).

3.1.5 Interventionsplanung als zyklischer Prozess

Die kommunikativen Möglichkeiten wie auch die Bedürfnisse einer unterstützt kommunizierenden Person entwickeln und verändern sich. Daher braucht es eine wiederkehrende Betrachtung kommunikativer Bedürfnisse und Fähigkeiten wie auch der Interventionsmaßnahmen. Diagnostik und Interventionsplanung finden daher in einem zyklischen Verlauf statt. Beginnend mit dem Sammeln diagnostischer Aspekte und dem Festlegen von Interventionszielen werden Interventionsmaßnahmen geplant. Es folgt eine Evaluation mit eventueller Anpassung von Zielen und Maßnahmen, die wiederum durch diagnostische Erhebungen spezifiziert werden.

Ein Beispiel für einen solchen zyklischen Prozess der Interventionsplanung stellt das Vorgehen im COCP-Programm (COCP = communicatieve ontwikkeling van niet-sprekende kinderen en hun communicatiepartners) von Heim, Jonker und Veen (2005) dar. Das Vorgehen des Programms wurde in einem Forschungsprojekt entwickelt und validiert (▶ Abb. 3.1):

- *Analyse:* In einem ersten Schritt werden Hintergrundinformationen gesammelt und relevante diagnostische Informationen zusammengetragen. Neben grundlegenden Bereichen wie der kognitiven Entwicklung werden unter anderem das Sprachverständnis und die sensomotorischen Möglichkeiten einer (noch nicht) unterstützt kommunizierenden Person analysiert (Schritt 2). Besondere Betrachtung findet die Gestaltung der Interaktion (Schritt 3).
- *Ziel und Plan:* Im Anschluss wird auf Basis der vorangegangenen Analyse die Intervention geplant. Dabei wird zuerst ein Ziel benannt (Schritt 4) und in der Folge ein Plan für das Vorgehen zum Erreichen dieses Ziels entwickelt (Schritt 5). Im Speziellen werden Aspekte zur Auswahl von Kommunikationsmitteln und Vokabular sowie Kommunikationssituationen und das förderliche Verhalten der Bezugspersonen (▶ Kap. 3.2) betrachtet.
- *Intervention:* Es folgt die Durchführung der geplanten Interventionsmaßnahmen über einen längeren Zeitraum (Schritt 6).

3.1 Interventionsplanung in der UK

- *Evaluation:* Der Zyklus schließt mit einer Evaluation aller vorangegangenen Schritte ab (Schritt 7). Die gewonnenen Erkenntnisse fließen in den neuen Zyklus mit ein, der wieder mit der Analyse der aktuellen Situation beginnt.

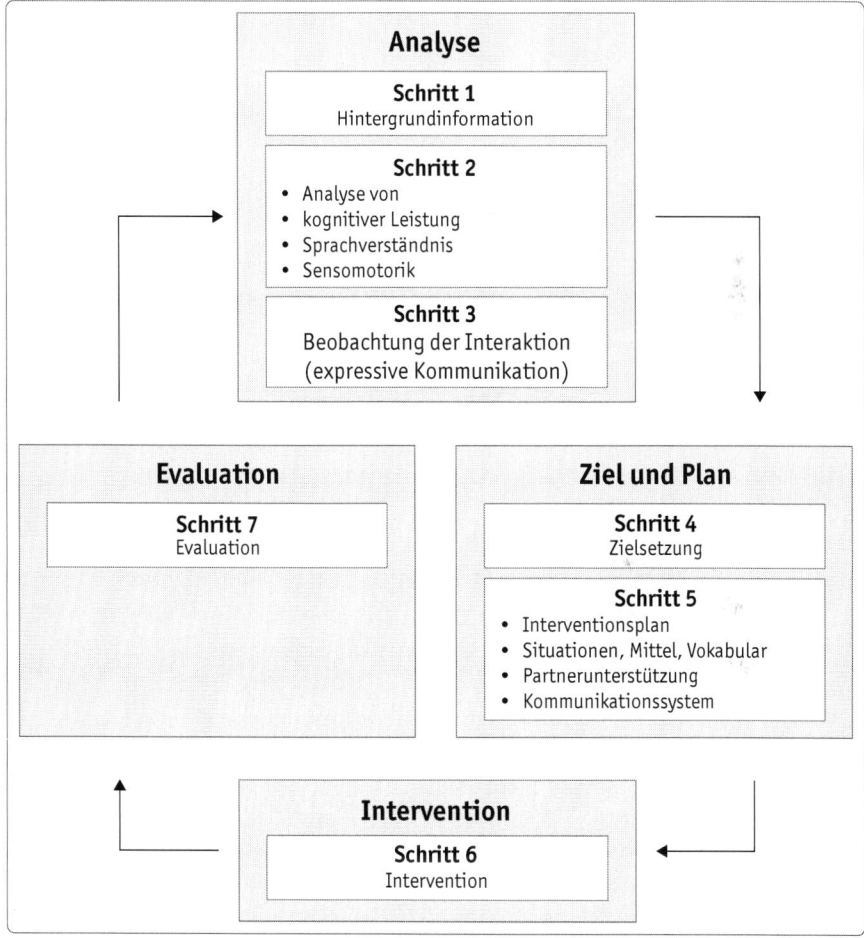

Abb. 3.1: Zyklische Interventionsplanung im COCP-Modell (Heim, Jonker & Veen 2005, 01.026.009); Abdruck mit freundlicher Genehmigung des von Loeper Literaturverlags, Karlsruhe (www.vonloeper.de)

Ein solch zyklisches Vorgehen ermöglicht es, eine Intervention inklusive der Zielstellung immer wieder auf veränderte Situationen, Bedürfnisse und die Entwicklung einer unterstützt kommunizierenden Person anzupassen. Das zyklische Vorgehen hat sich in diversen weiteren Modellen etabliert oder ist intrinsischer Bestandteil der Modelle. Im Weiteren werden zwei zentrale Modelle der Interventionsplanung detaillierter beschrieben. Es sind dies das Partizipationsmodell (Lage & Knobel Furrer 2017; ▶ Kap. 3.1.6) und das ABC-Modell (Bernasconi & Sachse 2023; ▶ Kap. 3.1.7), welche beide auch wiederum einen zyklischen Charakter haben.

Weiterführende Literatur (Grundlagen)

Bernasconi, T. (2023): Diagnostik und Interventionsplanung in der Unterstützten Kommunikation. Methoden und Einsatz in der Praxis. München: Ernst Reinhardt.
Erdélyi, A. & Mischo, S. (2021): Förderdiagnostik in der Unterstützten Kommunikation (UK). In: Schäfer, H. & Rittmeyer, Ch. (Hrsg.): Handbuch Inklusive Diagnostik. Kompetenzen feststellen – Entwicklungsbedarfe identifizieren – Förderplanung umsetzen. Weinheim: Beltz. 451–474.
Garbe, C. & Herrmann, Th. (2020): UK-Diagnostik – eine Einführung. In: Boenisch, J. & Sachse, St. K. (Hrsg.): Kompendium Unterstützte Kommunikation. Stuttgart: Kohlhammer. 157–169.

3.1.6 Das (kooperative) Partizipationsmodell

Ein zentrales Modell im Kontext der UK, das die funktionale Teilhabe ins Zentrum stellt, ist das Partizipationsmodell. Ursprünglich entwickelt von Beukelman und Mirenda (2013), wurde es von Lage und Knobel Furrer (2017) noch einmal erweitert zum *Kooperativen Partizipationsmodell*. Es stellt ein systematisches Vorgehen zur Planung von Interventionen dar, bei dem im Sinne der ICF neben den individuellen Bedingungen, die eine Person selbst mitbringt, auch Einflussfaktoren aus dem unmittelbaren wie auch dem erweiterten Umfeld einbezogen werden.

Der Prozess gliedert sich im Groben in vier Phasen. In allen Phasen wird der Kooperation ein hoher Stellenwert zugeschrieben – sowohl der Kooperation mit der unterstützt kommunizierenden Person selbst als auch der im Team. Die Interventionsplanung soll mit möglichst allen Beteiligten (auch speziell mit der unterstützt kommunizierenden Person selbst) stattfinden. Die Kooperation bezieht sich dabei auf alle Phasen des Prozesses. So sollen alle relevanten Personen über die zu erreichenden Ziele, das Vorgehen bei der Intervention wie auch bei der Evaluation mit einbezogen werden. In diesem Verständnis wird Kooperation nicht als ein Ziel einer Intervention gesehen, sondern als immanenter Bestandteil des Interventionsprozesses (Lage & Knobel Furrer 2017, 127). Dieser gliedert sich in folgende Phasen:

1. *Initiierung des Prozesses:* Zu Beginn einer jeden Interventionsplanung steht die Erkenntnis, dass eine Person ein komplexes Kommunikationsbedürfnis hat und Maßnahmen der UK hilfreich sein könnten. Eine Interventionsplanung kann durch eine Person mit komplexem Kommunikationsbedürfnis oder eine Person aus ihrem engeren oder weiteren Umfeld initiiert werden.
2. *Erste Diagnostik und Intervention für die Gegenwart:* In diesem Schritt werden (möglichst im gesamten Team um eine Person) der augenblickliche Kommunikationsbedarf sowie grundlegende physische, kognitive und sensorische Voraussetzungen erhoben mit dem Ziel, erste Ideen für mögliche Unterstützungsmöglichkeiten zu entwickeln.
3. *Detaillierte Diagnostik für die Zukunft:* Als Erweiterung der aktuellen Kommunikationsmöglichkeiten wird eine Zielvision entwickelt, wie eine unterstützt kommunizierende Person bei der Partizipation in unterschiedlichen Kommunikationssituationen unterstützt werden kann. Dafür werden aktuelle Partizipationsmöglichkeiten analysiert und für die Person relevante Situationen betrachtet.
4. *Follow-up-Diagnostik:* Ein Interventionsprozess-Zyklus schließt mit einer Analyse des Erreichten sowie einer Überprüfung und möglichen Anpassung des Interventionsvorgehens. Dieser Schritt ist bedeutsam, da sich Fähigkeiten, Bedürfnisse und Lebensumstände einer unterstützt kommunizierenden Person kontinuierlich verändern.

Die Phasen der Interventionsplanung im Einzelnen (▶ Abb. 3.2) werden nachstehend differenzierter in den Punkten (1) bis (12) dargestellt:

(1) Partizipationsmuster und Kommunikationsbedürfnisse beschreiben

Um eine Einschätzung der aktuellen Partizipationsmöglichkeiten vorzunehmen, werden alle Partizipationsmuster und Kommunikationsbedürfnisse der unterstützt kommunizierenden Person erhoben. Die Analyse bezieht sich dabei auf ihre gesamte Lebenswelt.

- Beukelman und Mirenda (2013) stellen als mögliches Erhebungsinstrument Listen für typische Alltagsaktivitäten und deren Wirksamkeit vor, mit denen auch der Grad der Partizipation eingeschätzt werden kann.

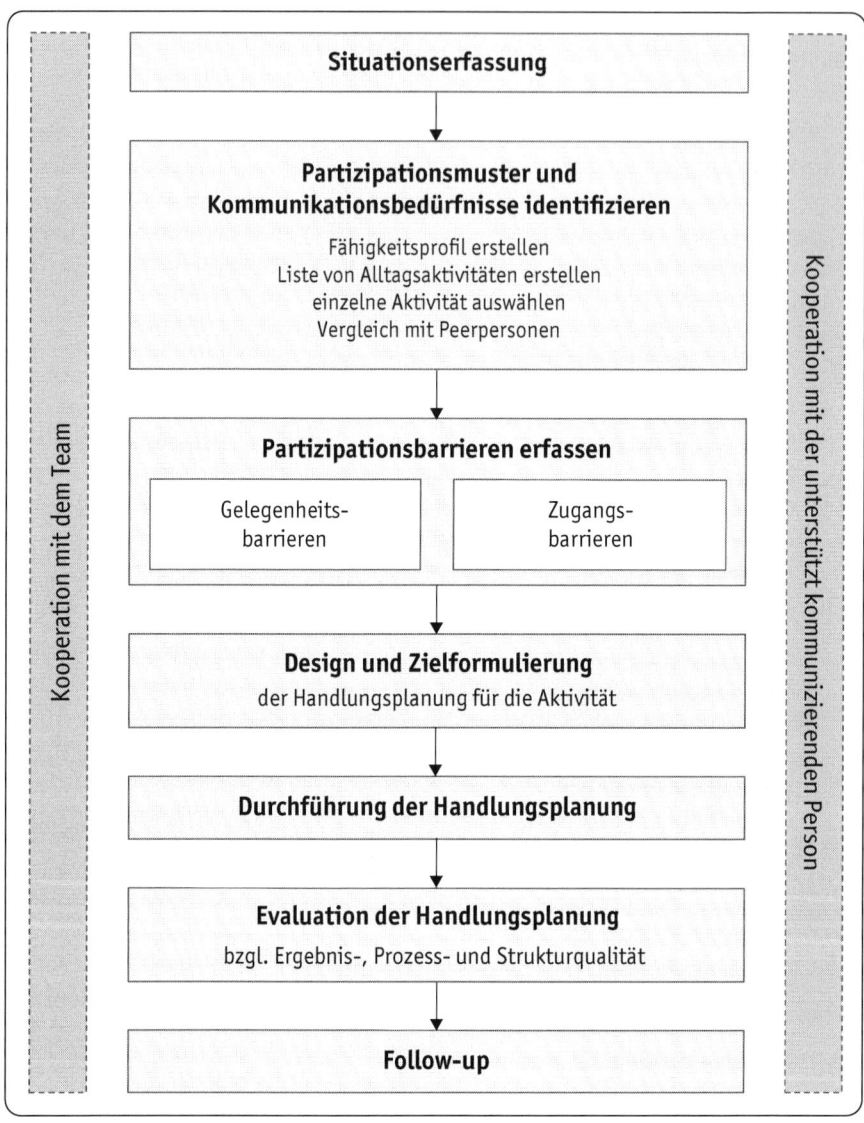

Abb. 3.2: Kooperatives Partizipationsmodell (in Anlehnung an Lage & Knobel Furrer 2017, 136) (eigene Darstellung)

- Ein weiteres mögliches Instrument stellt das Manual »Soziale Netzwerke« (Blackstone & Hunt Berg 2006; herausgegeben und übersetzt durch Wachsmuth) dar, mit dem erfasst werden kann, wer die Kommunikati-

onspartnerinnen und -partner einer unterstützt kommunizierenden Person sind.
- Lage, Antener und Knobel (1997) haben einen spezifischen Erhebungsbogen entwickelt: den *buk Beobachtungsbogen* (buk: Verein Bildung für Unterstützte Kommunikation, Zug; www.buk.ch). Mit diesem werden Sprachverständnis und -produktion, Funktionen von Kommunikation und Weiteres erhoben.
- Ein weiteres deutschsprachiges Instrument zur Erfassung von Kommunikationssituationen ist die Tagesuhr von Boenisch & Sachse (2007): *Tagesuhr zur Erfassung kommunikativer Situationen und sozialer Tagesabläufe.*

(2)   Fähigkeitsprofil erstellen

Beukelman und Mirenda (2013) nennen zahlreiche Bereiche, in denen relevante Fähigkeiten erhoben werden sollen:

- *Motorik* (Positionierung und Bewegungshandlungen im Hinblick auf Auswahltechniken)
- *Kognition und Sprache* (Sprach- und Symbolverständnis, Grammatik)
- *Literacy und Wahrnehmung* (visuell, auditiv, taktil, propriozeptiv)

Für den UK-Kontext liegen aufgrund der vielfältigen Einflüsse und relevanten Aspekte praktisch keine normierten und standardisierten Diagnostikverfahren vor. Aus diesem Grund bedarf es jeweils der Einschätzung der Fachpersonen, um geeignete Verfahren auszuwählen. Eine gute Übersicht über gängige Verfahren, die im Kontext UK angewendet werden, bietet bspw. Bernasconi (2023).

Die Fähigkeiten der unterstützt kommunizierenden Person in unterschiedlichen Entwicklungsbereichen werden im Kooperativen Partizipationsmodell von Lage und Knobel Furrer (2017) schon früh im Interventionsprozess analysiert. Im ursprünglichen Modell von Beukelman und Mirenda (2013) wird das Fähigkeitsprofil erst im Kontext der Zugangsbarrieren betrachtet. Mit der vorgezogenen diagnostischen Einschätzung soll möglichst sichergestellt werden, dass die Fähigkeiten und Einschränkungen der unterstützt kommunizierenden Person nur einen Aspekt der Interventionsplanung darstellen und Interventionsziel und -vorgehen nicht allein von diesen abgeleitet werden können.

(3) Liste von Alltagsaktivitäten erstellen und eine einzelne Aktivität auswählen

Nachdem das Fähigkeitsprofil der unterstützt kommunizierenden Person untersucht wurde, wird eine Liste mit allen Aktivitäten erstellt, die für die Person relevant sind. Eine Intervention kann nicht alle Aktivitäten gleichzeitig einbeziehen. Aus diesem Grund wird im Partizipationsmodell eine Aktivität ausgewählt, die von besonderer Bedeutung für die unterstützt kommunizierende Person ist. An dieser Stelle wird noch einmal die Relevanz des Einbezugs der unterstützt kommunizierenden Person deutlich: Sie soll mitentscheiden, in welcher Aktivität sich ihre Partizipation verbessern soll. Für diese bereits bestehende Alltagsaktivität wird die aktuelle Performanz der unterstützt kommunizierenden Person betrachtet und es werden Möglichkeiten zur verbesserten Partizipation bei dieser Aktivität erarbeitet. Dafür wird die ausgewählte Aktivität in einzelne Schritte unterteilt, die je einzeln betrachtet werden. Beukelman und Mirenda (2013) legen dafür eine Aktivitätenliste vor, die beschreibt, welche einzelnen Schritte eine Peerperson in der ausgewählten Aktivität vollzieht (vgl. auch Mischo 2012).

(4) Vergleich mit Peerpersonen

Um Partizipationsmuster und mögliche Kommunikationsbedürfnisse einer unterstützt kommunizierenden Person in unterschiedlichen Aktivitäten einschätzen zu können, wird ein Vergleich zu einer gleichaltrigen Person ohne Beeinträchtigung vorgenommen. Scholz und Stegkemper (2022) empfehlen in diesem Zusammenhang, den Vergleich mit einer Person mit ähnlichem Entwicklungsalter heranzuziehen, um eine mögliche Überforderung oder unrealistische Zielsetzungen zu vermeiden (ebd., 87). Mithilfe des »Inventar[s] der Aktivitäten und Tätigkeiten« (Antener 2001, 260) können zentrale Aktivitäten erfasst werden und mithilfe der sogenannten Diskrepanzanalyse kann analysiert werden, wie groß der Unterschied in der Partizipation (bzw. der kommunikativen Unabhängigkeit) zwischen der unterstützt kommunizierenden Person und einer Peer-Person ist. Nur wenn eine Diskrepanz vorliegt, sollte die Aktivität in der Intervention in den Mittelpunkt rücken.

(5) Partizipationsbarrieren erfassen

Wird bei der Diskrepanzanalyse ein Unterschied in den Partizipationsmöglichkeiten einer unterstützt kommunizierenden Person im Vergleich zu einer

Peer-Person festgestellt, wird im nächsten Schritt untersucht, welche Barrieren für die geringeren Partizipationsmöglichkeiten verantwortlich sind. Dabei werden zwei Formen von Barrieren beschrieben:

- *Gelegenheitsbarrieren*: Diese umfassen die Ursachen für eingeschränkte Partizipationsmöglichkeiten außerhalb der unterstützt kommunizierenden Person. Hier sind bspw. die Einstellungen, Fähigkeiten und (mangelndes) Wissen von Bezugspersonen, Praktiken in Institutionen wie auch gesetzliche Regelungen gemeint (siehe Unterpunkt a).
- *Zugangsbarrieren*: Diese liegen vornehmlich aufseiten der unterstützt kommunizierenden Person und betreffen vor allem die im Fähigkeitsprofil untersuchten Beeinträchtigungen (siehe Unterpunkt b).

Die Untersuchung der Barrieren erfolgt für die Einzelschritte der ausgewählten Aktivität (▶ Abb. 3.2).

a. *Gelegenheitsbarrieren und Potenziale der Unterstützungsfaktoren einschätzen*: Die Gelegenheitsbarrieren, die in diesem Schritt betrachtet werden, umfassen neben allgemeinen politischen und sozialrechtlichen Rahmenbedingungen vor allem auch die Einstellungen und das Wissen des Umfeldes. Die Betrachtung von Faktoren außerhalb einer Person entspricht grundsätzlich der ICF-Logik, in der Umweltfaktoren ein zentraler Einfluss zugesprochen wird. Lage und Knobel Furrer (2017) kritisieren, dass im ursprünglichen Partizipationsmodell (Beukelman & Mirenda 2013) jedoch nur die hemmenden Faktoren der Gelegenheitsbarrieren betrachtet werden, nicht jedoch förderliche Faktoren (Lage & Knobel Furrer 2017, 130). Im Kooperativen Partizipationsmodell werden dementsprechend auch sogenannte Unterstützungsfaktoren erhoben. Dabei werden bspw. mögliche förderliche strukturelle Faktoren, Fähigkeiten und Handlungen der Bezugspersonen wie auch der Einsatz eines (multimodalen) UK-Systems in den Blick genommen. Basierend auf den Erkenntnissen aus der Analyse wird der Handlungsbedarf bezüglich der Gelegenheitsbarrieren und Unterstützungsfaktoren beschrieben (ebd., 129 f.).

b. *Zugangsbarrieren und Potenziale zur Steigerung der natürlichen Fähigkeiten, der Anpassung der räumlichen Umgebung sowie zum Einsatz eines (multimodalen) UK-Systems einschätzen*: Unter Zugangsbarrieren sind die Fähigkeiten der unterstützt kommunizierenden Person, die Umgebung, in der die ausgewählte Aktivität stattfindet, sowie der Einsatz des UK-Systems verortet. Zur Analyse der Zugangsbarrieren werden im kooperativen Partizipationsmodell unterschiedliche Bereiche betrachtet, wobei in einem ersten

Schritt die kommunikative Performanz in der ausgewählten Aktivität betrachtet wird und im Folgenden Potenziale für die Steigerung der natürlichen Fähigkeiten, der Umweltanpassungen und zur Nutzung eines UK-Systems herausgearbeitet werden. Im ursprünglichen Modell von Beukelman und Mirenda (2013) findet an dieser Stelle des Prozesses eine umfassende Analyse der kommunikativen Fähigkeiten der unterstützt kommunizierenden Person statt. Im Kooperativen Partizipationsmodell wird die Betrachtung auf die kommunikative Performanz in der ausgewählten Aktivität begrenzt, um die Komplexität zu reduzieren und den Fokus auf die Aktivität zu behalten. Betrachtet wird, welches aktuelle kommunikative Repertoire die Person in der ausgewählten Aktivität zeigt und wie wirksam es ist, wo kommunikative Schwierigkeiten auftreten und wie andere beteiligte Personen die Aktivität ausgestalten (Lage & Knobel Furrer 2017, 131).

Exkurs
Arten von Gelegenheitsbarrieren (Lüke & Vock 2019, 90)

- *Richtlinien (policy barriers):* Diese Barrieren bezeichnen Richtlinien und Regelungen, die eine Partizipation erschweren oder verhindern. Hierzu gehört bspw. ein exkludierendes Schulsystem, in dem Kinder mit Behinderung an gesonderten Schulen oder in gesonderten Klassen unterrichtet werden.
- *Gewohnheiten (practice barriers):* Diese Barrieren bezeichnen Verhaltensweisen von Personen in Einrichtungen oder im familiären Kontext, die sich im Laufe der Zeit etabliert haben und somit zur Gewohnheit geworden sind. Sie gehören derart zum festen Handeln dazu, dass sie den Anschein erwecken, ebenfalls auf feststehenden Regelungen bzw. Richtlinien zu beruhen, was allerdings nicht der Fall ist. Dies könnte bspw. in der Handhabung einer großen Praxiseinrichtung sein, die über eigene einfache elektronische Kommunikationshilfen verfügt, diese aber nicht an Patientinnen und Patienten zum Mitnehmen nach Hause ausleiht.
- *Wissen (knowledge barriers):* Diese Barrieren entstehen durch Wissenslücken bei einer an der Förderung beteiligten Person. Dies kann bspw. ein fehlendes Wissen über eine bestimmte Ansteuerungsmethode komplexer elektronischer Kommunikationshilfen sein.
- *Fähigkeiten (skill barriers):* Diese Barrieren treten auf, wenn eine an der Förderung beteiligte Person zwar das notwendige Wissen über eine

> Methode der UK verfügt, jedoch bei der konkreten Implementierung und Vermittlung dieser Methode Schwierigkeiten hat.
> - *Einstellungen (attitude barriers):* Eine solche Barriere ist vorhanden, wenn die Einstellungen und Überzeugungen einer an der Förderung beteiligten Person die Partizipation der unterstützt kommunizierenden Person behindert.

(6) Potenzial zur Steigerung der natürlichen Fähigkeiten

Beukelman und Mirenda (2013) benennen als natürliche Fähigkeiten Vokalisationen, Lautierungen und das Sprechen. Lage und Knobel Furrer (2017) beziehen im Kooperativen Partizipationsmodell an dieser Stelle auch weitere Aspekte zur Nutzung eines multimodalen Kommunikationssystems mit ein, wie bspw. das Gebärden bei einem Kind gehörloser Eltern, das mit Gebärdensprache als Erstsprache aufgewachsen ist.

(7) Potenzial zur räumlichen und physischen Umgebungsanpassung

Betrachtet werden räumliche und physische Anpassungen der Umgebung, die einer unterstützt kommunizierenden Person eine umfassendere Teilhabe in der ausgewählten Situation ermöglichen. Hierbei spielt insbesondere die Hilfsmittelversorgung im Kontext Mobilität und Motorik eine wesentliche Rolle.

(8) Potenzial zur Benutzung eines UK-Systems

Eingeschätzt wird das Potenzial zur Benutzung eines UK-Systems anhand von drei Profilen:

- dem »operationalen Anforderungsprofil« (Analyse des Nutzens von UK-Modi und UK-Hilfen)
- dem »Einschränkungsprofil« (Betrachtung der Vorlieben und Einstellungen der unterstützt kommunizierenden Person und ihrer Angehörigen bezüglich alternativer Kommunikationsformen. Dabei werden insbesondere auch kulturelle Präferenzen und Bedürfnisse in den Blick genommen.)
- dem »Fähigkeitsprofil« (Lage & Knobel Furrer 2017, 131 f.)

(9) Interventionsplan mit Blick auf Partizipationsbarrieren erstellen

Auf Basis der Erkenntnisse aus den vorangegangenen Schritten wird ein Plan entwickelt, wie die Intervention gestaltet wird. Während Beukelman und Mirenda (2013) den Begriff *Intervention* verwenden, merken Lage und Knobel Furrer (2017) an, dieser Begriff impliziere, dass schon gehandelt werde, und verwenden in der Anpassung beim Kooperativen Partizipationsmodell den Begriff *Handlungsplanung*, um deutlich zu machen, dass es in diesem Schritt vorerst um die Formulierung von Zielen und die Planung des Vorgehens geht (▶ Abb. 3.2). Aus den erfassten Partizipationsbarrieren sowie den Potenzialen und Profilen wird so ein Handlungsplan entwickelt, der Gelegenheitsbarrieren, Unterstützungsfaktoren, Umweltanpassung und Anwendung eines multimodalen UK-Systems beinhaltet (ebd., 133 f.).

(10) Durchführung der Intervention

Bei der eigentlichen Durchführung der Intervention werden die im Interventionsplan festgelegten Handlungsweisen umgesetzt, um die beschriebenen Ziele zu erreichen. In diesem Zusammenhang empfehlen Lage und Knobel Furrer (2017) *Zielerreichungskriterien* aufzustellen. Mit ihrer Hilfe kann analysiert werden, welche Indikatoren das Erreichen eines Ziels anzeigen. Die Ziele beziehen sich dabei sowohl auf die Gegenwart als auch auf die Zukunft.

Das Vorgehen, das in der Interventionsplanung beschrieben wurde, umfasst auch, dass Gelegenheitsbarrieren abgebaut werden, indem Bezugspersonen in ihren UK-Kompetenzen geschult werden, damit sie sich förderlich verhalten und die unterstützt kommunizierende Person in ihrer Teilhabe in der gewählten Situation unterstützen können.

(11) Evaluation (orientiert an Ergebnis-, Struktur- und Prozessqualität)

Die Evaluation prüft die Wirksamkeit der durchgeführten Evaluation. Es werden drei Bereiche analysiert:

- die *Ergebnisqualität* (Wird der Partizipationsgrad erhöht?)
- die *Prozessqualität* (War die Interventionsplanung realistisch? Konnte die Intervention wie geplant durchgeführt werden?)
- die *Strukturqualität* (War die geplante Intervention geeignet?) (Lage & Knobel Furrer 2017, 134 f.)

3.1 Interventionsplanung in der UK

Lage und Knobel Furrer (2017) stellen zwei positive Aspekte der Evaluation besonders heraus. Erstens führt das Prüfen der Prozessqualität dazu, dass die Bezugspersonen ihr eigenes Verhalten prüfen und mangelnder Erfolg weniger schnell auf ein Versagen der unterstützt kommunizierenden Person zurückgeführt wird. Zweitens führt die getrennte Betrachtung von Gelegenheits- und Zugangsbarrieren zu weniger Frustration, da sich die Personen bewusst werden, dass der Abbau von Gelegenheitsbarrieren ein unter Umständen langwieriger Prozess ist. Im Abbau von Zugangsbarrieren bei einzelnen Aktivitäten sind jedoch schnelle Veränderungen möglich.

(12)   Follow-up

Im Laufe einer Intervention entstehen neue Erkenntnisse, die für einen neuen Zyklus der Interventionsplanung relevant sind. Aus diesem Grund sollte eine ausführliche Betrachtung der Intervention stattfinden, welche die drei Analyseebenen der Evaluation beinhaltet (siehe Punkt 11). Bezogen auf das Ergebnis wird entschieden, ob an der gewählten Aktivität weitergearbeitet oder eine neue gewählt wird. Im Rahmen der Betrachtung der Prozessqualität wird geschaut, ob das Vorgehen in der Intervention verändert werden muss. Die Prüfung der Strukturqualität kann Hinweise darauf geben, ob allenfalls andere Modelle für die Intervention zu wählen sind (Lage & Knobel Furrer 2017, 135). Auf Basis der Informationen aus der Evaluation und dem Follow-up beginnt der Interventionszyklus für eine weitere ausgewählte Aktivität von Neuem.

> **Weiterführende Literatur** (Grundlagen)
>
> Lage, D. & Knobel Furrer, Ch. (2017): Das Kooperative Partizipationsmodell. In: Lage, D. & Ling, K. (Hrsg.): UK spricht viele Sprachen. Zusammenhänge zwischen Vielfalt der Sprachen und Teilhabe. Karlsruhe: von Loeper. 125–138.
> Mischo, S. & Thümmel, I. (2024): Diagnostik im Fachgebiet der UK. In: Lernen konkret, 1 (43), 4–8.

3.1.7   Das ABC-Modell

Mit dem ABC-Modell legen Bernasconi und Sachse (siehe Bernasconi & Sachse 2020; 2023) einen Vorschlag für ein systematisches Vorgehen in der Planung von UK-Interventionen vor. Die Ziele von UK-Interventionen im Verständnis des ABC-Modells sind eine Verbesserung der Teilhabe im Alltag

3 UK-Interventionen planen und durchführen

und die kurz- wie auch langfristige Verbesserung der kommunikativen Kompetenz der unterstützt kommunizierenden Person. Beides mündet in einer verbesserten Teilhabe im Sinne der ICF (▶ Kap. 2.6.1).

Neben der Analyse der Situation, der Fähigkeiten und der Bedürfnisse der unterstützt kommunizierenden Person wird konsequent auch das Umfeld, d. h. die Bezugspersonen, angeschaut. Dies hat zwei sehr bedeutsame Gründe:

- Einerseits sind die Bezugspersonen ganz entscheidend daran beteiligt, wie gut die aktuelle Kommunikation funktioniert. Durch ihr Verhalten unterstützen sie eine unterstützt kommunizierende Person darin, sich auszudrücken.
- Andererseits sind sie für die Planung und Umsetzung zukünftiger Interventionen verantwortlich und gestalten das Umfeld und ihr eigenes Verhalten idealerweise so, dass die unterstützt kommunizierende Person ihre kommunikativen Fähigkeiten entwickeln kann.

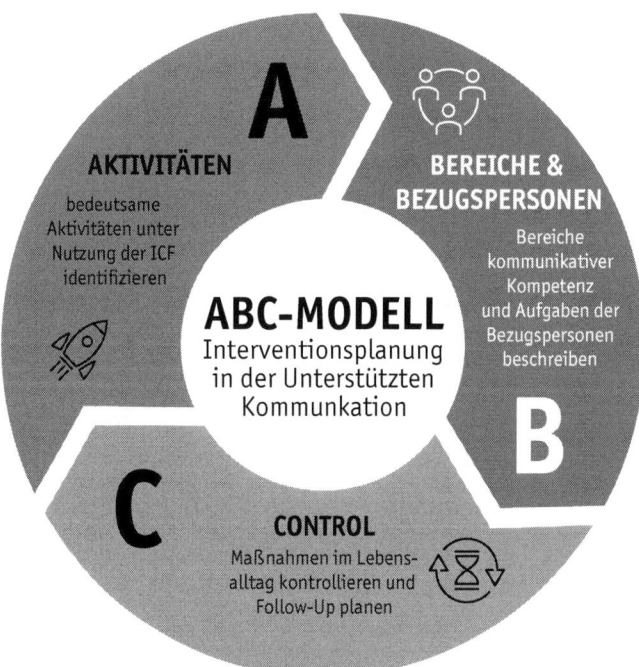

Abb. 3.3: Das ABC-Modell (Bernasconi & Sachse 2020)

3.1 Interventionsplanung in der UK

Das Vorgehen beim ABC-Modell ist zirkulär, was bedeutet, dass die einzelnen Schritte in einem Kreislauf immer wiederholt werden. Die einzelnen Schritte sind:

- *Aktivitäten (A)*: Ausgegangen wird bei der Interventionsplanung von Aktivitäten, bei denen die Kommunikation unterstützt werden soll.
- *Bereiche (B)* der kommunikativen Kompetenz werden beschrieben. Daraus wird abgeleitet, wie die *Bezugspersonen* die Kommunikation im Alltag unterstützen können.
- *Control and continue (C)*: In regelmäßigen Abständen werden die Interventionen evaluiert und nächste Schritte geplant.

Die einzelnen Schritte werden gemäß dieser Gliederung im Folgenden genauer vorgestellt.

Aktivitäten beschreiben (A)

In einem ersten Schritt überlegen alle Bezugspersonen gemeinsam mit der unterstützt kommunizierenden Person, welche Aktivitäten im Alltag aktuell in Bezug auf die kommunikative Teilhabe unbefriedigend sind. Bernasconi und Sachse (2023) schlagen beispielhaft die folgenden Fragen zum Einstieg vor:

> »• Was macht der unterstützt kommunizierenden Person im Alltag Spaß, klappt aber (noch) nicht so gut?
> - In welchen Situationen hätten erweiterte Kommunikationsmöglichkeiten einen Vorteil für die unterstützt kommunizierende Person und das Umfeld?
> - Was kann die unterstützt kommunizierende Person schon, benötigt dabei aber noch Hilfe?
> - Welche Situation kommt häufig im Alltag vor und muss nicht künstlich geschaffen werden?
> - Welche anderen Situationen hängen mit der Situation zusammen (z. B. Anzieh-Situation dauert lange, Frühstück wird dadurch kürzer, ...)?«
> (Bernasconi & Sachse 2023).

Bei den Überlegungen zu den Aktivitäten werden immer auch die Möglichkeiten zur Unterstützung durch das Umfeld mitgedacht. So werden strukturelle Bedingungen (bspw. Routinen, Zeit, Personalschlüssel) sowie die Aufgaben der Bezugspersonen (bspw.: Wer kann unterstützen? Welche Wörter müssen gemodelt werden?) in die Planung einbezogen, um realistisch umsetzbare Interventionen zu planen. Ziel in *Phase A* ist es, eine Aktivität auszuwählen, bei der die erweiterte kommunikative Teilhabe einen Mehrwert für die unterstützt kommunizierende Person wie auch für ihr Umfeld darstellt. Diese Aktivität sollte möglichst konkret beschrieben werden. Dadurch wird sichergestellt, dass die Intervention in der Folge so geplant wird, schnell umgesetzt und das Ziel von mehr kommunikativer Teilhabe schon bald erreicht werden kann.

Praxis
Stellvertretung im Kontext Aktivitäten
Gerade bei Schülerinnen und Schülern mit komplexer Behinderung gestalten sich die Schritte des gemeinsamen Überlegens mit der unterstützt kommunizierenden Person als besonders herausfordernd, da Antworten und Einschätzung häufig stellvertretend gefunden bzw. auch interpretiert und gedeutet werden müssen. Hier können solche diagnostischen Verfahren einbezogen werden, die Teilhabe adressieren und eine gemeinsame strukturierte Interventionsplanung anstreben, bspw.:

- »Schau hin« (REHAVISTA 2021): »Schau Hin« erfasst und dokumentiert bzw. überprüft systematisch erste Kommunikationssignale und individuell bedeutsame oder motivierende Elemente im Alltag bzw. in strukturierten Situationen«.
- »PlanBe« (REHAVISTA 2014) – »PlanBe – Planen und Bewerten von Kommunikationssituationen«. PlanBe dient der interdisziplinären Dokumentation und Strukturierung von UK-Interventionen bei Menschen mit erworbenen sowie mit angeborenen Sprachstörungen. In vier Teilschritten werden auf einfachen Bögen Inhalte erfasst und Ergebnisse abgeleitet. PlanBe eignet sich zur Begleitung von UK-Interventionen, um gemeinsam mit den Klientinnen und Klienten und Angehörigen Ziele zu bestimmen, Transparenz bei der Intervention zu schaffen und eine Nachvollziehbarkeit zu dokumentieren, Entscheidungshilfen bei der Auswahl einer möglichen Kommunikationshilfe zu erlangen, den Einsatz einer bereits vorhandenen Hilfe neu zu planen und zu strukturieren und die Qualität der UK-Förderung zu prüfen und zu sichern.

Mehr Infos und Materialien unter www.rehavista.de (→ Suchbegriffe: »Schau hin« und »PlanBe«)

Bereiche kommunikativer Kompetenz und Aufgaben der Bezugspersonen beschreiben (B)

Im zweiten Schritt des ABC-Modells wird das Modell der kommunikativen Kompetenz (▶ Kap. 2.6.3) als Grundlage für das Assessment und die Planung der Intervention zugrunde gelegt. Betrachtet werden in diesem Schritt der Interventionsplanung die vier Bereiche der kommunikativen Kompetenz von unterstützt kommunizierenden Personen:

- linguistische Fähigkeiten
- operationale Fähigkeiten
- soziale Fähigkeiten
- strategische Fähigkeiten

Die einzelnen Bereiche des Modells werden dabei immer mit Blick auf die unterstützt kommunizierende Personen und die Bezugspersonen gedacht, da kommunikative Kompetenz nicht als feststehende Fähigkeit einer unterstützt kommunizierenden Person verstanden wird, sondern immer in Abhängigkeit zum Verhalten der Bezugspersonen und den Rahmenbedingungen steht. Konkret werden in diesem Schritt Fähigkeiten beschrieben, die in der in Phase A gewählten Aktivität für mehr kommunikative Teilhabe notwendig sind. Auf dieser Basis wird beschrieben, welche Aufgaben die Bezugspersonen haben, damit die unterstützt kommunizierende Person die Fähigkeiten entwickeln bzw. zeigen kann.

In Schritt B werden auch Interventionsziele im Bereich Literacy (▶ Kap. 4.4) beschrieben, um die Entwicklung auf dem Weg zur Schriftsprache zu unterstützen.

Control and continue (C)

Im letzten Schritt des Interventionszyklus werden die Maßnahmen evaluiert. In einem gemeinsamen Treffen des gesamten Umfeldes mit der unterstützt kommunizierenden Person wird gemeinsam überprüft, ob die geplanten Aufgaben umgesetzt, die angestrebten Ziele erreicht wurden und ob sich eine Verbesserung der kommunikativen Teilhabe im Alltag ergeben hat.

Beim ABC-Modell handelt es sich um ein zirkuläres Modell. Somit beginnt nach dem letztgenannten Schritt C »Control and continue« der Prozess der Interventionsplanung von Neuem mit Schritt A »Aktivität beschreiben«. Die Erkenntnisse aus der Evaluation fließen dabei mit ein. Abhängig davon, ob die Ziele aus dem vorhergehenden Zyklus erreicht wurden bzw. ob diese weiterhin als relevant erscheinen, werden Aktivitäten, Bereiche der kommunikativen Kompetenz sowie Aufgaben für Bezugspersonen neu beschrieben.

Für das Vorgehen in der Interventionsplanung nach dem ABC-Modell haben Bernasconi und Sachse (2023) eine Box mit Materialien entwickelt. Für die Strukturierung im Planungsprozess sind die einzelnen Schritte auf Karten beschrieben, welche nacheinander bearbeitet werden können. Die Ergebnisse können in Protokollbögen festgehalten werden, die zum kostenlosen Download zur Verfügung stehen.

Quellen und Hinweise Internet
Für die gemeinsam von privaten und professionellen Bezugspersonen sowie der unterstützt kommunizierenden Person durchgeführte Interventionsplanung nach dem ABC-Modell existiert ein Beratungs- und Dokumentationsbogen, der kostenlos unter folgendem Link heruntergeladen werden kann (Bernasconi & Sachse 2024): www.fbz-uk.uni-koeln.de (Reiter: »Materialien und mehr«; hier: ABC-Modell).

3.1.8 Zusammenfassung und Ausblick

In diesem Kapitel wurde die konkrete Planung und Gestaltung von UK-Interventionen ausgehend von Aktivitäten und damit verbundenen Partizipationsmöglichkeiten und -begrenzungen einer unterstützt kommunizierenden Person beschrieben. Als zwei zentrale Modelle wurden das (kooperative) Partizipationsmodell (Lage & Knobel Furrer 2017; ▶ Kap. 3.1.6) und das ABC-Modell (Bernasconi & Sachse 2021; 2022) vorgestellt (▶ Kap. 3.1.7). Beide Modelle betonen bzw. zeichnen sich durch ein zyklisches Vorgehen, eine ICF-Basierung, den Einbezug der unterstützt kommunizierenden Person und eine aktivitätsbasierte Interventionsplanung aus. Ebenso betonen beide die zentrale Rolle der Kommunikationspartnerinnen und -partner für die Planung und Durchführung von Interventionen. Diese soll unter dem Gesichtspunkt diagnostischer Zugänge im folgenden Kapitel näher betrachtet werden (▶ Kap. 3.2).

3.2 Diagnostische Inventare

In Kapitel 3.1 wurden bereits einige Inventare zur Erfassung der kommunikativen Kompetenzen orientiert unter anderem am Fähigkeitskontinuum vorgestellt (▶ Kap. 3.1); der Vollständigkeit halber sollen in Kapitel 3 im Überblick aktuelle und im Feld eingesetzte diagnostische Verfahren genannt werden entlang der Figur (1) *Abhängig sein* – von einem oder einer Kommunikationspartnerin bzw. -partner, (2) *Angewiesen sein* – auf eine moderierte Kommunikation (bspw. Hilfestellungen) sowie (3) *Frei sein* – von anderen Personen in ihrer Kommunikation (Schäfer 2024).

Einen ersten diagnostischen Zugang bieten Entwicklungstabellen (auch Anamnesebögen), die nachstehend genannt werden sollen; das COCP-Modell nach Heim, Jonker und Veen (2005) wurde bereits ausführlich vorgestellt und soll hier nur der Zuordnung halber genannt werden (▶ Kap. 3.1.5):

- *Handreichung UK-Diagnostik* (Boenisch & Sachse 2007): Die Handreichung enthält neben Bögen zur Erfassung allgemeiner Informationen Beobachtungsbögen zu unterschiedlichen Bereichen (bspw. Einschätzung der aktuellen Kommunikationsfähigkeiten, kognitive Fähigkeiten und Sprachverständnis, Umfeld). Je nach Fragestellung im Diagnostik- und Interventionsprozess werden die passenden Bögen ausgewählt und von Bezugspersonen gemeinsam ausgefüllt (Download der Diagnosebögen beim Verlag: www.verlagvonloeper.ariadne.de → Suchbegriff: Handreichung UK-Diagnostik).
- *Kommunikation einschätzen und unterstützen* (Leber 2018): Das förderdiagnostische Material besteht aus einem Manual mit Diagnosebögen sowie einem umfangreichen Poster. Informationen über entwicklungstypisches Kommunikationsverhalten, förderdiagnostische Fragestellungen und Hinweise zur Förderung zeichnen sich durch eine hohe Anwendungsorientierung aus (Download der Diagnosebögen beim Verlag: https://verlagvonloeper.ariadne.de → Suchbegriff: Kommunikation einschätzen).
- Mit den Verfahren *Soziale Netzwerke* (Blackstone & Hunt Berg 2006) und dem *Partizipationsmodell* (Beukelman & Mirenda 2013; ▶ Kap. 3.1.6) sind zwei Diagnosemöglichkeiten zu nennen, die ihren Blick auf die unmittelbare Interaktion mit den nahen Bezugspersonen richten (Garbe & Herrmann 2020).

3.2.1 Abhängig sein – diagnostische Zugänge

Beobachtung von Alltagssituationen

- Die *Triple C – Checklist of Communication Competencies* (Bloomberg, West & Hilary 2009) richtet den Blick auf die Diagnostik kommunikativer Kompetenzen von Menschen mit komplexen Behinderungen. Grundlage der Diagnostik sind Alltagsbeobachtungen, mit denen eine Einordnung in eine von sechs (vorwiegend präintentionalen) Entwicklungsstufen vorgenommen wird.
- Die Einschätzungen für die *Kommunikationsmatrix* (Rowland 2015) basieren auf Alltagsbeobachtungen und richten den Blick auf Personen, die sich in frühen Stufen der kommunikativen Entwicklung befinden.

Strukturierte Beobachtung

- Die diagnostische Einschätzung mit *DiaKomm – Diagnostik und Kommunikationsförderung* (Schreiber & Sevenig 2020) stützt sich neben Angaben in einem Bogen zur allgemeinen Anamnese auf die Beobachtung in zehn spezifischen Situationen. Mithilfe des beiliegenden Materials werden die Situationen genutzt, um eine Einschätzung der kommunikativen, kognitiven und motorischen Fähigkeiten zu treffen und daraus Interventionen abzuleiten.
- *Schau Hin* (REHAVISTA 2021) erfasst systematisch basale Kommunikationssignale und individuell bedeutsame oder motivierende Elemente, die in der Förderung genutzt werden können.

3.2.2 Angewiesen sein – diagnostische Zugänge

Der *Beobachtungsbogen für pragmatische Fähigkeiten* (Schelten-Cornish & Wirts 2008) analysiert die kommunikativen Möglichkeiten (nonverbale, linguistische, kognitive, intentionale Fähigkeiten) sowie die Kommunikationsfunktionen, die eine Person bedienen kann (kostenloser Download: https://schelt01.bn-paf.de/Sprachtherapie/BFP21.pdf).

3.2.3 Frei sein – diagnostische Zugänge

»PlanBe« (REHAVISTA 2014) (»PlanBe – Planen und Bewerten von Kommunikationssituationen«) dient zur interdisziplinären Dokumentation und Strukturierung von UK-Interventionen bei Menschen mit erworbenen sowie mit angeborenen Sprachstörungen. In vier Teilschritten werden auf einfachen Bögen Inhalte erfasst und Ergebnisse abgeleitet. PlanBe eignet sich zur Begleitung von UK-Interventionen, um gemeinsam mit den Klientinnen und Klienten und Angehörigen Ziele zu bestimmen, Transparenz bei der Intervention zu schaffen und eine dahingehende Nachvollziehbarkeit der Maßnahmen zu dokumentieren, Entscheidungshilfen bei der Auswahl einer möglichen Kommunikationshilfe zu erlangen, den Einsatz einer bereits vorhandenen Hilfe neu zu planen und zu strukturieren und die Qualität der UK-Förderung zu prüfen und zu sichern.

3.3 Die Rolle der Kommunikationspartnerinnen und -partner

3.3.1 Erfahrungen mit erfolgreicher Kommunikation ermöglichen

Kinder, die Lautsprache entwickeln, haben schon früh vielerlei Erfahrungen mit Lautsprache in vielfältigen Kommunikationssituationen gemacht. Sie haben um sich herum Erwachsene und Kinder erlebt, die mithilfe von Lautsprache etwas erzählen, nach etwas fragen, sich über etwas beschweren, sich begrüßen und verabschieden, einen Scherz machen und vieles mehr. Dabei stehen ihnen die Organe, mit denen sie Lautsprache produzieren können, von Beginn an zur Verfügung – auch wenn sie diese zu Beginn noch nicht gezielt einsetzen, können sie doch zunehmend mit dem Produzieren von Lauten experimentieren und bekommen vom Umfeld eine Reaktion (Wachsmuth 2006).

Bei Kindern, die unterstützt kommunizieren, unterscheiden sich die kommunikativen Erfahrungen in ihrer Kommunikationsform meist deutlich. So erhalten UK-Nutzende den Zugang zur alternativen Kommunikationsform erst deutlich später. Frühes Experimentieren mit Sprache und Kommunikation ist dementsprechend nur eingeschränkt möglich.

Ein weiterer zentraler Unterschied in der kommunikativen Entwicklung liegt in fehlenden Vorbildern. Während Kinder, die Lautsprache entwickeln, täglich viele Sprachmodelle haben, die erfolgreich mit Lautsprache kommunizieren, fehlen den UK-Nutzenden eben solche natürlichen Modelle in ihrer alternativen Kommunikationsform meist vollständig.

Doch eben diese Vorbilder gilt es Schülerinnen und Schülern anzubieten, die lernen sollen, in einer alternativen Form zu kommunizieren. Da es in der Regel keine (oder nur sehr wenige natürliche) Vorbilder gibt, die unterstützt kommunizieren, braucht es Bezugspersonen, die die alternative Kommunikationsform einsetzen. Dieser bewusste Einsatz wird *Modelling* genannt.

Modelling

»Der Begriff *Modelling* (auch: Modeling) bezeichnet die Nutzung der alternativen Kommunikationsform durch den Gesprächspartner. Indem Eltern beispielsweise in der Kommunikation mit ihrem Kind begleitend zur Lautsprache gebärden, bieten sie ein Modell für das Kind und unterstützen es dadurch in der Aneignung der alternativen Kommunikationsform. Das Modelling stellt eine der bedeutsamsten Unterstützungsstrategien in der Förderung unterstützt kommunizierender Personen dar« (Willke 2020, 218 f.).

Bernasconi (2024) macht deutlich:

»Wenn also das Ziel einer UK-Intervention die Nutzung einer alternativen oder ergänzenden Kommunikationsform ist, so benötigen die unterstützt kommunizierenden Personen auch entsprechende Vorbilder und Modelle, die diese Kommunikationsformen nutzen (Bernasconi 2023, 102). Ist die Zielsprache UK, wird dementsprechend viel natürlicher Input in genau dieser Sprache benötigt (Castaneda & Waigand 2017)« (Bernasconi 2024, 118).

3.3.2 Die Bedeutung der Kommunikationspartnerinnen und -partner

Die Bezugspersonen von Kindern, die sich sprachlich regelhaft entwickeln, passen sich meist intuitiv dem aktuellen Entwicklungsstand des Kindes an und unterstützen es in seiner Sprachentwicklung. Ihr kommunikatives Verhalten passt sich unbewusst dem aktuellen Lern- und Interessensstand des Kindes an, wodurch diesem die Möglichkeit gegeben wird, neue Fähigkeiten zu entwickeln (vgl. Papoušek 1994, 117).

Im Gegensatz dazu stehen die Bezugspersonen von Kindern, die auf Unterstützte Kommunikation angewiesen sind, vor besonderen Herausforderungen. Das natürliche Unterstützungsverhalten, das bspw. Eltern von Kindern mit regelhafter Sprachentwicklung intuitiv zeigen (▶ Kap. 2.2), reicht nicht aus, um unterstützt kommunizierende Kinder angemessen zu begleiten. Diese Bezugspersonen stehen vor speziellen Herausforderungen, unter anderem aufgrund veränderter Gesprächssituationen. Die größte Herausforderung liegt jedoch darin, dass es nicht ausreicht, wenn die Bezugspersonen nur in ihrer natürlichen Kommunikationsform (Lautsprache) mit dem Kind interagieren.

Damit unterstützt kommunizierende Kinder lernen können, die alternative Kommunikationsform zu nutzen, sind sie auf Modelle angewiesen, die erfolgreich die gewünschte Kommunikationsform anwenden (vgl. Sachse & Willke 2011, 378). Da diese alternative Kommunikationsform nicht die natürliche Sprache der Bezugsperson ist, wird sie in der Regel weniger umfangreich und in hohem Maße reflektiert und bewusst eingesetzt. Die Kommunikation kann dadurch unter Umständen (zumindest zu Beginn) einen fördernden Charakter haben. Bezugspersonen setzen die alternative Kommunikationsform bewusst zur Förderung derselben ein, im Gegensatz zur alltäglichen Sprache, die als Mittel in der Kommunikation über andere Themen verwendet wird.

Um eine möglichst große Natürlichkeit und Selbstverständlichkeit in der Kommunikation mit alternativen Mitteln zu entwickeln, benötigen Bezugspersonen Sicherheit in der Nutzung der gewünschten Kommunikationsform.

Im Verständnis der ICF (▶ Kap. 2.6.2) begleiten und unterstützen Bezugspersonen Kinder und Jugendliche in deren kommunikativer Entwicklung. Sie schaffen Bedingungen, damit die UK-Nutzenden hilfreiche Erfahrungen machen können und daraus lernen. Um solche entwicklungsförderlichen Erfahrungen zu ermöglichen, können Bezugspersonen ihr eigenes (kommunikatives) Verhalten an die Entwicklung und Bedürfnisse der UK-Nutzenden anpassen. Dies kann bspw. über den bewussten Einsatz sogenannter Partnerstrategien geschehen, die im Folgenden näher erläutert werden.

3.3.3 Partnerstrategien zur Förderung der kommunikativen Entwicklung

Im COCP-Programm (▶ Kap. 3.1.5) werden insgesamt zehn Strategien für Kommunikationspartnerinnen und -partner beschrieben, die einerseits eine zufriedenstellende Verständigung zwischen der unterstützt kommunizierenden Person und ihrem Kommunikationspartner bzw. -partnerin ermöglichen sollen. Gleichzeitig unterstützt der Kommunikationspartner bzw. die -partnerin die unterstützt kommunizierende Person mit der Anwendung der Strategien auch in der Entwicklung umfassenderer kommunikativer Fähigkeiten (Heim, Jonker & Veen 2005, 01.026.014 f.). Heim, Jonker und Veen (2005, 01.026.014 f.) beschreiben die Strategien folgendermaßen (Partnerstrategien des COCP-Programms):

1. *Strukturieren Sie die Umgebung:* Richten Sie die Umgebung so ein, dass die Kommunikation ermutigt und herausgefordert wird. Achten Sie immer darauf, dass auch das Kind die Möglichkeit zur Kommunikation hat. Alle eventuellen Kommunikationshilfsmittel sollen zur Verfügung stehen und das Kind muss diese Mittel ohne Schwierigkeiten benutzen können. Wenn Sie sich mit dem Kind beschäftigen, achten Sie darauf, dass Sie so viel wie möglich für das Kind sichtbar sind. Setzen Sie sich vorzugsweise dem Kind gegenüber. Wählen Sie Aktivitäten, die ihm Spaß machen und die seinem Alter entsprechen.
2. *Folgen Sie der Führung des Kindes:* Womit beschäftigt sich das Kind? Mit Menschen, Dingen bzw. Gegenständen aus der Umgebung, Tätigkeiten, Gefühlen? Reagieren Sie darauf und lassen Sie das Kind die Interaktion leiten. Achten Sie so viel wie möglich auf alle Kontaktversuche. Reagieren Sie auf die Bedürfnisse des Kindes, auf Bitten und Wünsche.
3. *Stimulieren Sie gemeinsame Aufmerksamkeit:* Konzentrieren Sie sich vollständig auf das Kind, vom ersten Moment des Kontaktes an, und gehen Sie nicht auf Störungen aus der Umgebung ein, ohne das Kind auch dafür zu interessieren oder ohne die Interaktion mit dem Kind zuerst in einer guten Weise abzuschließen. Lenken Sie die Aufmerksamkeit des Kindes auf ein Objekt, eine Aktivität oder eine Person, wenn so etwas in einer gewissen Situation nötig ist. Tun Sie dies in einer nicht zwingenden Weise und so ruhig wie möglich.
4. *Schaffen Sie Möglichkeiten zur kommunikativen Interaktion:* Achten Sie auf die Momente, in denen das Kind bei einer Kommunikationsreihenfolge an der Reihe ist. Geben Sie ihm die Möglichkeit zur Interaktion. Die Initiative des Kindes ermöglichen Sie dadurch, dass Sie ihm mit einer erwartungsvollen, fragenden Körperhaltung entgegentreten. Möglichkeiten zum Reagieren geben Sie zum Beispiel durch: Grüßen, das Kind wählen lassen, Wechselspiele, selbst eine Bemerkung machen, etwas fragen. Lassen Sie das Kind immer an die Reihe kommen, nachdem Sie selbst an der Reihe gewesen sind. Üben Sie nicht speziell mit dem Kind, aber schaffen Sie sinnvolle Kommunikationsmöglichkeiten in der Situation, in der Sie sich mit ihm beschäftigen: bspw. beim Spielen, Versorgen oder in der Therapie.
5. *Erwarten Sie Kommunikation, die zum Niveau des Kindes passt:* Machen Sie deutlich (mit Mimik und Verhalten), dass Sie erwarten, dass das Kind kommuniziert. Erwarten Sie Kommunikation über Angelegenheiten, die das Kind kennt und versteht und die den motorischen und kommunikativen Möglichkeiten des Kindes entsprechen.
6. *Regulieren Sie das Tempo der Interaktion (machen Sie Pausen):* Kommunizieren Sie in einem Tempo, bei dem das Kind die Zeit hat, alles mitzumachen. Zählen Sie bis

zehn, ehe Sie aufs Neue versuchen, eine Reaktion hervorzurufen. Geben Sie dem Kind Zeit zum Reagieren auf das, was sich in der Umgebung abspielt. Achten Sie darauf, dass Sie wissen, dass das Kind »ausgeredet« hat. Machen Sie eine Pause, nachdem das Kind an der Reihe gewesen ist, ehe Sie selbst wieder die Kommunikation übernehmen.

7. *Modellieren Sie die expressiven Kommunikationsformen aus dem Repertoire des Kindes:* Verdeutlichen Sie dem Kind, wie es kommunizieren kann. Benutzen Sie in ihrer eigenen Kommunikation nicht nur das Sprechen, sondern auch so viel wie möglich die Formen, die das Kind selbst gebrauchte oder die es gebrauchen könnte, um sich an der Kommunikation zu beteiligen.

8. *Achten Sie darauf, dass Ihr Sprachniveau dem Niveau des Kindes angepasst ist:* Benutzen Sie eine Sprache (gesprochen, Geste oder Gebärde, grafische Symbole), die das Kind verstehen kann: Sorgen Sie dafür, dass deutlich ist, was Sie erzählen. Bilden Sie nicht zu lange Phrasen, sagen Sie nicht zu viel zur gleichen Zeit und beachten Sie immer das Niveau des Kindes. Kommunizieren Sie mit einfachen Sätzen, sodass das Kind alles verstehen kann. Wenn ein Kind eine Kommunikationsform nicht verstehen kann, sollten Sie Ihre Kommunikation unterstützen. Andererseits sollten Sie auch nicht unter dem Niveau des Kindes kommunizieren (Babysprache). Es gilt die Beachtung einer altersgemäßen Kommunikation.

9. *Regen Sie das Kind (schrittweise) an:* Ermuntern Sie das Kind freundlich (Haltung, Mimik, Sprache, Berühren, Zeigen, Gesten, Gebärden oder Handlungen), mit der Kommunikation zu beginnen, wenn es das noch nicht von selbst getan hat, oder bei misslungenen Versuchen aus Neue anzufangen. Wenn das Kind (nach längerer Zeit) nicht reagiert, helfen Sie ihm Schritt für Schritt, es immer etwas leichter zu machen. Zum Beispiel: zuerst nur abwarten, danach berühren, fragend gebärden, Hinweise geben, auf welche Weise das Kind reagieren könnte (durch Schauen, Hinweisen auf ein Hilfsmittel oder einige zu der Situation passende Gebärden), und zum Schluss zusammen mit dem Kind die Handlungen (Gebärden, Hinweisen auf die Symbole) durchführen.

10. *Belohnen Sie das Kind für die Kommunikationsversuche:* Reagieren Sie auf alle Versuche des Kindes zu kommunizieren. Das bedeutet nicht, dass Sie alle Bitten erfüllen, aber dass Sie alle Versuche ernst nehmen und darauf reagieren sollten. Geben Sie dem Kind die Zeit, selbst die Initiative zu ergreifen. Alle Kommunikationsthemen, die das Kind angibt, sind ernst zu nehmen, ebenso wie die Reaktionen auf eigene Fragen und Äußerungen
(Heim, Jonker & Veen 2005, 01.026.014 f).

Je nach Stand der kommunikativen Entwicklung der unterstützt kommunizierenden Person werden die einzelnen Strategien unterschiedlich umgesetzt.

3 UK-Interventionen planen und durchführen

Praxis
Strategie 7 – Beispiel Modellieren der expressiven Kommunikationsformen
Die Strategie 7 »Modellieren Sie die expressiven Kommunikationsformen aus dem Repertoire des Kindes« (auch als *Modelling* bezeichnet) könnte bei Anton und Mesut folgendermaßen aussehen: Antons Bezugspersonen greifen seine körpereigenen Äußerungen auf und geben diesen eine Bedeutung. So wurde bspw. das Schauen nach rechts als Aussage »NICHT« etabliert und durch das Anbringen eines BIGmack mit der Aussage »NICHT« auf der rechten Seite seines Rollstuhltisches durch eine elektronische Kommunikationshilfe ergänzt. Wann immer die Bezugspersonen den Eindruck haben, dass Anton etwas ablehnt, fragen sie »Möchtest du NICHT?« und lösen den BIGmack aus.

Mesuts Lehrerin nutzt in vielfältigen Situationen im Alltag sein iPad mit der App MetaTalkDE, um ihre lautsprachlichen Äußerungen zu begleiten. Als Mesut »NINTENDO« sagt, fragt sie nach: »Sagst du ›ICH MÖCHTE ein NINTENDO‹ oder ›ICH HABE ein NINTENDO‹?«

3.3.4 Vokabularauswahl und Wortschatzaufbau

Damit eine unterstützt kommunizierende Person das ausdrücken kann, was sie möchte, benötigt sie entsprechendes Vokabular in der alternativen Kommunikationsform. Dieses ist jedoch (es sei denn, eine Person kann alles buchstabieren) immer eingeschränkt. Dies kann daran liegen, dass einzelne Wörter nicht zur Verfügung stehen, weil sie im eingespeicherten Wortschatz nicht bedacht wurden oder als für die Person nicht relevant erachtet werden. Die Auswahl und das Anbieten eines geeigneten Vokabulars sind zentral wichtig, wenn die Sprachentwicklung einer unterstützt kommunizierenden Person unterstützt werden soll. Besonders zu Beginn der Nutzung der alternativen Kommunikationsform ist es wichtig, dass UK-Nutzende die Kraft der Sprache erleben können. Es gilt, Situationen zu schaffen, in denen Kommunikationsversuche erfolgreich verlaufen und Kinder erleben können, dass ihre Kommunikation eine Wirkung hat. Wiederholungen und häufige Anwendungsmöglichkeiten beschleunigen dabei das Lernen und Verstehen der Begriffe. Die alternative Kommunikationsform sollte daher möglichst häufig verwendet werden, um Automatisierung und effektive Nutzung zu erreichen. Zudem sollte ihre Anwendung in verschiedenen Situationen und mit verschiedenen Gesprächspartnern und -partnerinnen möglich sein. Mit der Entwicklung eines angemessenen Wortschatzes erhöhen sich Partizipationsmöglichkeiten für die UK-Nutzenden (vgl. Boenisch 2013).

Die Auswahl des entsprechenden Vokabulars kann eine große Herausforderung darstellen, da es sowohl den Interessen und Lebensbedingungen der unterstützt kommunizierenden Person entsprechen als auch in spontanen Gesprächen flexibel einsetzbar sein sollte (ebd.).

In der Alltagskommunikation gibt es einige wenige Wörter, die einen vergleichsweise sehr großen Anteil am Gesprochenen ausmachen: das Kernvokabular (siehe Infokasten). Dieses besteht aus Funktionswörtern, die im UK-Kontext häufig auch als sogenannte *kleine Wörter* bezeichnet werden. Diese sind bspw. »ich«, »nicht«, »auch«, »mit«, »und« oder »da«. Außerdem werden einige Hilfs-, Modal- und Vollverben (bspw. »sein«, »können«, »müssen«, »wollen«, »haben«) zum Kernvokabular gezählt (Boenisch & Sachse 2007).

Kernvokabular
Kernvokabular bezeichnet die am häufigsten verwendeten Wörter einer Sprache. Das Kernvokabular macht 80% des Gesprochenen aus und wird unabhängig von der individuellen Lebenssituation und vom Thema flexibel eingesetzt. Es sind vor allem situationsunspezifische Funktionswörter (Pronomen, Hilfsverben, Adverbien, Präpositionen, Artikel, Konjunktionen), die durch einzelne Inhaltswörter (Nomen, Verben, Adjektive) ergänzt werden (Boenisch 2014, 166).

Eine flexible Kommunikation ohne die Nutzung von Kernvokabular ist jedoch kaum möglich. Gerade in Alltagssituationen, in denen der Kontext die Situation bestimmt, werden oft keine oder nur wenige Inhaltswörter benötigt, um sich verständigen zu können. Kernvokabular ist daher von großem Nutzen, um eine erfolgreiche Alltagskommunikation zu erleben und aktiv an ihr teilnehmen zu können (vgl. Sachse & Willke 2020).

Tab. 3.1: Die 25 am häufigsten gesprochenen Wörter von Lernenden aus Schulen mit dem sonderpädagogischen Schwerpunkt Geistige Entwicklung (Boenisch 2013, 23)

Artikel	Verben	Adverbien	Pronomen	Interjektionen	Konjunktionen
das	sein	mal	ich	ja	und
die	haben	nicht	du	nein	
der	können	da	wir		
ein	machen	so	was		
	gucken	hier			
	kommen	auch			
		jetzt			
		dann			

Neben dem flexiblen und vielfältig einsetzbaren Kernvokabular braucht es für die Kommunikation jedoch auch themenspezifisches Vokabular, mit dem eine Person bspw. etwas benennen oder nach spezifischen Themen fragen kann. Solche Wörter werden als Randvokabular bezeichnet (siehe Infokasten).

Randvokabular
»Das Randvokabular ist ein themenspezifisches Vokabular, das einen Austausch über ganz spezifische Inhalte ermöglicht. Es besteht hauptsächlich aus sogenannten Inhaltswörtern wie Substantiven, Verben und Adjektiven und umfasst eine nahezu unbegrenzte Anzahl an Wörtern« (Lüke & Vock 2019, 21).

Der Spracherwerb bei kaum- und nichtsprechenden Kindern verläuft strukturell ähnlich wie bei Kindern ohne Beeinträchtigung (▶ Kap. 2.2). Daher sollten diesen Kindern schon frühzeitig nicht nur Inhaltswörter, sondern auch Funktionswörter wie Präpositionen, Artikel und Konjunktionen mit den entsprechenden grammatikalischen Regeln für den Sprachgebrauch angeboten werden. Die Kommunikationshilfe sollte den Kindern ermöglichen, bereits frühzeitig die Komplexität der Sprache zu erfassen. Das bedeutet bspw., dass die Möglichkeit angeboten werden sollte, Präpositionen zu verwenden oder Verben zu konjugieren. Bei der Auswahl des Vokabulars ist es daher wichtig, diesen Aspekt zu berücksichtigen.

Eine möglichst konsequente Umsetzung aller genannten Aspekte (Kombination aus Kern- und Randvokabular, Vorhandensein unterschiedlicher Wortarten, Möglichkeit der Anwendung grammatikalischer Regeln) wurde in den sogenannten Kölner Materialien angestrebt. Auf den Kommunikationstafeln wird Kernvokabular in einem festen Rahmen angeboten, während das themenspezifische Randvokabular auf kleineren Bereichen in der Mitte der Tafel platziert wird, um eine flexible Kombination von Kern- und Randvokabular zu ermöglichen (Boenisch & Sachse 2020b; ▶ Abb. 3.4).

Kern- und Randvokabular bei der Vokabularauswahl zu bedenken, ist für alle Kommunikationsformen relevant. So kann bspw. schon bei der Nutzung nur eines BIGmack (▶ Abb. 2.11) die Aussage »NOCHMAL« aufgesprochen werden. Auch bei der Auswahl von Gebärden und der Organisation des Wortschatzes auf nicht-elektronischen und elektronischen Kommunikationshilfen gilt es, eine Kombination aus Kern- und Randvokabular zu beachten.

Die alleinige Bereitstellung von Kommunikationshilfen (und sei der Wortschatz noch so gut ausgewählt) reicht nicht dafür aus, dass eine Person von sich aus in der alternativen Kommunikationsform kommunizieren kann. Vielmehr stellt sich die Frage, wie das (Kern-)Vokabular vermittelt werden kann, damit unterstützt kommunizierende Personen in der Lage sind, ihre Hilfen effektiv einzusetzen. Sachse und Willke (2020) legen mit dem Konzept der Fokuswörter einen Vorschlag vor, wie ein Zielwortschatz sukzessive aufgebaut werden kann. Dieses Konzept wird im Folgenden vorgestellt.

3.3.5 Förderung mit Fokuswörtern

Basis für die Förderung mit Fokuswörtern ist die Auswahl eines Zielwortschatzes. Sachse und Willke (2020) schlagen in ihrem Konzept einen Zielwortschatz von zunächst 100 Wörtern vor. Dieser besteht vorwiegend aus Kernvokabular (ca. 70 Wörter) und wird ergänzt durch für die unterstützt kommunizierende Person bedeutsames Randvokabular (ca. 30 Wörter). Von diesen Wörtern rücken dann nach und nach immer fünf bis sechs Wörter (Fokuswörterreihe) in den »Fokus«, d. h., sie werden von den Bezugspersonen hochfrequent in Form von Modelling eingesetzt. Die Wörter werden in möglichst vielen alltäglichen Situationen von möglichst vielen Personen eingesetzt, damit die unterstützt kommunizierende Person erlebt, *wie* die Wörter genutzt werden (Pragmatik) und *was* sie bedeuten (Semantik).

Nach einem vorher definierten Zeitraum (bspw. sechs Wochen) findet eine Evaluation statt. Gemeinsam besprechen die Bezugspersonen (Lehrkräfte, Eltern usw.), welche der Wörter das Kind bzw. der Jugendliche bereits versteht und welche es aktiv einsetzt. Gemeinsam wird entschieden, ob bereits Wörter der nächsten Reihe eingebracht werden oder der Fokus weiterhin bei der aktuellen Reihe bleibt.

3 UK-Interventionen planen und durchführen

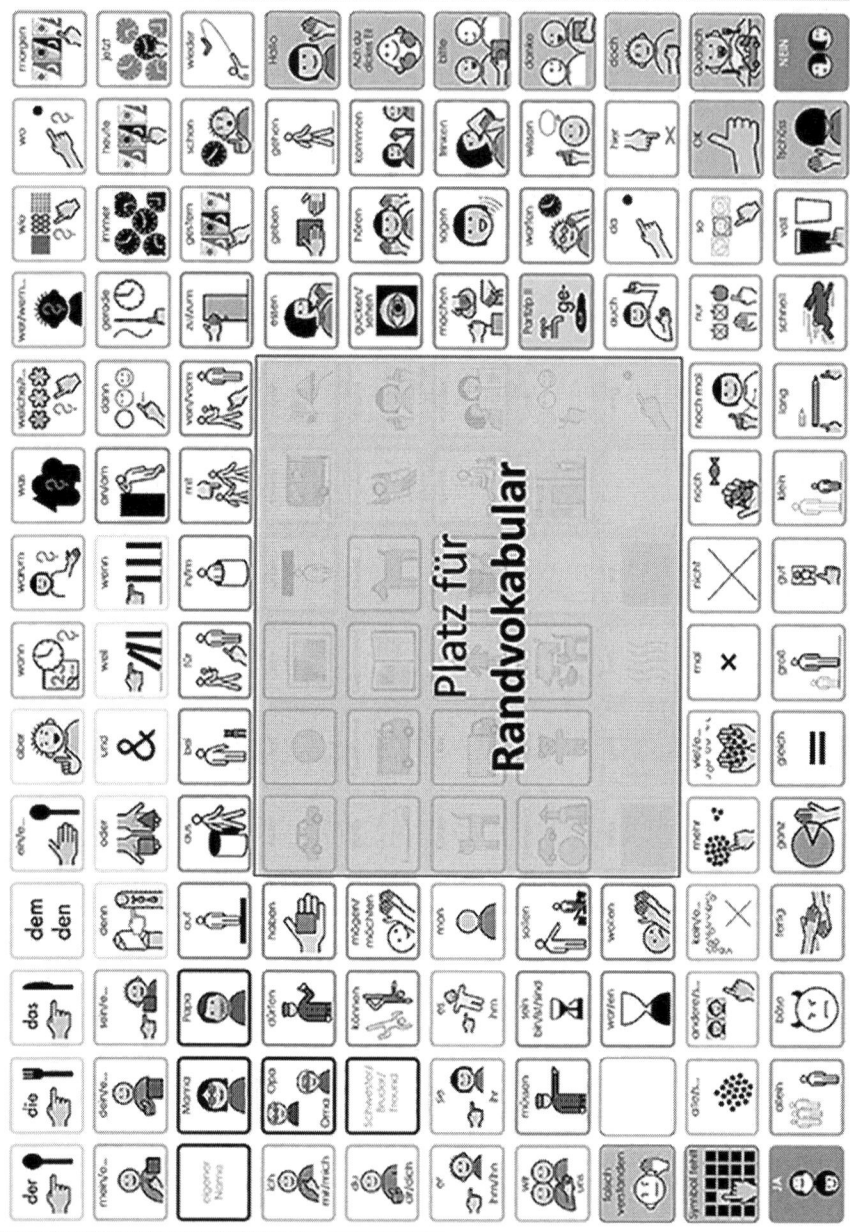

Abb. 3.4: Kommunikationstafel mit Kernvokabular (Boenisch & Sachse www.fbz-koeln.de → Suchbegriff: Kernvokabular)

Tab. 3.2: Fokuswörter (Sachse & Willke 2020, 225 ff.)

Reihe	Fokuswörter	mögliche individuelle Adaptionen	Kommunikationsfunktionen
1	nochmal, fertig, nicht, wollen (will[1]), gucken	[1] auf elektronischen Hilfen mit natürlicher Sprachausgabe kann will gespeichert werden	Umfeld beeinflussen, erstes Steuern von Aktivitäten, um eine Handlung bitten
2	Ich[2], auch, mehr, haben (hat)	[2] statt ich den eigenen Namen nutzen	um eine Handlung/einen Gegenstand bitten, etwas kommentieren/verbalisieren, etwas ablehnen, sich verteidigen, Gemeinsamkeit ausdrücken
3	du, machen, was, wir	plus zwei Lieblingsgegenstände/-aktivitäten (bspw. Singen, Teddy)	
4	wer, möchten, andere/s, jetzt	plus drei Lieblingsgegenstände/-aktivitäten (bspw. Schaukeln, Fernsehen, Hund)	etwas auswählen, etwas benennen/feststellen, Fragen stellen, etwas ablehnen, Themenwechsel einleiten
5	mit, kein/e, mein/e, kommen	plus drei Wörter/Personen (bspw. Milch, Socken, Lily)	
6	das, sein (ist), da, weg	plus drei Adjektive (bspw. groß, klein, lecker)	beschreiben, kommentieren, verhandeln, sich verteidigen
7	Quatsch[3], so, gehen, alle/s, aber	[3] bzw. eine altersadäquate Alternative	
8	war/en, zu, noch, dürfen, mir	plus drei Wörter, auch Adjektive (bspw. spielen, laut, gemein)	über eine andere Person sprechen, Gefühle/Eigenschaften ausdrücken, jemanden überreden
9	wann, schon, können, ein	plus drei Kommentare	
10	sollen, bitte, allein	plus drei Aktivitäten	Widerspruch/Ausdruck von Eigenständigkeit, etwas nachdrücklich einfordern
11	auf, warten, ganz, und, weiter, wieder		eine Handlung steuern, etwas beschreiben

3 UK-Interventionen planen und durchführen

Tab. 3.2: Fokuswörter (Sachse & Willke 2020, 225 ff.) – Fortsetzung

Reihe	Fokuswörter	mögliche individuelle Adaptionen	Kommunikationsfunktionen
12	heute, fahren, ge-, dann, hier	plus drei Aktivitäten/Verben (z. B. nehmen, kriegen, finden)	erzählen/berichten, anleiten, planen, fragen, Gespräch beenden
13	sagen, es, der, die		nachfragen, erläutern und Hinweise geben
14	oder, wo, wie, wissen	plus zwei Ortsangaben	um Informationen bitten/nachfragen, Alternativen anbieten/etwas vorschlagen
15	warum, immer, müssen, dein/e	plus drei individuelle Ergänzungen (z. B. erst, nur, gleich)	nachfragen, etwas aushandeln, begründen, Absprachen treffen
16	wenn, weil, doch, welche/r		

Hinweis: Da »Ja« und »Nein« nach Möglichkeit kontinuierlich mitverwendet werden, finden diese Wörter in der Tabelle keine Berücksichtigung. Individuelle Adaptionen sind erwünscht.

Praxis
Fokuswörter

Anna-Maria benutzt bereits aktiv die Wörter aus der ersten und zweiten Fokuswörter-Reihe in Form von Gebärden (NOCHMAL, FERTIG, NICHT, WOLLEN, GUCKEN, ICH, AUCH, MEHR, HABEN, KÖNNEN). In den folgenden Wochen möchten die Bezugspersonen die Wörter der dritten Reihe in den Fokus nehmen: DU, MACHEN, WAS, WIR und zusätzlich KÖNNEN, weil Anna-Maria gerade sehr daran interessiert ist, wer was kann. Anna-Maria schaut zurzeit besonders gerne Bücher an. Daher werden zusätzlich noch die Wörter »LESEN» und »BUCH» mit in den Fokus genommen.

In möglichst vielen alltäglichen Aktivitäten modeln die Bezugspersonen nun die Fokuswörter. Sie erstellen dafür eine Liste mit alltäglichen Aktivitäten und möglichen Formulierungen für das Modelling. Unter anderem erstellen sie eine Liste mit möglichen Formulierungen für das Buch-Anschauen. Anna-Marias aktuelles Lieblingsbuch ist »Von Kopf bis Fuß« von Eric Carle. Darin sieht man jeweils ein Tier, das etwas macht (»Ich bin eine Giraffe und drehe meinen Kopf«). Das Tier fragt jeweils ein Kind, ob es dies auch kann (»Kannst du das auch?«) und das Kind bejaht (»Ich kann das auch«).

Formulierungen für das Modelling beim Lesen können bspw. sein:

- Wollen wir lesen?
- Willst du das Buch lesen?
- Die Giraffe fragt: Kannst du das auch?
- Das Kind sagt: Ich kann das auch.
- Kannst du das auch?
- Was macht der Affe?
- Soll ich das nochmal lesen?
- Jetzt ist die Geschichte fertig.

Über die Zeit wird mit dem Konzept der Fokuswörter sukzessive ein Wortschatz aufgebaut, der alltagstauglich und gleichzeitig spezifisch an den Interessen der UK-nutzenden Person orientiert ist – unabhängig von der Kommunikationsform.

4 UK in Schule und (inklusivem) Unterricht

4.1 Handlungsfelder der UK

Durch die inklusive Umstrukturierung des Schulsystems im Zuge der UN-BRK verändern sich insgesamt die Aufgaben, aber auch die Zuständigkeiten und Einsatzorte der heil- und sonderpädagogischen Professionen.

> »Es wird zum einen noch stärker spezialisierte Fachkräfte nach dem Vorbild der ambulant tätigen Blinden- und Gehörlosenpädagogen geben müssen, beispielsweise mit besonderem Fach- und Methodenwissen zu Unterstützter Kommunikation und Autismus. Zum andern wird sich eine Spezialisierung auf Beratungs- und Interaktionswissen entwickeln müssen. Sonder- und Integrationspädagogen werden in größerem Umfang Beratungs- und Interaktionskompetenzen in der Lernstands- und Situationsanalyse und Wissen bezüglich Schul- und Organisationsentwicklungsprozessen erwerben müssen, als dies heute der Fall ist« (Lindmeier & Lindmeier 2012, 276).

Beratung von anderen pädagogischen Professionen und Eltern sowie die Diagnostik, Prävention und Intervention erhalten einen wesentlich höheren Stellenwert. Denn es geht darum, Zugangsbarrieren durch geeignete Diagnostik und diagnostische Modelle zu identifizieren und Gelegenheitsbarrieren durch Beratung und Planung sowie Durchführung von Interventionen und Unterricht abzubauen. Allerdings variieren die Bildungs-, Beratungs- und Unterstützungssysteme je nach länderspezifischem Bildungssystem in Deutschland, Österreich und der Schweiz. Aber auch je nach Bundesland oder Kanton unterscheiden sich sowohl die kontextorientierten als auch die personenorientierten Bildungs-, Beratungs- und Unterstützungsangebote. Das wird auch in einer Studie von Hernando, Boenisch und Bernasconi (2020) zu etablierten UK-Beratungsstellen in Deutschland deutlich: Das Fachwissen zu UK und damit die Qualität und Kontinuität der UK-Versorgung ist stark von Faktoren wie dem Profil einer Schule, den organisatorischen Rahmenbedingungen (bspw. unterschiedliche Auslegung des SGB) und einer oft nicht geklärten Frage der Finanzierung von UK-Maßnahmen abhängig (ebd., 382).

Mit dem Ziel der kommunikativen Teilhabe geht es in dem sich verändernden Bildungskontext unabhängig von Separation oder Integration bzw. Inklusion um das Beseitigen von kommunikativen und sprachlichen, kogni-

4.1 Handlungsfelder der UK

tiven und sozialen Barrieren in Unterricht und Schule entlang drei Handlungsfeldern (▶ Abb. 4.1).

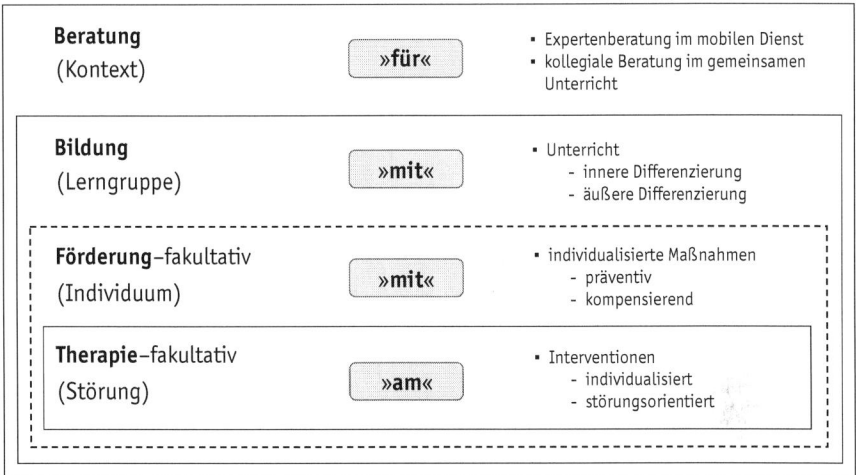

Abb. 4.1: Handlungsfelder der Unterstützten Kommunikation (vgl. »Handlungsfelder mit dem Förderschwerpunkt Sprache«, Mußmann 2020, 65) (eigene Darstellung)

4.1.1 Handlungsfeld Beratung

Die Vermeidung und der Abbau von kognitiven, kommunikativen und sozialen Barrieren im Umfeld bzw. Kontext werden in der dargestellten Systematik der Handlungsfelder als indirekte Förderung durch Beratung *für* das soziale Umfeld (Eltern, außerschulischer Bereich) und kollegiale Beratung zur Unterrichtsentwicklung oder Expertenberatung zu UK *für* andere Lehrpersonen bezeichnet (▶ Abb. 4.1). Die Beratung seitens UK-Experten und -Expertinnen für andere Lehrpersonen und Professionen kann als Unterstützung im Sinne einer Förderung bereits bestehender Ressourcen und des Abbaus von Risikofaktoren für die kommunikative Teilhabe verstanden werden (Mußmann 2020, 65 f.). Die UK-Beratungsstellen in deutschsprachigen Ländern sind meist an eine sonder- oder heilpädagogische Schule angegliedert. Ihr Beratungsangebot reicht von der Frühförderung über Eltern-Kind-Gruppen bis zur Schulplatzberatung und Sonderpädagogischen Diensten in ihrem jeweiligen Sozialraum (u. a. Hernando, Boenisch & Bernasconi 2020; Karus 2023). Verschiedene Projekte in inklusiven Schulen zeigen zudem auf, wie UK das sonderpädagogische Angebot in inklusiven Schulen erweitern kann (u. a. Berns, Graf & Innerhofer 2023).

4.1.2 Handlungsfeld Bildung und Förderung

Das Handlungsfeld der Bildung richtet sich beim Einsatz von Mitteln und Methoden der UK mit einem sprach- und kommunikationsfördernden Angebot an *alle* Kinder und Jugendlichen einer Lerngruppe und schafft entsprechende didaktisch-methodische Rahmenbedingungen, die kommunikative Teilhabe ermöglichen (Mußmann 2020, 66). Denn Interaktion und Kommunikation sind die grundlegenden Bedingungen von Bildung und Unterricht und benötigen gerade im Kontext von Beeinträchtigungen der Kommunikation und Kognition kompensatorische und unterstützende Mittel und Methoden, um Kinder und Jugendliche mit intellektueller Beeinträchtigung am Unterricht zu beteiligen (Terfloth & Bauersfeld 2019, 239).

- Im Handlungsfeld *Bildung* geht es mit Blick auf die kommunikative Teilhabe vor allem darum, sprachlich-kommunikative Bildungsangebote für alle Kinder der jeweiligen Lerngruppe zu gestalten und im Unterricht Rahmenbedingungen zu schaffen, die kommunikative Teilhabe ermöglichen und gemeinsame Interaktion und gemeinsames Lernen begünstigen (Mußmann 2020, 66).
- Während bei Bildung die Perspektive die gesamte Lerngruppe ist, geht es bei der *Förderung* darum, die individuellen Benachteiligungen *mit* dem Kind durch individuelle Unterstützung im Unterricht der Lerngruppe auszugleichen. Dies kann durch eine persönliche Assistenz, die Gestaltung und Nutzung individuell angepasster Unterrichtsmaterialien und -medien sowie unterschiedlicher alternativer sprachlich-kommunikativer Zugangs- und Ausdruckswege erfolgen (ebd., 67).

Im Zentrum steht immer eine unterrichtsimmanente Kommunikationsförderung. Diese setzt sich zusammen aus *kommunikationsorientierten Haltestellen*, an denen die jeweiligen Kommunikationsziele und kommunikativen Kompetenzen der Schülerinnen und Schüler bewusst adressiert werden, sowie den ebenso wertvollen *spontanen Kommunikationssituationen*, die ungeplant im Schulalltag genutzt werden können (Baunach 2020, 08.011.001 f.). Die Förderung kann während der Unterrichtszeiten durchgeführt werden, etwa durch Teamteaching, die Anwesenheit von Klassenassistenten oder spezielle Angebote wie eine sogenannte *Talkergruppe*.

Sonderpädagoginnen und Sonderpädagogen mit Expertise in Unterstützter Kommunikation können sowohl an Regelschulen als auch an Förderschulen tätig sein. In beiden Settings unterstützen sie die Planung und Durchführung von kommunikationsförderndem Unterricht, sei es durch

Zusammenarbeit mit anderen Lehrpersonen im Rahmen der Binnendifferenzierung oder durch die Gestaltung von Unterricht für Kleingruppen im Rahmen der äußeren Differenzierung (Braun & Baunach 2021, 153 f.).

4.1.3 Handlungsfeld individuelle Intervention/Therapie

Wenn wegen kommunikativer Beeinträchtigungen die Teilhabe am Unterricht trotz individualisierter Unterstützung und Anpassungen der Sozialform, der Medien und der Lehr-Lern-Interaktion zwischen Kind und Lehrperson nicht ausreichend ermöglicht werden kann, muss spezifisch und entwicklungslogisch *an* der individuellen Beeinträchtigung der Aktivität des Kindes gearbeitet werden. Ziel ist »die Überwindung einer unmittelbaren Behinderung an der Teilhabe an einem konkreten Unterrichtsgeschehen« (Mußmann 2020, 68). Die konkreten individualisierten Maßnahmen können im Unterrichtsgeschehen stattfinden. Dies setzt aber voraus, dass mindestens zwei Lehrpersonen oder Lehrperson und Therapeutin im Unterricht zusammenarbeiten (▶ Kap. 4.3.2) und bspw. offene Unterrichtsformen mit individueller Zuwendung zu den einzelnen Kindern ermöglichen (ebd.). Die Umsetzung der einzelnen Techniken, Formen und Mittel der UK können bei sinnvoller didaktischer Planung situativ oder planvoll in den Unterricht integriert werden, benötigen aber auch Einzel- oder Kleingruppensettings, in denen die Kommunikationsförderung und -unterstützung im Vordergrund steht, bspw. UK-Interventionen in Einzelförderung oder die Gestaltung und Etablierung von UK-Gruppen (Mischo & Thümmel 2024). Zentrale Grundlage, auch im Handlungsfeld der *individuellen Intervention*, ist, dass die Interventionen im schulischen Kontext immer die konkreten Unterrichtsinhalte der Lerngruppe berücksichtigen und in Verbindung mit den Zielen des Unterrichts stehen, auch wenn sie *exklusiv* in Einzel- oder Gruppensituationen stattfinden (Mußmann 2020, 69).

Es geht also grundsätzlich um die Verbindungsstrukturen von Unterricht mit spezifischen Interventionen, die zur Unterstützung von Kindern und Jugendlichen mit Kommunikationsbeeinträchtigungen notwendig sind. Diese Strukturen können organisational unterschiedlich eng mit dem Unterricht und den Unterrichtszielen verbunden sein und entweder (1) unterrichtsimmanent, (2) integriert, (3) additiv oder (4) isoliert erfolgen:

1. *Immanenz:* Wenn die UK-Intervention mit den Kindern und Jugendlichen immanent im Unterricht erfolgt, liegt die sprach- und kommunikationsfördernde Wirkung des Unterrichts im Unterrichtsgegenstand selbst.

Unterricht und Kommunikationsförderung haben gemeinsame Ziele und können für bestimmte Kinder eine therapeutische Relevanz haben. Für die gesamte Klasse stellen sie gleichzeitig lehrplanbasierte bzw. curriculare Inhalte und Ziele des Unterrichts dar (Baunach 2020, 08.006.001; Mußmann 2020, 71).
2. *Integration:* Bei integrierten Strukturen werden Ziele der Kommunikationsförderung und allgemeinbildende Maßnahmen und Methoden des Unterrichts miteinander verbunden, sodass es nach Möglichkeit gemeinsame Methoden, aber unterschiedliche Ziele sind. In der Unterrichtsorganisation werden unterschiedliche methodisch-didaktische Bausteine spezifischer Kommunikationsförderung entweder in das Unterrichtsgeschehen eingeplant oder situativ und bedarfsorientiert eingebracht (Mußmann 2020, 71).
3. *Addition:* Bei einer additiven UK-Förderung handelt es sich um die Organisationsform, die häufig in Schulen zu finden ist. Die Kommunikationsförderung findet im gleichen zeitlichen und räumlichen Rahmen statt und die Unterrichtsinhalte werden berücksichtigt. Eine direkte Kooperation zwischen der UK-Fachperson und den Lehrpersonen erfolgt jedoch nicht. Die Kinder werden für den Zeitraum der UK-Förderung aus dem Unterricht der Lerngruppe genommen (Pull-out-Modell; ebd. 70).
4. *Isolation:* Eine isolierte UK-Förderung entspricht der klassischen Sprachtherapie oder Logopädie. Hier entsprechen die Ziele und Inhalte nicht den Bildungs- und Unterrichtszielen (ebd.). Bei Therapien, die im Schulsystem verortet sind, kommt diese Form je nach Schulprogramm und Kooperation parallel zur additiven Struktur vor.

Oftmals sind auch Mischungen aus allen vier Strukturen innerhalb einer Schule zu finden.

4.2 Didaktische Modelle und Unterstützte Kommunikation

Unterstützte Kommunikation wird in den wenigen Veröffentlichungen zu UK und Unterricht als entscheidendes Instrument betrachtet, um die Teilhabe im Unterricht zu ermöglichen. Sie wird mit dem grundlegenden Recht auf soziale Integration und dem Recht auf Zugang zu Bildungsinhalten in heterogenen Lernumgebungen verbunden (u. a. ANUK 2020, 08.018.004). In dieser Hinsicht teilt die Unterstützte Kommunikation gemeinsame Ziele mit anderen Fachbereichen der Heil- und Sonderpädagogik.

In der einschlägigen Fachliteratur zur Unterstützten Kommunikation und Unterricht wird meist auf ein von Beukelman und Mirenda (2005) entwickeltes *Inklusionsmodell* verwiesen, das von ihnen mit dem methodischen Planungskonzept des *Universal Design for Learning (UDL)* verbunden wurde (vgl. hierzu auch im Kontext intellektuelle Beeinträchtigung Pitsch & Thümmel 2023, 189 ff.). Bezugnahmen auf didaktische Modelle sind kaum zu finden. Didaktische Modelle sind jedoch wichtig, um die Unterrichtsmethoden mit den Bildungszielen, bspw. aus Lehrplänen, zu verbinden und zu begründen. Die bekanntesten Modelle einer inklusiven Didaktik unter Berücksichtigung der unterschiedlichen Lernvoraussetzungen und der sozialkommunikativen Bedingtheit von Lernen sind die *Bildungstheoretische Didaktik* von Klafki (2007) und die *Entwicklungslogische Didaktik* von Feuser (u. a. Feuser 2013). Insbesondere die Entwicklungslogische Didaktik von Feuser bietet eine klare Entwicklungs- und Handlungsorientierung für die Unterrichtsgestaltung. Das macht sie zur Grundlage eines sprach- und kommunikationsförderlichen Unterrichts. Entlang der zentralen Modelle der Entwicklungslogischen Didaktik werden im Folgenden Prinzipien und Konzepte eines sprach- und kommunikationsförderlichen Unterrichts vorgestellt. Dabei stehen insbesondere (1) die Zone der nächsten Entwicklung, (2) die sogenannte *Gelenkte Partizipation* mit dem Konzept des Scaffolding und (3) die Analyse der Lernhandlung mit dem Modell von Galperin im Zentrum.

4.2.1 Zentrale Modelle der Entwicklungslogischen Didaktik

(1) Die Zone der nächsten Entwicklung

Die Zone der nächsten Entwicklung wird definiert als der Unterschied zwischen dem »aktuellen Entwicklungsniveau, das durch selbständig gelöste Aufgaben bestimmt wird, und dem Niveau, das das Kind beim Lösen von Aufgaben zwar nicht selbständig, aber in Zusammenarbeit erreicht« (Vygotskij 2002, 327). Das, was zuerst in der Zusammenarbeit mit einer kompetenteren Person (erwachsene Person, Peer) erreicht wird und damit in der Zone der nächsten Entwicklung liegt, wird in einem weiteren Schritt realisiert bzw. so internalisiert, dass es in die Zone der aktuellen Entwicklung übergeht. »Mit anderen Worten, was das Kind heute in der Zusammenarbeit leisten kann, wird es morgen selbständig können« (ebd., 331).

Diese Definition der Zone der nächsten Entwicklung wird innerhalb der Pädagogik und der Didaktik auch im Unterricht bei intellektueller Beeinträchtigung oft verwendet, um zu charakterisieren, dass der Unterricht einerseits am aktuellen Entwicklungs- und Wissenstand der Kinder ansetzen sollte, aber gleichzeitig Lernumgebungen und Aufgaben anbietet, die sozusagen eine Stufe über den aktuellen Kompetenzen der Kinder liegen. Oftmals werden für das Verhältnis Stufen- oder Phasenmodelle herangezogen. Feuser (u. a. 2013) bspw. verwendet das tätigkeitstheoretische Modell von Leontjew. Aber auch andere Modelle wie die auf Piagets Arbeiten beruhenden Aneignungsebenen oder Repräsentationsniveaus der kognitiven Entwicklung von Bruner werden für die Konkretisierung der Zone der nächsten Entwicklung genutzt (u. a. Terfloth & Bauersfeld 2019, 108).

Wenn wir aber versuchen den Entwicklungsstand des Kindes innerhalb von Stufenmodellen zu definieren und es im Anschluss pädagogisch auf die nächste Stufe »heben« wollen, können wesentliche Implikationen des Konzeptes verloren gehen. Denn zum einen geht es gemäß Vygotskij (2002) in der Zone der nächsten Entwicklung *um das Lösen von Aufgaben* (d. h. auch ganz konkrete Fragestellungen) bzw. Problemlösekompetenzen. Im Mittelpunkt steht also weniger eine Feststellung einer Entwicklungsstufe in einem bestimmten Bereich, sondern vielmehr eine zukunftsgerichtete Bestimmung der Problemlösekompetenzen. Diese umfassen nicht nur den Strategiewechsel oder den Kompetenzaufbau innerhalb von Stufenmodellen, sondern auch die Lösung von konkreten Aufgaben, wie bspw. eine Aussage mit einer externen Kommunikationshilfe zusammenzustellen und hierfür an den richtigen Stellen im Kommunikationsordner oder des Sprachausgabegerätes die entsprechenden Wörter zu finden. Insgesamt sind der Prozess und dessen Beobachtung wichtiger als das Ergebnis bzw. die richtige oder falsche Lösung. In der Konsequenz führt dies auch zu einer anderen Sichtweise auf die Kompetenzen von Kindern (Miller 2000, 349).

Mit Blick auf die unterschiedlichen Möglichkeiten und Fortschritte präzisiert bereits Vygotskij (2002) auf der Grundlage von Untersuchungen, dass die Zone der nächsten Entwicklung nicht bei jedem Kind gleich groß ist. Auch wenn ein Kind in Kooperation mit anderen mehr leisten kann als allein, kann es dies »nicht unendlich mehr, sondern nur in gewissen Grenzen, die eben durch seinen Entwicklungsstand und seine intellektuellen Möglichkeiten gezogen werden« (ebd., 328). So lösen Kinder in der Kooperation nicht alle Aufgaben, die allein ungelöst geblieben sind. Aufgaben, die näher an der aktuellen Zone der Entwicklung liegen, werden leichter gemeinsam bearbeitet. Je weiter die Aufgaben von der Zone der aktuellen Entwicklung entfernt sind, umso schwerer werden sie auch in der Kooperation gelöst, bis sie auch gemeinsam nicht mehr gelöst werden können (ebd., 329). Es gibt also eine Grenze der Zone der nächsten Entwicklung, die für verschiedene Kinder unterschiedlich ist: So kann ein Kind seine Tätigkeiten so weit ausdifferenzieren, dass in der Kooperation ein Strategiewechsel möglich wird. Ein anderes Kind hingegen wiederholt die Tätigkeiten immer wieder und kann sich auch in Kooperation nur schwer auf eine Ausdifferenzierung einlassen:

> »Die größere oder geringere Möglichkeit des Kindes, von dem, was es selbständig kann, zu dem überzugehen, was es in Zusammenarbeit kann, erweist sich als das sensibelste Symptom, um die Entwicklungsdynamik und den Lernerfolg eines Kindes zu kennzeichnen. Diese Möglichkeit des Kindes ist mit seiner Zone der nächsten Entwicklung identisch« (Vygotskij 2002, 329).

Ausgehend von den Möglichkeiten des Kindes ist es wichtig, dass die Aufgabe oder die Lernumgebung bildlich gesprochen knapp über der Zone der aktuellen Entwicklung ansetzt und gleichzeitig berücksichtigt, dass bei einigen Kindern die Zone der nächsten Entwicklung sehr weit ist und sie in der Kooperation schnelle Lernfortschritte machen und andere Kinder eine sehr enge Zone der nächsten Entwicklung haben, in der die Lernfortschritte langsam und in kleinen Schritten erfolgen. Dies erfordert unterschiedliche Unterstützung innerhalb der Kooperation bei Kindern und Jugendlichen mit intellektueller (und komplexer) Beeinträchtigung, was im Konzept der Gelenkten Partizipation berücksichtigt wird.

(2)   Gelenkte Partizipation und Scaffolding

Gelenkte Partizipation beschreibt die Unterstützungsmöglichkeiten, die einem Kind dabei helfen sich durch das gemeinsame Problemlösen zu entwickeln und zu lernen. Sie ist dabei nicht nur beschränkt auf die dyadische Interaktion (bspw. zwischen Mutter und Kind), die meist im Zentrum der Entwicklungstheorie und -forschung steht. Vielmehr bietet die Gelenkte Partizipation einen Fokus auf das gesamte soziale Beziehungssystem aus situativ anwesenden und abwesenden Personen, Gruppen und Institutionen und damit auf konkrete Entwicklungsschritte und Lernerfolge, die nicht anhand idealer bzw. definierter Meilensteine der Entwicklung beschrieben werden können. Im Verlauf der Entwicklung verändern sich der Umfang und die Qualität der Unterstützung mit dem Erwerb neuer Kompetenzen des Kindes. Was zu einem bestimmten Zeitpunkt eine optimale Förderung darstellt, hängt von den bisherigen Entwicklungsleistungen des einzelnen Kindes ab (Soto & von Tetzchner 2003, 289).

Diese Form der Unterstützung wird auch als Scaffolding (Gerüstbau) bezeichnet, da im übertragenen Sinne ein Gerüst gebaut wird, das sich an den aktuellen Kompetenzen orientiert und Sicherheit gibt (siehe hierzu auch Infokasten in ▶ Kap. 2.2.6). Dieses kann von der Steuerung der Aufmerksamkeit des Kindes über Hinweise, Leitfragen und Stichworte bis zum Aufbau von Modellen und Diskussionen reichen. So wird dem Kind ermöglicht, sich in der Zone der nächsten Entwicklung zu bewegen und neue Kompetenzen aufzubauen (Miller 2000, 348). Lernen und eine Vielzahl innerer Entwicklungsprozesse entstehen in der Beschäftigung mit Aufgaben, an denen Erwachsene oder kompetentere Peers beteiligt sind. Jede Erklärung oder jeder Hinweis, die das Gerüst bauen, ergeben sich aus der gemeinsamen Tätigkeit und nicht als Teil einer gezielten Instruktion. Sie müssen nicht verbal sein, sondern können auch nonverbal durch Zeichen und Gesten erfolgen (Soto & von Tetzchner 2003, 289).

Aufbauend auf dem Tätigkeitsbegriff, der in der Gelenkten Partizipation auf der Seite der Bezugspersonen präzisiert wird, kann davon ausgegangen werden, dass das Gerüst nicht allein durch die kompetentere Person *gebaut* wird, sondern dieses durch die Kinder ebenso *mitgestaltet* wird. Sie beteiligen sich aktiv, indem sie durch ihre Motivation, gemeinsam zu lernen, die anderen auffordern, sich zu beteiligen. Zudem beginnen sie schrittweise mehr Verantwortung für die eigenen Lernschritte zu übernehmen (Miller 2000, 351).

»Dies impliziert, dass die Kommunikationspartner [und -partnerinnen] eines Kindes über ein angemessenes Verständnis seiner Kompetenzen und zumindest ein implizites Verständnis der Art von Anpassungen verfügen müssen, die die Kommunikation und Sprachentwicklung des Kindes fördern können. Körperliche und soziale Führung und Anpassungen, die den Erwerb alternativer Sprachformen unterstützen, ermöglichen echte kommunikative Ko-Konstruktionen innerhalb der besonderen Zone der nächsten Entwicklung des Kindes im Bereich Kommunikation und Sprache« (Soto & von Tetzchner 2003, 290; Übers. K. L.).

(3) Lernhandlung als Aneignung des Gegenstandes

Die Zone der nächsten Entwicklung (siehe 1) und die Gelenkte Partizipation (siehe 2) sind Grundlagen für die Lernhandlungen in der *Kooperation am gemeinsamen Gegenstand* und werden von Feuser mit dem sogenannten *Interiorisationsmodell* (Verinnerlichungs- oder Aneignungsmodell) von Galperin konkretisiert. Das Modell ermöglicht eine strukturierte Planung, Analyse und Reflexion von Lehr-Lern-Prozessen. Grundlegend geht es darum, wie Lernende durch Kooperation miteinander und mit dem Lernstoff innere Konzepte entwickeln, die ein höheres Niveau an Wahrnehmung, Denken und Handeln ermöglichen, und wie sie dabei lernen. Galperin hat hierzu auf Basis von Unterrichtsbeobachtungen ein Modell mit drei Bereichen entwickelt:

1. Im ersten Bereich geht es um *Motivation und Orientierung*, die am Anfang der Lernhandlung stehen.
2. Im zweiten Bereich wird durch die *Parameter einer Lernhandlung* beschrieben, was vom Gegenstand erfasst wurde.
3. Im dritten Bereich werden die *Etappen der Aneignung eines Lerngegenstandes* beschrieben.

Diese Bereiche sind nicht strikt voneinander abgegrenzt, sondern bieten verschiedene Perspektiven auf den Lehr-Lern-Prozess:

- *Motivation und Orientierung* (1) gehen jeder Lernhandlung voraus. In der Tätigkeitstheorie entsteht *Motivation*, wenn persönlicher Sinn und soziale Bedeutung zusammenkommen. Anders ausgedrückt: Wenn etwas sozial Bedeutsames auf den persönlichen Sinnhorizont trifft, entsteht Motivation. Denn erst, wenn etwas für uns persönlich wichtig und gleichzeitig in unserer Umgebung relevant ist, sind wir motiviert, uns damit zu beschäftigen. Wenn beispielsweise ein Kind keine oder kaum Erfahrung mit Symbolen und Schrift und deren Bedeutung im Alltag hat, dann hat ein Unterricht, der bspw. Schriftspracherwerb mit Buchstabenlernen gleichsetzt, keine Passung zum Sinnhorizont des Kindes und es wird kein Interesse und ggf. Schwierigkeiten beim Erlernen der Buchstaben haben. Erst wenn die soziale Bedeutung der Schriftkultur vermittelt wird, entsteht Motivation und Interesse an der Welt der Buchstaben (▶ Kap. 4.4). *Orientierung* beinhaltet eine vorläufige Vorstellung vom Handlungsablauf. Gleichzeitig verbinden sich in der Orientierung das Lehren mit dem Lernen. Dies wird insbesondere an den drei Formen, die Galperin für den Aufbau der Vorstellung unterscheidet, deutlich (Siebert & Rodina 2013, 231):
  - *Versuch und Irrtum:* Die Lehrperson zeigt eine Handlung, ohne weitere Anweisungen zu geben. Das kann dazu führen, dass Schülerinnen und Schüler später Schwierigkeiten haben, das Gelernte auf andere Bereiche zu übertragen.
  - *Nachahmung:* Die Lehrperson gibt Hinweise während der Handlung, was es den Schülern und Schülerinnen ermöglicht, das Gelernte auf ähnliche Aufgaben zu übertragen.

- *prinzipielles Arbeiten:* Hier werden grundlegende Prinzipien und Regeln erklärt und Bezüge zu anderen Bereichen hergestellt. Das befähigt die Schülerinnen und Schüler, das Gelernte auf neue Situationen anzuwenden (Ling 2013, 14).
- Die *Parameter einer Lernhandlung* (2) beschreiben, *was* bereits vom Lerngegenstand erfasst wurde. Hier unterscheidet Galperin vier Ebenen:
  - die Entfaltung, in der das Kind erkennt, dass es mehrere Zugriffsweisen auf einen Gegenstand oder unterschiedliche Bereiche des Gegenstandes gibt
  - die Verallgemeinerung, in der das grundlegende Prinzip bzw. Grundschema des Gegenstandes verstanden wird und das Schema auf andere, ähnliche Aufgaben übertragen werden kann
  - die Beherrschung, bei der innerhalb des Grundschemas flexibel mit den Zugriffsweisen und Bereichen umgegangen wird
  - die Verkürzung (Generalisierung), in der die Bereiche und Zugriffsweisen nicht mehr bewusst verstanden oder ausgeführt werden und zum Teil auch übersprungen werden (z.B. die motorische Automatisierung bei der Zusammenstellung einer Aussage auf einem Sprachausgabegerät) (ebd., 15)
- *Etappen oder Phasen der Aneignung* eines Lerngegenstandes (3): Diese reichen von der materiellen Handlung über Materialisation und lautsprachliche Begleitung bis zur inneren Sprache und Denkhandlungen. Im Kern geht es dabei um die Frage, *wie* die Aneignung bzw. die Verinnerlichung (Interiorisation) der Parameter eines Lerngegenstandes erfolgt – als Aneignungsformen können u.a. genannt werden:
  - die materielle Handlung, in der konkret und mit allen Sinnen gehandelt wird
  - die Materialisation, in der es von der Dreidimensionalität der Gegenstände in die Zweidimensionalität von Zeichnungen und Symbolen geht und in der mit Visualisierungen und Symbolen gehandelt wird
  - die lautsprachliche Begleitung, in der sich Kinder die Handlungsschritte oft selbst vorsagen oder durch die lautsprachliche Begleitung von Bezugspersonen unterstützt werden. Bei der lautsprachlichen Begleitung werden sprachliche Anweisungen nur verstanden, wenn sie direkt während der Handlung stattfinden.
  - die Trennung von Handlung und Sprache. Dieser Schritt ermöglicht, dass Anweisungen verstanden oder gegeben werden können, bevor die Lernhandlung ausgeführt wird.
  - die innere Sprache, mit der Kinder sich selbst gedanklich in ganzen Sätzen begleiten können, um sich Handlungsverläufe zu verdeutlichen

4.2 Didaktische Modelle und Unterstützte Kommunikation

- Denkhandlungen, die der letzte Schritt der Etappen einer Lernhandlung und als verkürzte innere Sprache oder als das Denken in Assoziationen zu verstehen sind. Sie sind eng mit der Verkürzung der Parameter bzw. mit der Automatisierung verbunden (ebd.).

Diese Etappen sind nur bedingt als aufeinanderfolgende Stufen zu sehen. Es sind vielmehr unterschiedliche Problemlösestrategien, die flexibel eingesetzt werden können, wenn wir auf ein (Lern-)Problem stoßen, wie folgendes Beispiel verdeutlicht.

Praxis
Problemlösestrategien
Marie-Florence möchte ihre Lehrerin fragen, wie lange es noch dauert, bis Ferien sind. Sie navigiert über »Alle Listen« zu »Fragen«. Dort findet sie die Frage »Wie lange?« nicht und wählt stattdessen WANN. Nun sucht sie nach dem Wort »Ferien«. Sie geht einen Schritt zurück auf »Alle Wortlisten« und wählt »Hobbys & Freizeit«. Dort findet sie das Symbol, das sie für Ferien kennt, und wählt es aus, ausgesprochen wird allerdings FAULENZEN. Sie blickt fragend zur Lehrerin. Diese versteht, was Marie-Florence sagen möchte, und fordert sie auf, das Wort über einen anderen Weg zu suchen. Marie-Florence geht wieder zurück auf »Alle Wortlisten«. Sie hält kurz inne und sieht sich die einzelnen Kategorien an. Sie schaut die Lehrerin wieder fragend an. Beide beugen sich über den Talker und die Lehrperson bittet Marie-Florence, einmal bei »Schule« zu schauen. Auch dort findet sich das Wort Ferien nicht. Die Lehrerin ist ebenfalls ratlos und fragt, ob sie das Wort über die Suchfunktion suchen sollen. Marie-Florence stimmt zu. Marie-Florence tippt F und lässt sich den Rest des Wortes von der Lehrerin diktieren. So finden sie das Wort über »Themen → Kalender → Ferien«.
Anwendung auf die Etappen und Parameter einer Handlung sowie die Gelenkte Partizipation:

- Bis zur Aussprache FAULENZEN gelingen Marie-Florence Denkhandlungen, ggf. muss sie beim Wechsel auf Etappen der inneren Sprache zugreifen. Das deutet darauf hin, dass sie eine weitgehende Generalisierung der Vokabelstruktur ihres Sprachausgabegerätes hat.
- Ab FAULENZEN wird deutlich, dass die Lehrperson durch die Gelenkte Partizipation unterstützt. Dabei wird deutlich, dass Marie-Florence die Struktur beherrscht und nahezu selbstständig sozusagen Wege innerhalb der Struktur gehen kann. Mit Unterstützung der Lehrperson ge-

4 UK in Schule und (inklusivem) Unterricht

> winnt Marie-Florence eine weitere Problemlösestrategie hinzu: die Schriftsprache, um innerhalb der Struktur wiederum zwischen unterschiedlichen Ebenen zu wechseln.

Das Modell von Galperin kann prinzipiell auf verschiedene Lehr-Lern-Prozesse und Lerngegenstände angewendet werden und bietet dadurch eine Struktur für eine *unterrichtsimmanente Diagnostik*. So kann man in gemeinsamen Situationen und/oder Lernstandsgesprächen sowie Tätigkeiten von Schülerinnen und Schülern erkennen, was schon vom Gegenstand verstanden wurde (Parameter) oder an welchem Handlungsschritt Schwierigkeiten entstehen und Unterstützung benötigt wird (Etappen). Zudem können die eigenen Lehrprozesse und die methodisch-didaktische Unterrichtsgestaltung entlang der »Motivation und Orientierung« reflektiert werden. Da die Elemente des Modells unterschiedliche Perspektiven auf den Unterricht und das Lernen darstellen, kann je nach Erkenntnisinteresse der Schwerpunkt entweder auf den Etappen oder den Parametern liegen (Ling 2013, 16).

4.2.2 Universal Design for Learning (UDL)

Während mit dem Modell von Galperin die Analyse und Reflexion von Lehr- und Lernprozessen sowie eine Sachanalyse der Lerngegenstände ermöglicht wird, bietet sich für eine Konkretisierung auf der didaktisch-methodischen Ebene das *Universal Design for Learning (UDL)* an.

> **Exkurs**
> **Universal Design for Learning (UDL) – Entwicklungen**
> Bereits 1984 wurde von einer Forschungsgruppe um Anne Mayer und David Rose in Wakefield bei Boston das Center for Applied Special Technology (CAST) gegründet, mit dem Ziel, die Möglichkeiten moderner Computertechnologie für Kinder und Jugendliche mit intellektueller Beeinträchtigung zu nutzen. In den frühen 1990er Jahren erfolgte eine entscheidende Umorientierung von individuellen Anpassungen (digitaler) Lehrmittel mit Fokus auf die Zugangsbarrieren der Kinder und Jugendlichen, in dem sich die Forschungsgruppe stärker auf die Barrieren in den Schulen und damit die Gelegenheitsbarrieren konzentrierten (Partizipationsmodell; ▶ Kap. 3.1.2). Dieser Perspektivenwechsel führte zur Entwicklung des Konzepts des Universal Designs for Learning (UDL).

UDL integriert Erkenntnisse aus den Neurowissenschaften und der Bildungsforschung und konzentriert sich auf die Möglichkeiten digitaler Technologien für die Gestaltung von Lernumgebungen, die von Anfang an verschiedene Optionen und Zugänge für individuelle Lernbedürfnisse bieten. Im Kern beruht das Konzept des UDL auf drei zentralen Prinzipien, die möglichst verschiedene und vielfältige Optionen und Zugriffsweisen für den Lerngegenstand beinhalten (Wember & Melle 2018, 67 f.) Alle drei Prinzipien können in der Grunddefinition mit den Bereichen des Modells von Galperin verbunden werden und konkretisieren diese methodisch-didaktisch. Das Prinzip *Unterstützung des Lernengagements* entspricht der *Motivation und Orientierung*, die *Unterstützung der Information* den *Parametern* einer Lernhandlung und das Prinzip der *Unterstützung der Handlungs- und Ausdrucksmöglichkeiten* den *Etappen* der Lernhandlung:

1. *Unterstützung des Lernengagements (Warum des Lernens):* Um die Motivation, das Lerninteresse und das sozial-emotionale Lernen zu fördern, sollten Schülerinnen und Schüler verschiedene Möglichkeiten zur Kommunikation und aktiven Teilnahme an Lernaktivitäten erhalten. Insbesondere für Kinder und Jugendliche mit komplexer und intellektueller Beeinträchtigung ist es zentral, klare Routinen zu etablieren und neue und spontane Aktivitäten zu strukturieren, da solche Aktivitäten für einige sicherlich interessant sind und die Lernmotivation erhöhen. Viele Kinder bevorzugen hingegen eine klare Routine und empfinden spontane Aktivitäten eher als irritierend oder sogar abschreckend (überfordernd). Zudem eignet sich für viele Kinder, insbesondere solche mit Autismus-Spektrum-Störungen (ASS), eher die Einzelarbeit ggf. mit Scaffolding durch eine Assistenzperson zur Aneignung eines Lerngegenstands, obwohl grundsätzlich das gemeinsame Lernen in der Kooperation am gemeinsamen Gegenstand im Zentrum der unterrichtsimmanenten Kommunikationsförderung steht. Insgesamt ist es entscheidend, vielfältige methodisch-didaktische Ansätze zur Unterstützung der Motivation und der kommunikativen Teilhabe anzubieten.
2. *Unterstützung der Information (Was des Lernens):* Lernende benötigen flexible und unterschiedliche Lernzugänge. Dafür sollten vielfältige Darstellungs- und Zugangsweisen angeboten werden, die bereits in den vorangegangenen Kapiteln (u.a. ▶ Kap. 2.3; ▶ Kap. 2.7) vorgestellt wurden. Unterschiede in der kommunikativen und kognitiven Entwicklung oder in der Wahrnehmung (auch bei Sinnesbeeinträchtigungen) erfordern unterschiedliche und angepasste Herangehensweisen, bspw. visuelle Anpassungen von Piktogrammen bis zur Schrift. Akustische Möglichkeiten oder der Einsatz

von Gegenständen oder eine Kombination aus unterschiedlichen Zugängen können effizienter sein, als nur einen Zugang für das Kind anzubieten. Zudem helfen verschiedene Darstellungsformen allen Schülerinnen und Schülern, die Prinzipien und Verbindungen in den Lerninhalten zu erkennen (ebd.).
3. *Unterstützung der Handlungs- und Ausdrucksmöglichkeiten (Wie des Lernens)*: Unterschiedliche Kinder und Jugendliche benötigen verschiedene Möglichkeiten, um zu handeln und um sich auszudrücken. Einschränkungen im körperlich-motorischen Bereich, Beeinträchtigungen der kommunikativen und intellektuellen Entwicklung, aber auch Probleme in strategischen und organisatorischen Fähigkeiten (exekutive Funktionen) verlangen unterschiedliche Ansätze. Es ist wichtig, vielfältige Optionen in der Strukturierung des kommunikativen Ausdrucks anzubieten, um den individuellen Bedürfnissen aller Lernenden gerecht zu werden (ebd.).

In einem zweiten Schritt der Entwicklung des UDL wurden diese Prinzipien mit den Bereichen des Lernprozesses verbunden und insgesamt neun Richtlinien formuliert, die durch sogenannte Checkpoints weiter konkretisiert werden. Sowohl die Richtlinien als auch die Checkpoints beruhen auf empirischen Befunden der Lehr- und Lernforschung und sind zentral für die Berücksichtigung der Heterogenität der jeweiligen Lerngruppen. Mit den Prinzipien und den Bereichen wurde eine übersichtliche Planungsmatrix (► Tab. 4.2) entwickelt, die horizontal und vertikal gegliedert ist. Vertikal, in den Spalten, sind die Leitlinien nach den drei Prinzipien der UDL eingeordnet: Unterstützung des Lernarrangements, der Information und der Handlungs- und Ausdrucksmöglichkeiten bzw. der Informationsverarbeitung und Darstellung der Lernergebnisse (CAST 2021, 5).

Die horizontale Gliederung in den Zeilen erfolgt entlang der Bereiche des Lernprozesses:

- Die Zeile *Zugang* enthält die Leitlinien, die den Zugang zum Lerngegenstand und -ziel verbessern können, indem Interesse geweckt wird, unterschiedliche Optionen für die Wahrnehmung angeboten und verschiedene physische Aktionen mit dem Lerngegenstand und in der Darstellung der Lernergebnisse ermöglicht werden.
- Die Zeile *Aufbau/Entwicklung* beinhaltet die Leitlinien, die den Aufbau bzw. die Entwicklung der Fähigkeiten für den Lernprozess unterstützen. Sie umfassen Anstrengung und Ausdauer, Nutzung von Sprache und Symbolen sowie Fähigkeiten zum Ausdruck und Kommunikation über den Lernprozess.

- Der Zeile *Verinnerlichung* sind die Leitlinien zugeordnet, die die Aneignung des Lerngegenstandes unterstützen, durch Selbstregulierung, Aufbau von Wissen und Vertiefung des Verständnisses und exekutive Funktionen wie bspw. Handlungsplanung (CAST 2020).

Die Richtlinien können Lehrpersonen helfen bereits bei der Planung, Methoden der Differenzierung und Individualisierung des Unterrichts zu identifizieren, die sich als effektiv bei der Reduzierung von Barrieren im Unterricht erwiesen haben. Dabei geht es nicht darum, alle Leitlinien und Checkpoints zu beachten, sondern die Matrix als Orientierungsrahmen zu nutzen und je nach Zusammensetzung der Gruppe, der jeweils individuellen Voraussetzungen und des Unterrichtsthemas eine Auswahl zu treffen und Schwerpunkte zu setzen. Durch die Berücksichtigung ausgewählter Richtlinien und Checkpoints können unterschiedliche Wahlmöglichkeiten geschaffen werden, die Lernenden können selbst und ggf. unterstützt durch Scaffolding bzw. die Gelenkte Partizipation unter mehreren Zugängen zu Lerninhalten, Materialien und Methoden auswählen. Solche Wahlmöglichkeiten öffnen allen Lernenden die Möglichkeit der aktiven Teilhabe am Lerngegenstand und im Unterricht und fördern das Erleben von Gemeinschaft und Lernerfolg. Sie sind geeignet, Lernbarrieren abzubauen, und zwar unabhängig davon, ob bei Kindern ein sonderpädagogischer Förderbedarf festgestellt wurde oder nicht, und unabhängig davon, ob unterstützt kommunizierende Kinder, Kinder mit intellektueller Beeinträchtigung oder Kinder mit Migrationshintergrund in der Lerngruppe arbeiten (Wember & Melle 2018, 70).

Konkret ausgedrückt liegt der Fokus bei der UDL-Matrix darauf, dass alle Schülerinnen und Schüler von Anfang an in den Unterricht einbezogen werden und nicht erst nach der Planung des Unterrichtsthemas oder der Unterrichtsreihe überprüft wird, was bspw. das unterstützt kommunizierende Kind im Unterricht beitragen oder sich erarbeiten kann (Bollmeyer & Hüning-Meier 2020, 08.018.026). Bevor die konkrete Methodik mit UK im Unterricht vorgestellt wird, werden im Folgenden die Lernbarrieren von unterstützt kommunizierenden Schülerinnen und Schülern beschrieben, da es hilfreich ist, die Hindernisse für die kommunikative Teilhabe genauer zu bestimmen, um Barrieren im Unterricht zu reduzieren.

Tab. 4.2: Prinzipien, Richtlinien und Checkpoints für UDL (vgl. https://udlguidelines.cast.org/ sowie Wember & Melle 2018, 68) (eigene Darstellung)

Prinzipien		
Biete multiple Möglichkeiten der Förderung von *Lernengagement*	Biete multiple Mittel der Repräsentation von *Informationen*	Biete multiple Mittel für die *Informationsverarbeitung* und die Darstellung der *Lernergebnisse*
Das *Warum* des Lernens	Das *Was* des Lernens	Das *Wie* des Lernens
Zugang		
1	2	3
Mache verschiedene Angebote, um **Lerninteresse** zu wecken. • Wahlmöglichkeiten und Autonomie • relevante, bedeutsame und authentische Aufgaben • Vermeidung von Ablenkung, Schaffung eines »sicheren« Raumes	Biete Wahlmöglichkeiten bei der **Perzeption.** • Anpassung der Darstellung von Informationen • Alternativen für auditive Informationen • Alternativen für visuelle Informationen	Ermögliche unterschiedliche **motorische Handlungen.** • Variationen zur Steuerung von Lernmaterialien und Erstellung von Antworten • optimaler Zugang zu Lernhilfen und assistiven, technischen Hilfsmitteln
Aufbau/Entwicklung		
4	5	6
Biete Optionen für die Aufrechterhaltung von **Anstrengung und Ausdauer.** • Transparenz, Bedeutsamkeit der Lehr- und Lernziele • unterschiedliche Aufgaben-niveaus und optimierte, individuelle Herausforderung • Förderung der Zusammenarbeit und Gemeinschaft • formative Lernrückmeldungen mit Bezug auf die Lernzielerreichung	Biete Wahlmöglichkeiten für **Sprache und Symbole.** • Hilfestellung zum Erkennen von Syntax und Textaufbau • Hilfestellung beim Lesen geschriebener Texte u./o. mathematischer Formeln und Symbolen • Möglichkeiten anbieten, Kenntnisse in anderen Sprachen zu nutzen • Möglichkeiten der nichtsprachlichen Illustration von Schlüsselbegriffen	Biete verschiedene Optionen für **Ausdruck & Kommunikation.** • Verschiedene Arten der Kommunikation • Verwendung mehrerer Werkzeuge/Materialien für Konstruktion und Komposition von Lernprozessen verwenden, bspw. Text-to-speech/Speech-to-text-Apps o. a. • Fähigkeiten/Geläufigkeit im Lernprozess mit abgestufter Unterstützung (Scaffolding) ermöglichen, bspw. Modelle zur Nachahmung, Tutoring

Tab. 4.2: Prinzipien, Richtlinien und Checkpoints für UDL (vgl. https://udlguidelines.cast.org/ sowie Wember & Melle 2018, 68) (eigene Darstellung) – Fortsetzung

Prinzipien		
Biete multiple Möglichkeiten der Förderung von *Lernengagement*	**Biete multiple Mittel der Repräsentation von *Informationen***	**Biete multiple Mittel für die *Informationsverarbeitung* und die Darstellung der *Lernergebnisse***
Das *Warum* des Lernens	Das *Was* des Lernens	Das *Wie* des Lernens
Verinnerlichung		
7	8	9
Biete Möglichkeiten und Unterstützung für **selbstregulierendes Lernen**. • Erwartungen und Überzeugungen, welche Motivation fördern • individuelle Bewältigungs-fähigkeiten und Bewältigungsstrategien • Möglichkeiten zur eigenständigen Lernerfolgsmessung und zur reflexiven Beurteilung des eigenen Lernerfolgs	Biete Wahlmöglichkeiten für das **Verständnis**. • Möglichkeiten der Aktivierung, Erarbeitung von Hintergrundinformationen • Hilfen zum Hervorheben wichtiger Information, Leitideen oder Beziehungen • Hilfe, welche die systematische Informationsverarbeitung unterstützt • Hilfen, welche das Behalten und den Transfer unterstützen	Biete Wahlmöglichkeiten zu Unterstützung der **exekutiven Funktionen**. • Entwicklung einer angemessenen Zielsetzung (Initiierung Unterstützung) • Förderung geplanten, strategischen Arbeitens • geordneten Umgang mit Informationen und Ressourcen erleichtern • Möglichkeiten zur Selbstevaluation und Förderung dieser Kompetenz (Hilfe, formatives Feedback)
Ziele		
Lernexperten, die **zielstrebig und motiviert** sind.	Lernexperten, die **einfallsreich und sachkundig** sind.	Lernexperten, die **strategisch, zielführend** handeln.

4.2.3 Sprachliche und kommunikative Barrieren

Wie bereits im Forschungsüberblick zur Schülerschaft im sonderpädagogischen Schwerpunkt Geistige Entwicklung beschrieben (▶ Kap. 2.7) kommunizieren ca. 75 % der Schülerinnen und Schüler lautsprachlich. Trotz der Möglichkeit der Mehrfachnennungen kann davon ausgegangen werden, dass ca. die Hälfte dieser Schülerinnen und Schüler nicht altersgemäß, insbesondere in Ein- oder Zweiwortsätzen, kommuniziert. Zudem haben in beiden Studien ca. 30 % so starke Artikulationsstörungen, dass sie von Fremden nicht verstanden werden (Baumann 2021, 94). Nach dem funktionalen Ansatz der UK würden diese Gruppen mit kaum verständlicher oder nicht altersgemäßer Lautsprache von UK als Unterstützung zum Spracherwerb und zur Verbesserung ihrer Kommunikation profitieren. Die 20 % der nicht (verständlich) lautsprachlich kommunizierenden Schülerinnen und Schüler benötigen UK als Ersatz der Lautsprache oder als Ausdrucksmittel (▶ Kap. 2.3.1).

Es kann also davon ausgegangen werden, dass bei ungefähr 80 % der Schülerinnen und Schüler mit intellektueller Beeinträchtigung Zugangsbarrieren in der Sprache und Kommunikation bestehen. Das beeinflusst insgesamt die Unterrichtsgestaltung und macht parallel einen Blick auf die Gelegenheitsbarrieren erforderlich, sodass diese in der konkreten Planung berücksichtigt werden können. Denn mit dem Partizipationsmodell und den Richtlinien der UDL wird deutlich, dass sprachliche Barrieren aus der Wechselwirkung zwischen individuellen Kompetenzen bzw. Zugängen und gesellschaftlichen sprachlich-kommunikativen Erwartungen entstehen.

Die Aufgabe des Unterrichts, insbesondere im SGE, besteht darin, Interaktion anzubahnen und aufrechtzuerhalten, um die kommunikativen Fähigkeiten der Schülerinnen und Schüler zu erweitern. Dafür ist es entscheidend, dass Lehrpersonen über fundiertes Wissen über Kommunikationszusammenhänge verfügen, da eine kommunikative Isolation im Unterricht zu einem weiteren Ausschluss von sozialen Interaktionen und damit zu Be-hinderung von Lernen und Entwicklung führen kann (Terfloth & Bauersfeld 2019, 236). Bei nicht (verständlich) lautsprachlich kommunizierenden Kindern können zum einen veränderte oder kaum wahrnehmbare Ausdrucksmöglichkeiten zu Missverständnissen führen. Zum anderen verlangsamt und verzögert sich die Interaktion bei der Nutzung von externen Kommunikationsmitteln. Beides erschwert die Interaktionen im Unterricht und führt zu weniger Kommunikations- und Lerngelegenheiten (ebd., 243 f.).

Zeitliche Verlangsamung der Interaktionen

Gerade die Verzögerung einer Antwort bei der Nutzung einer externen Kommunikationshilfe kann bis zu mehrere Minuten dauern. Die lautsprachlich kommunizierenden Kommunikationspartnerinnen und -partner fühlen sich dann häufig verpflichtet, die Verantwortung für die Fortführung des Gesprächs zu übernehmen. Um unnatürliche Pausen zu vermeiden, sind sie daran interessiert, möglichst schnell wieder selbst zu sprechen. Zudem ist es häufig der Fall, dass die Lücken im Gesprächsfluss durch zusätzliche Fragen gefüllt werden. Solches Verhalten kann dazu führen, dass unterstützt Kommunizierende unsicher werden, auf welche Frage sie antworten sollen, oder dass eine begonnene Antwort überflüssig wird (Wachsmuth 2020b, 104).

> **Praxis**
> **Fallbeispiel**
> *Lehrerin:* »Was hast du am Wochenende gemacht?«
> *Marie-Florence* beginnt eine Antwort auf ihrer elektronischen Kommunikationshilfe zu formulieren.
> *Lehrerin:* »Warst du mit deiner Familie im Museum?«
> *Marie-Florence* blickt die Lehrerin kurz an und widmet sich dann wieder der elektronischen Kommunikationshilfe.
> *Lehrerin:* »Ah, dann habt ihr was anderes gemacht? Wart ihr bei dem schönen Wetter im Freibad?«
> *Marie-Florence* schüttelt den Kopf und formuliert auf der Kommunikationshilfe weiter.
> *Lehrerin* wendet sich an Mesut »Und Mesut, was habt ihr am Wochenende gemacht?«
> *Mesut* hat sich schon vorbereitetet und drückt auf seine Kommunikationshilfe: »RAMADAN« – und strahlt die Lehrerin an.
> *Marie-Florence* bricht ihren Formulierungsversuch ab und drückt: »SUPER!«

Das Beispiel verdeutlicht, wie entscheidend es für unterstützt Kommunizierende ist, dass ihre Kommunikationspartnerinnen und -partner ihnen die notwendige Zeit geben, ihre Äußerungen zu formulieren, und geduldig auf eine Antwort warten. Häufig passiert es jedoch, dass ihre kommunikativen Äußerungen nicht immer korrekt erkannt, nur teilweise verstanden oder missinterpretiert werden. In solchen Fällen entscheiden sich unterstützt Kommunizierende möglicherweise dafür, der Interpretation ihres Gegenübers zu folgen, um den Dialog aufrechtzuerhalten. Ein weiteres Problem besteht darin, dass Gespräche aufgrund von Zeitmangel abgebrochen werden, bevor das eigentliche Gesprächsziel erreicht wurde (ebd.).

Lerngelegenheiten und Entwicklung

Die Lerngelegenheiten und die Entwicklung von unterstützt kommunizierenden Kindern ist insbesondere mit der Besonderheit der Kommunikationssituation verbunden. Die Kinder haben äußert selten die Gelegenheit, augmentative und alternative Kommunikation im Alltag zu beobachten. Die alternativen oder ersetzenden Kommunikationsformen und -mittel werden ihnen zudem meist didaktisch bzw. instruktiv vermittelt. Dies hat in mehreren Bereichen und Phasen des Kommunikations- und Spracherwerbs Auswirkungen.

Insbesondere für die Zielgruppen 1 und 2 nach Weid-Goldschmidt (▶ Kap. 2.3) sind die individuellen Gesten besonders wichtig. Sie nutzen diese meist nicht-konventionellen Gesten, um Aufmerksamkeit zu fordern oder sich mitzuteilen. Da sie nicht den üblichen Kommunikationsformen entsprechen, erkennen oft nur enge Bezugspersonen oder erfahrene Fachleute sie als kommunikative Äußerung und unterstellen eine entsprechende Intention. Gerade in Gruppensettings werden diese oftmals auch schwer wahrnehmbaren Gesten und Formen der körpereigenen Kommunikation übersehen und sogar engagierte Fachpersonen gehen in einigen Fällen davon aus, dass die Kinder dieser Zielgruppen kein Interesse an Kommunikation haben. Manchmal werden die individuellen Gesten sogar als störend empfunden, als Tick oder Stereotypien interpretiert bzw. fehlgedeutet und bspw. durch Ignorieren unterdrückt. Dieses fehlende Erkennen und Interpretieren können den Aufbau der intentionalen und symbolischen Kommunikation erschweren (Wachsmuth 2020b, 102 f.).

Gerade im Aufbau der symbolischen Kommunikation kommen bei den Zielgruppen 3 und 4 mit der Nutzung von externen Kommunikationshilfen weitere Einschränkungen der Entwicklungsbedingungen hinzu. Denn Kindern, die eine externe Kommunikationshilfe nutzen, fehlt oft die Möglichkeit im Spiel kommunikative und sprachliche Kompetenzen aufzubauen. Lautsprachlich kommunizierende Kinder begleiten ihr Spiel zum einen permanent sprachlich, zum anderen erwerben sie im Spiel und in der Kommunikation mit Erwachsenen ihren Wortschatz, indem sie selbst für sie wichtige und zentrale Worte aus dem sprachlichen Input auswählen. Sowohl die lautsprachliche Begleitung als auch der Wortschatzerwerb ist Kindern, die unterstützt kommunizieren, nicht in gleicher Weise möglich. Dadurch können in zwei Bereichen Barrieren entstehen:

1. Kinder, die mit einer externen Kommunikationshilfe kommunizieren, müssen anstelle der Triangulation eine »Quadrangulation« meistern, d. h., sie müssen zwischen dem Spielzeug, der Bezugsperson und ihrem Kommunikationsmittel hin- und herwechseln. Das gilt insbesondere für Kinder, die aufgrund einer motorischen Beeinträchtigung nur eingeschränkt über körpereigene Kommunikationsformen wie bspw. Gebärden verfügen

können. Im Gegensatz zu sprechenden Kindern, die ihr Spiel direkt sprachlich-kommunikativ begleiten können, müssen unterstützt kommunizierende Kinder oftmals entscheiden, ob sie ihre Kommunikationshilfe nutzen oder sozusagen »kommentarlos« (sprachlos) am Spiel teilnehmen (ebd., 101).
2. Durch die externe Kommunikationshilfe wird unterstützt kommunizierenden Kindern ein Wortschatz vorgegeben, der von anderen ausgewählt wurde. Auch unter Berücksichtigung des Kern- und Randvokabulars (▶ Kap. 3.3) kann dies eine Einschränkung für den Spracherwerb bedeuten. Denn lautsprachlich kommunizierende Kinder können einfach selbst Wörter aus der sie umgebenden Lautsprache auswählen, die für sie relevant sind. So kann es bspw. sein,
   - dass das eine Kind eher Begriffe aus dem sozialen Bereich in seinen frühen Wortschatz übernimmt und in sozialen Routinen nutzt, wie bspw. »Hallo«, »Tschüss«, »kuscheln« oder Phrasen wie »geh weg« (holistischer bzw. ganzheitlicher Begriffserwerb),
   - während ein anderes Kind hingegen eher Objektnamen nutzt, um in Situationen wechselseitig mit den Erwachsenen zu kommunizieren (analytischer Begriffserwerb), bspw. »Auto«, »lade« (für Schokolade) oder »Mama Ball«, wenn sie möchten, dass ihnen die Mutter den Ball gibt (Klann-Delius 2016, 45 f.).

Das Wissen um diese Einschränkungen bedeutet, dass Bezugs- und Fachpersonen die UK-Formen und Partnerstrategien in alltäglichen Situationen bewusst nutzen können, um die Kinder in ihrem Kommunikations- und Spracherwerb zu unterstützen. Auch bei der Auswahl des (Rand-)Vokabulars kann es bedeutsam sein, zu erkennen, ob ein unterstützt kommunizierendes Kind eher durch ganzheitlich-soziale Begriffe und Redewendungen oder über die Benennung von Objekten Spaß bzw. Motivation an der Kommunikation bekommt (▶ Kap. 3.2). Grundsätzlich sind jedoch (selbst bei multimodaler Kommunikation) die Kommunikationssituationen tendenziell asymmetrisch, da sie von der Lautsprache dominiert werden (Wachsmuth 2020b, 101). Dies hat auch Auswirkungen auf den Bereich der Pragmatik.

Besonderheiten der Kommunikations- und Gesprächssituation

Die Barrieren im Bereich der Pragmatik für die Zielgruppen 1 und 2 wurden bereits im vorherigen Punkt beschrieben. Bei den Zielgruppen 3 und 4 wird das Sprachverständnis dadurch erschwert, dass die nonverbale Kommunikation, wie Mimik und Körperhaltung der Gesprächspartnerin oder des Gesprächspartners, nur teilweise wahrgenommen werden kann, wenn man auf die externe Kommunikationshilfe schauen muss. Das erschwert das Verstehen und Interpretieren der Äußerungen und das Hineinversetzen in die andere Person, bspw.: »War das nun scherzhaft gemeint?« oder »Ist Mama traurig?«.

Aber auch das *turn-taking* kann wie bei den ersten beiden Zielgruppen erschwert werden, da durch das gleichzeitige Blicken auf die Kommunikationshilfe manchmal nicht klar ist, ob die andere Person noch etwas zu einem bestimmten Thema zu sagen hat, oder es ist unklar, wann das Gegenüber den nächsten *turn* im Gespräch übernimmt. Diese Problematik wurde im obigen Fallbeispiel zur *Verlangsamung der Kommunikation* bereits deutlich. Zudem wurde in unterschiedlichen Studien im Bereich UK beobachtet, dass in der Sprachproduktion, insbesondere für Gespräche und Dialoge, die Angewiesenheit auf alternative Kommunikationsformen einschließlich der externen Kommunikationshilfen, zu weiteren Problemen führen kann:

- Das Initiieren und der Abschluss eines Gespräches können schwierig sein. So zeigt sich bspw. eine Ungeschicklichkeit bei der Kontaktaufnahme mit potenziellen neuen Gesprächspartnern und Gesprächspartnerinnen oder der Versuch ein Gespräch zu beenden wird oft als abrupt wahrgenommen, da die üblichen Übergänge und einleitenden Phrasen für die Beendigung fehlen.
- Es können Verunsicherungen beim Gegenüber entstehen, da häufig die klassischen Rückmeldungen fehlen, die zeigen, dass man am Gespräch interessiert ist und gerne weiter kommunizieren möchte. Denn diese Rückmeldungen erfolgen oft nonverbal über Mimik, Gesten und durch kleine bestätigende Äußerungen wie »mhh«, »aha« oder ein »ach so«. Dadurch wird signalisiert, dass man noch aktiv am Gespräch beteiligt ist, und gleichzeitig zeigt man damit Zustimmung oder Interesse und emotionale Beteiligung. Fehlen solche Signale, werden die Gespräche oft sehr kurz. Diese *Techniken* sind leider auch mit einem Sprachausgabegerät nicht effektiv einsetzbar. Aus diesem Grund gewinnt die Möglichkeit, über Fragen Rückmeldungen zu geben oder das Gespräch »am Laufen bzw. im Fluss zu halten«, stärker an Gewicht. Diese können sowohl inhaltlicher als auch sozialer Natur sein, etwa »Wie geht es dir?« (Wachsmuth 2020b, 103).

Zusammenfassend kann mit Light, Arnold und Clark (2003) gesagt werden, dass es für unterstützt kommunizierende Personen oftmals schwierig ist, einen Platz »in the social circle of life« bzw. im sozialen Leben zu finden. Der Erwerb soziokultureller Fähigkeiten, wie Interesse an anderen zu zeigen, aktiv an der Interaktion teilzunehmen, auf die Partnerin bzw. den Partner einzugehen und das eigene Selbstbild zu vermitteln, ist für unterstützt kommunizierende Personen schwieriger als der Erwerb von Kompetenzen in anderen Bereichen. Das zeigt sich in den bereits beschriebenen konkreten Barrieren. Zentral für die Erklärung dieser Barrieren ist, dass diese sich vor allem aus sozialen bzw. Gelegenheitsbarrieren im Kommunikations- und Spracherwerb sowie in konkreten Gesprächssituationen zusammensetzen. So haben Personen, die Unterstützte Kommunikation nutzen, möglicherweise nicht die Mittel und Formen, um soziokulturelle Fähigkeiten zu zeigen oder aber sie erhalten vielleicht keine geeigneten Interventionen, die ihnen das Erlernen dieser Kompetenzen erleichtern. Es können ihnen aber auch die sozialen Erfahrungen fehlen, die für die Entwicklung dieser Kompetenzen notwendig sind (ebd., 364).

Weiterführende Literatur (Grundlagen)

Lüke, C. & Vock, S. (2019): Unterstützte Kommunikation bei Kindern und Erwachsenen. Berlin: Springer.
Scholz, M. & Stegkemper, J. M. (2022): Unterstützte Kommunikation. Grundfragen und Strategien. München: Ernst Reinhardt.
Wilken, E. (2021): Unterstützte Kommunikation. Eine Einführung in Theorie und Praxis. Stuttgart: Kohlhammer.

4.3 Unterrichtsimmanente kommunikative Teilhabe gestalten

Unter Aspekten der kommunikativen Teilhabe und des UDL geht es im Unterricht mit UK darum, welche allgemeinen Unterrichtsmethoden und -prinzipien verwendet werden und inwiefern das Lernen in der Zone der nächsten Entwicklung jedes einzelnen Schülers und jeder einzelnen Schülerin ermöglicht und unterstützt wird (Bollmeyer & Hüning-Meier 2020, 08.018.027). Zentral für die Unterstützung des Lernens in der Zone der nächsten Entwicklung ist, dass im Unterricht insbesondere eine schülerzentrierte kommunikative Ordnung vorherrscht. Denn bei einer auf die Lehrperson hin zentrierten kommunikativen Ordnung, die meist mit der Methode des Frontalunterrichts verbunden ist, gibt es nur einen Interaktionsprozess zwischen der Klasse und der Lehrperson. Deswegen fehlen den

Schülerinnen und Schülern Gelegenheiten soziale und kommunikative Partizipation zu erleben und dadurch das eigene kommunikative und sprachliche Handeln zu üben. Eine auf die Schülerinnen und Schüler hin zentrierte kommunikative Ordnung hingegen zeichnet sich dadurch aus, dass die Lehrperson auf diese Rückbindung verzichtet und insbesondere strukturierend und ergänzend eingreift (Lengyel 2012, 146 ff.).

Zur Gestaltung eines auf die Schülerinnen und Schüler hin zentrierten Unterrichts in heterogenen Klassen auf der Grundlage der Richtlinien und Checkpoints des UDL sind zwei Bereiche zentral:

- die Methoden des offenen Unterrichts, wie bspw. das kooperative Lernen oder Projektunterricht (▶ Kap. 4.3.1): Verbindendes Prinzip ist dabei die Orientierung am gemeinsamen Lerngegenstand, der konsequent mit den jeweiligen Interventionsplänen der Schülerinnen und Schüler verbunden wird, um eine kontinuierliche und effektive Entwicklungsbegleitung bzw. ein entwicklungsorientiertes Scaffolding zu gewährleisten (Baunach et al. 2020, 08.018.032).
- die Unterrichtsorganisation, die von der Gestaltung und Strukturierung durch Routinen, Ritualen und Rhythmisierung bis zur unterrichtsbezogenen interdisziplinären Zusammenarbeit reicht (▶ Kap. 4.3.2)

4.3.1 Methodik im Unterricht mit UK

Kommunikative Teilhabe setzt grundsätzlich gemeinsames sprachlichen Handeln in alltäglichen (Unterrichts-)Situationen voraus. Aus diesem Grund ist es zentral, auf der schulorganisatorischen Ebene die additiven oder isolierten Formen von Sprachtherapie und/oder UK-Einzelförderung als bedarfsgerechte Zusatzangebote zu nutzen und einen entsprechenden Transfer in den (schulischen) Alltag der Kinder und Jugendlichen immer mitzudenken. Auch eine Segregation von Kindern mit komplexen Beeinträchtigungen (vorintentionale Kommunikation, Zielgruppen 1 und 2) in sogenannten »Schwerbehindertenklassen« ist eher kontraproduktiv, da außer mit dem erwachsenen Fachpersonal kaum Kommunikations- und Lerninteraktionen in der Gruppe möglich sind. Das führt dazu, dass in diesen (vermeintlich) homogenen Klassen ähnlich wie in den additiven Einzelfördersituationen eher didaktisch-instruktive Kommunikationssituationen vorherrschen, die kaum einen Transfer auf alltägliche Kommunikationssituationen in verschiedenen Umgebungen zulassen (Baunach 2020, 08.006.001). Im Zentrum des Unterrichts mit UK steht deswegen die *unterrichtsimmanente Kommunikationsförderung*.

Allgemeine Methodik

Unterrichtsimmanente Kommunikationsförderung setzt sich aus den gesamten alltäglichen Kommunikationssituationen im Unterricht in heterogenen Klassen und systematisch organisierten und konstruierten Kommunikations- und Sprachhandlungen zusammen – den bereits erwähnen *kommunikativen Haltestellen* (▶ Kap. 4.1). So ist es möglich, einen situativen Bezug zu realisieren, der die Bedeutsamkeit bereits erworbener Kompetenzen durch kommunikatives und sprachliches Handeln im Alltagskontext herausstellt und damit eine Generalisierung und Festigung erworbener Fähigkeiten ermöglicht. Hierfür ist es zentral, in Verbindung mit dem gemeinsamen Lerngegenstand eine schülerzentrierte Methodenvielfalt umzusetzen, die einen hohen Anteil an echter Lernzeit, inhaltlicher Klarheit, Peer-Interaktionen und Binnendifferenzierung ermöglicht. Hierzu zählen alle Methoden des offenen Unterrichts wie bspw. Werkstatt-, Stations- und Projektarbeit und kooperatives Lernen nicht nur als Methode, sondern als Haltung (Baunach et al. 2020, 08.006.001 f.).

> **Praxis**
> **Unterrichtsplanung im Kontext Kommunikation**
> Die Verbindung aus dem gemeinsamen Lerngegenstand mit Methoden und Mitteln des Unterrichts unter Berücksichtigung der sprachlichen und kommunikativen Bedingtheit von Unterricht wurde auf der Basis des UDL von Beukelman und Mirenda (2005, 421) für jede Unterrichtsplanung mit folgenden Fragen ins Zentrum gestellt:
>
> - Welches fachliche Thema bzw. welcher Lerngegenstand wird im Unterricht behandelt?
> - Welche Sozialformen und Methoden finden im Unterricht Anwendung?
> - Welche Interaktionsmuster und Aktivitäten der Schülerinnen und Schüler werden erwartet?
> - Wie wird das Sprachverständnis unterstützt, bspw. durch adäquate Medien?
> - Welche Sprachmittel und welche kommunikativen Kompetenzen erfordern diese Aktivitäten?

- Steht dem Schüler das notwendige Vokabular zur Verfügung?
- Welche Unterstützung gibt es für die Beantwortung von Fragen?

Kooperatives Lernen

Ein zentrales Konzept, das schon in sich eine Methodenvielfalt enthält und fachliches mit sozialem Lernen verbindet, ist das kooperative Lernen. Im Zentrum steht das Lernen in Gruppen von ca. drei bis fünf Schülerinnen und Schülern, die sich gegenseitig in ihrem Wissens- und Kompetenzerwerb unterstützen. Dabei geht es nicht einfach um einen reichhaltigen Methodenbaukasten oder eine klassische Gruppenarbeit, sondern um das Einüben von sozialen und personalen Fähigkeiten, wie bspw. Selbstständigkeit, Verantwortung und Kooperation. Dadurch sollen gemeinsame Lernaktivitäten ermöglicht werden, um den größtmöglichen Lernerfolg aller Gruppenmitglieder zu erreichen.

Ziel ist es, in allen Arbeitsphasen sicherzustellen, dass alle Gruppenmitglieder aktiv und verantwortlich am Lernprozess beteiligt sind und sich so als unentbehrlicher Teil des Teams fühlen. Das ermöglicht den Beteiligten zu erkennen, wie wichtig Zusammenarbeit ist, und erhöht die Motivation. So werden Bedingungen geschaffen, die effektives Lernen und echte Lernzeit ermöglichen. Das gilt für alle Schülerinnen und Schüler, wobei insbesondere für heterogene Gruppen nachgewiesen werden konnte, dass gerade die Vielfalt innerhalb der Gruppe sowohl zu einem Lernzuwachs als auch zu einer positiven Veränderung der Leistungsmotivation führt (Büttner, Warwas & Adl-Amini 2012, Abs. 11). Durch eine Berücksichtigung der individuellen Voraussetzungen können alle Schülerinnen und Schüler ihrem Lern- und Entwicklungsniveau entsprechend am kooperativen Lernen partizipieren.

Praxis
Unterstützte Kommunikation und kooperatives Lernen
Insbesondere für Kinder und Jugendliche mit komplexer und intellektueller Beeinträchtigung erweist sich in diesem Zusammenhang die UK als ein zentrales Element:

- So kann es bspw. für Kinder, die vorintentional kommunizieren, erst einmal wichtig sein, die Erfahrung zu machen, dass sie etwas bewirken können.
- Andere im Übergang zur symbolischen Kommunikation machen bspw. erste positive Kommunikationserfahrungen, indem sie sich bei vorge-

> gebenen Themen äußern oder Aussagen nach einer vorgegebenen Reihenfolge machen können, da ihnen für das kooperative Lernen bspw. passende *Plauderpläne* zur Verfügung gestellt werden.
> - Schülerinnen und Schüler, die symbolisch kommunizieren, können erste freie Ein- oder Zwei-Wortäußerungen vollziehen und erhalten von lautsprachlich oder verbal kommunizierenden Gruppenmitgliedern Unterstützung durch Ko-Konstruktion (ANUK 2020, 08.018.016 f.).

Für die effektive Ausgestaltung kooperativen Lernens wurden über die unterschiedlichen Ansätze insgesamt fünf Basiselemente formuliert, die als Grundprinzipien in der Planung und Ausgestaltung von kooperativen Lernsituationen zu berücksichtigen sind:

1. *positive Interdependenz:* Die positive Interdependenz bzw. gegenseitige Abhängigkeit ist das Herzstück des kooperativen Lernens und bedeutet, dass die individuellen Ziele abhängig sind vom Handeln und Verhalten der anderen Gruppenmitglieder und damit die eigenen und die Gruppenziele nur gemeinsam erreichbar sind. Insgesamt können fünf positive Interdependenzformen unterschieden werden:

    Zielinterdependenz: Die Gruppe erstellt ein gemeinsames Produkt, sie gestaltet bspw. eine Collage oder backt gemeinsam Brötchen für den Pausenverkauf.

    Rolleninterdependenz: Es werden verschiedene Rollen verteilt, die sich gegenseitig ergänzen, wie Materialien bereitstellen oder benennen, die Zeit kontrollieren, moderieren oder protokollieren bei einem Experiment. So kann ein Schüler mithilfe eines TimeTimers, einer Sanduhr oder einer Stopptaste als Zeitwächter agieren. Eine andere Schülerin kann mithilfe eines Step-by-Step oder eines Ablaufplans die unterschiedlichen Arbeitsschritte vorgeben und eine dritte Schülerin kann mithilfe eines Sprachausgabegeräts und ggf. vorher gemeinsam erarbeiteter Aussagen sowohl den Arbeitsauftrag geben als auch die Beschreibung des Experiments für die Ergebnisrunde vorbereiten.

    Ressourceninterdependenz meint, dass Materialien und Ressourcen so aufgeteilt werden, dass jedes Gruppenmitglied für die Bearbeitung entweder jeweils nur über einen Teil der Information oder nur einen Teil des notwendigen Materials verfügt. Eine Gruppe könnte bspw. nur einen Materialsatz (Stift, Piktogramme und/oder Bilder, Schere, Klebstoff) für die die Erstellung eines Plakates erhalten. Auch hier könnten Kinder, die unterstützt kommunizieren (entsprechend vorbereitet) wichtige Ressourcen bereitstellen und bspw. das Zusammenstellen des Plakates moderieren.

Aufgabeninterdependenz: Die Aufgabe wird in mehrere Teilaufgaben unterteilt und jeweils von verschiedenen Gruppenmitgliedern bearbeitet und nacheinander oder parallel bearbeitet. Hier ist es je nach Lerngegenstand oder Fach sowie den individuellen Voraussetzungen der Schülerinnen und Schüler entscheidend, ob eher ein Nacheinander oder die Parallelität in der Aufgabenbearbeitung gewählt wird. Beim Nacheinander kann bspw. die Vorhersehbarkeit von Abfolgen und Handlungen visualisiert werden (bspw. Materialbeschaffung, Aufbau, Durchführung, Auswertung, Dokumentation). Bei der Parallelität von Teilaufgaben muss beachtet werden, dass das Zusammenführen in der Gruppe durch ein klares Scaffolding (s. o.) oder direkte Unterstützung und Reflexion mit der Lehrperson gelingt.

Belohnungsinterdependenz meint nichts anderes, als dass die Gruppe gemeinsam bewertet wird bzw. eine Belohnung erhält. Ein mögliches Beispiel könnte sich auf die gesamte Klasse beziehen, indem bspw. ein Wandertag gemeinsam organisiert wird und nur dann stattfindet, wenn alle Bedürfnisse der einzelnen Schülerinnen und Schüler berücksichtigt werden und alle in der Vorbereitung ihren Teil dazu beitragen (ANUK 2020, 08.018.017; Büttner, Warwas & Adl-Amini 2012, Abs. 6).

2. *Face-to-face-Kommunikation und gegenseitige Unterstützung:* Die echte Lernzeit und damit der Erfolg des kooperativen Lernens hängen davon ab, dass die Kinder auch bei einer Aufgabeninterdependenz nicht getrennt voneinander an den Teilaufgaben arbeiten, sondern dass in der Gruppe Interaktionen mit gegenseitigen Hilfestellungen und Ermutigung stattfinden. Es geht darum, dass Informationen und Material ausgetauscht werden, wechselseitige Erklärungen stattfinden, Perspektiven und Sichtweisen ausgetauscht werden oder anders ausgedrückt unter den Gruppenmitgliedern eine wechselseitige Gelenkte Partizipation bzw. Scaffolding stattfindet und sie sich gegenseitig motivieren. Insbesondere für Kinder und Jugendliche mit komplexer und intellektueller Beeinträchtigung ist für die Face-to-face-Interaktion und gegenseitige Unterstützung die Umfeldgestaltung wichtig. Das betrifft zum Beispiel die räumliche Gestaltung über Tischgruppen, die Unterstützung durch visualisierte Scaffolding-Schritte usw., die im Rahmen der Lern- und Unterrichtsinteraktion (▶ Kap. 4.3.2) genauer beschrieben werden (ANUK 2020, 08.018.017).

3. *individuelle Verantwortlichkeit:* Die individuelle Verantwortlichkeit ist das einzige Basiselement im kooperativen Lernen, das auf einem negativen Phänomen von Gruppenarbeiten basiert: der fehlenden Beteiligung oder

Partizipation von einzelnen Kindern, die bspw. aufgrund einer fehlenden Passung zwischen individuellen Voraussetzungen und Lerngegenstand oder der ihnen zugewiesenen Rolle oder Aufgabe die Bearbeitung anderen Gruppenmitgliedern überlassen. Dies kann auch dazu führen, dass sich die *Hauptleistungsträger* ausgenutzt fühlen und ebenfalls kein Interesse an der gemeinsamen Bearbeitung und dem gemeinsamen Gruppenziel haben.

Um dem entgegenzuwirken, ist es wichtig, auf die Passung der Aufgaben zu den Kompetenzen der Kinder zu achten und gleichzeitig hervorzuheben, was der wichtige und erkennbare Beitrag jedes Einzelnen für die Gruppenleistung ist. Aber auch die Herstellung einer Gruppenidentität über eine selbstgestaltete Fahne, ein Logo, ein Motto oder ein Lieblingslied kann für die gegenseitige Unterstützung bedeutsam sein. So fühlt sich jede Schülerin und jeder Schüler, egal zu welcher Zielgruppe der UK sie gehören, als vollwertiges Mitglied der Gruppe und einer Ausgrenzung wird entgegengewirkt (ANUK 2020, 08.018.017; Büttner, Warwas & Adl-Amini 2012, Abs. 8).

4. *interpersonale Fähigkeiten:* Im kooperativen Lernen stehen alle Gruppenmitglieder vor der doppelten Herausforderung fachliches und soziales Lernen miteinander zu bewältigen, damit die Gruppe gut und effizient zusammenarbeiten kann. Dazu braucht es insbesondere sozialpragmatische Fähigkeiten (bspw. jeder spricht der Reihe nach, ermutigt andere, hört zu, hilft, fragt nach) sowie Möglichkeiten, auftauchende Konflikte zu bewältigen. Diese Kompetenzen können nicht bei allen Kindern vorausgesetzt werden, da es dazu den Perspektivenwechsel bzw. Kompetenzen im Sinne der *Theory of Mind* braucht. Das kann je nach Entwicklungsstand in der sozial-emotionalen Entwicklung oder bei Kindern mit ASS problematisch werden. Grundsätzlich können jedoch gerade die Fähigkeit zum Perspektivwechsel bzw. die Empathiefähigkeit und die soziokulturellen Kompetenzen durch das kooperative Lernen gefördert werden. Denn kooperatives Lernen unterstützt Kinder mittels strukturierter und vorhersehbarer Abläufe im Erlernen und Üben von Kommunikationsstrategien. Dadurch werden insgesamt die kommunikativen Kompetenzen gestärkt sowie die Fähigkeiten zur Kooperation, zum gegenseitigen Vertrauen, zur Entscheidungsfreudigkeit und zur Konfliktbewältigung gefördert.

5. *reflexive Gruppenprozesse:* Das letzte Basiselement des kooperativen Lernens konzentriert sich auf die Reflexion der Gruppenprozesse durch die Lernenden. Es geht darum, die Zusammenarbeit zu analysieren und zu bewerten, welche Abläufe den Lernerfolg fördern oder behindern. Diese Reflexionsprozesse setzen metakognitive Fertigkeiten voraus, die es den Lernenden ermöglichen, Lern- und Arbeitsprozesse sowohl individuell als

auch auf sozialer Ebene zu beobachten und die Ergebnisse zu evaluieren. Für Schülerinnen und Schüler, die den Zielgruppen 1 und 2 der UK zugeordnet werden können, ist diese Reflexionsfähigkeit nicht möglich und für viele Kinder der Zielgruppe 3 kann sie sehr herausfordernd sein. Auch wenn nicht alle Schülerinnen und Schüler in der Lage sind, sich aktiv zu beteiligen, können in unterrichtlichen Kontexten im SGE lautsprachlich oder verbal unterstützt kommunizierende Kinder darauf aufmerksam gemacht werden, dass sie die anderen einbeziehen sollen. Dies kann durch genaue Beobachtung und Interpretation von Verhalten wie Mimik, Körperspannung und Blickrichtung erfolgen oder durch das Lernen von individuellen bzw. idiosynkratischen Zeichen (vgl. zu den diagnostischen Fragestellungen ▶ Kap. 3.1; ▶ Kap. 3.2).

Gleichzeitig geht es auch um eine Anbahnung und Erweiterung von entsprechenden Kompetenzen bei vorintentional und intentional kommunizierenden Kindern und um den Aufbau von entsprechendem Vokabular und Strategien bei symbolisch bzw. nicht altersentsprechenden kommunizierenden Kindern. So kann die Reflexion auf unterschiedlichen Niveaus gelingen und wird mit zunehmender Übung komplexer. Sie umfasst so verschiedene Themen wie das Arbeitsverhalten in der Gruppe, die Gefühle der Gruppenmitglieder während der Zusammenarbeit und die Erreichung der Lernziele (ANUK 2020, 08.018.018). Dies erfordert aber stärker als bei den anderen Bereichen eine klare, strukturierte und ritualisierte durch Lehrpersonen gestaltete gemeinsame »Reflexionsrunde«.

Die verschiedenen Beispiele verdeutlichen, dass kooperatives Lernen zahlreiche Methoden des handlungsorientierten und binnendifferenzierenden Unterrichts umfasst (Pitsch & Thümmel 2023). Gemeinsame Merkmale sind die hier genannten fünf Basiselemente und die klare Peer- bzw. Schülerorientierung. Bereits wenige und einfache Methoden, die auch für Kinder und Jugendliche mit intellektueller Beeinträchtigung verständlich und umsetzbar sind, können den Unterricht gemäß den Leitlinien und Checkpoints der UDL sowie den Prinzipien der entwicklungslogischen Didaktik nach Feuser im Sinne der *Kooperation am gemeinsamen Gegenstand* umgestalten.

Dies hat zudem positive Auswirkungen auf das Lernen und Lehren in heterogenen Gruppen, indem es Transparenz und Bedeutung von Lernzielen erhöht, die Zusammenarbeit und Gemeinschaft fördert und sinnvolle Wahlmöglichkeiten für Sprache und Symbole, Ausdruck und Kommunikation sowie die Unterstützung der exekutiven Funktionen und des Verständnisses bereitstellt (vgl. hierzu die UDL-Matrix ▶ Tab. 4.2). Auch in eher individualisierenden, offenen und binnendifferenzierenden Unterrichtsmethoden, bei denen das selbstregulierende bzw. selbstorganisierte Lernen im Vordergrund steht, können diese Prinzipien berücksichtigt werden. Die positiven Effekte solcher Ansätze im Kontext von UK lassen sich exemplarisch an Werkstattprojekten aufzeigen.

> **Praxis**
> **Situationsadäquate und adressatenbezogene Verwendung von Sprachausgabegeräten**
> Konkret können bspw. Kinder, die symbolisch und verbal unterstützt kommunizieren, lernen ihr Sprachausgabegerät situationsadäquat und adressatenbezogen zu verwenden. Denn mit den Peers und der eigenen Gruppe spricht man anders als mit der Lehrperson oder den Eltern. Umgekehrt zeigen der Grad der Empathiefähigkeit, die Kompromissfähigkeit oder die Geduld der Schülerinnen und Schüler einer Klasse, wie wichtig dem pädagogischen Team der (soziale) Umgang mit Heterogenität ist. Das kann insbesondere in inklusiven Klassen mit unterstützt kommunizierenden oder/und intellektuell beeinträchtigten Kindern auch den Effekt haben, dass Mitschülerinnen und Mitschüler eigene Ideen zur Partizipation entwickeln und von den Lehrpersonen einfordern. Dadurch wird die kommunikative Teilhabe von allen am Unterricht zum Selbstläufer (Baunach 2020, 08.009.001; Büttner, Warwas & Adl-Amini 2012, Abs. 9).

Projektunterricht am Beispiel Werkstattprojekte

Werkstattprojekte bieten ein anschauliches Beispiel dafür, wie mit allgemeinen Methoden unterrichtsimmanente Kommunikationsförderung im gemeinsamen Unterricht erfolgreich umgesetzt werden kann. Diese Projekte ermöglichen den Schülerinnen und Schülern verschiedene Aufgaben an einem gemeinsamen Thema in einer selbstgewählten Reihenfolge und möglichst eigenständig zu bearbeiten. Zentrales Merkmal von Werkstattprojekten ist, dass sie sich über längere Zeiträume von etwa vier bis acht Wochen und verschiedene Unterrichtsfächer wie Musik, Kunst oder Sachunterricht erstrecken. Zuerst wird analysiert, aus welchen Parametern bzw. aus welchen Bereichen der Lerngegenstand besteht bzw. wie sich ein Unterrichtsthema zusammensetzt.

Darauffolgend werden die grundlegenden Aufgabenstellungen pro Bereich des Lerngegenstandes festgelegt und erst dann erfolgt eine differenzierte Aufbereitung dieses Lerngegenstandes, um die individuellen Lernvoraussetzungen der Kinder zu berücksichtigen. Auf diese Weise setzen sich alle Kinder mit den gleichen Bildungsinhalten und Bereichen des Themas auseinander, wobei die Förderung der Kommunikation und der Einsatz des individuellen Kommunikationssystems aus körpereigenen und externen Hilfsmitteln nahtlos in das Lernen eingebettet werden kann. Die Differenzierung erfolgt auch hier nach den Richtlinien und Checkpoints des UDL (vgl. hierzu die UDL-Matrix ▶ Tab. 4.2):

- *Anpassung des Stoffumfangs und/oder des Zeitaufwands* durch Festlegung von Pflichtaufgaben und Zusatzaufgaben
- *unterschiedliche Komplexitätsgrade:* Es werden entweder bestimmte Aufgaben in der Aufgabenstellung angepasst oder reduzierte Lösungsmöglichkeiten angeboten. Dies kann durch unterschiedliche Modalitäten (Handlung, Fotos, Bilder, Piktogramme oder Schrift) erfolgen. Es können aber bspw. bei einer Lösung auch weniger Begriffe in unterschiedlichen Modalitäten zugeordnet werden.
- *Angebote direkter Hilfe*, die je nach dem Grad der Selbstständigkeit angepasst wird und auch die konkrete Unterstützung durch eine Assistenz umfasst. Für einzelne Schülerinnen und Schüler, die Schwierigkeiten in der Handlungsplanung oder Aufmerksamkeitssteuerung (exekutive Funktionen) haben, werden bspw. feste Aufgabenpläne mit klarer Reihenfolge oder ein TimeTimer zur Verfügung gestellt (▶ Kap. 4.3.2).
- *Auswahloptionen zu inhaltlichen und methodischen Zugängen:* Ähnlich wie beim Komplexitätsgrad kann es sich um die Darstellung des Inhalts in unterschiedlichen Modalitäten handeln oder um eine Fokussierung auf eine Handlung, die mit dem Lerngegenstand unmittelbar und unter Einbezug von UK sprachlich korrespondiert.
- *unterschiedliche Angebote zur Kooperationsfähigkeit:* Für Kinder mit ASS kann im Sinne einer vorbereiteten Umgebung ein eigener, abgeschirmter Arbeitsplatz eingerichtet werden und die Planung weiterer Abstufungen von räumlichen Trennungsmöglichkeiten erfolgen. Auch die intensivere Begleitung durch eine Klassenassistenz oder die Lehrperson kann den Aufbau von Kooperationskompetenzen unterstützen.

Diese Differenzierungen werden gemeinsam im pädagogischen Team in einer Planungstabelle für das jeweilige Werkstattprojekt gesammelt und parallel dazu werden die sprachlichen Mittel (Kern- und Randvokabular, pragmatische Kompetenzen) für die gesamte Klasse berücksichtigt. Dieses Vokabular wird zur Grundlage für Übungen zum Wortschatz, sowohl im mündlichen Sprachhandeln (Gebärden, Lautsprache) als auch im schriftlichen Sprachgebrauch und zur Auswahl von Piktogrammen und Zielvokabular auf Talkern.

Auf dieser Basis werden dann für jedes Kind individualisierte Werkstattpläne erstellt und die unterschiedlichen Stationen vorbereitet. Sowohl die Werkstattpläne als auch die Stationen werden so aufbereitet, dass sie in der Darstellungsebene auf die Lernvoraussetzungen der Kinder angepasst sind und neben neuen Lerninhalten insbesondere Übungsformen enthalten, die die Kinder bereits kennen. Das kann von Kommunikationsmappen- oder Ordnern, Ablaufplänen (▶ Kap. 4.3.2), Arbeitsblättern mit Scanpunkten für Lesestifte und/oder Piktogrammen bis hin zu Blättern zum Nachschreiben bzw. Schreiben reichen (Just 2020, 08.018.045).

Oftmals werden Werkstätten bzw. Stationen in den einzelnen Unterrichtsstunden durch ein gemeinsames Anfangs- und Endritual gerahmt. Dies dient im Kontext intellektueller Beeinträchtigung der Orientierung und dem Anknüpfen an die vorangegangenen Einheiten. Zudem findet sich (insbesondere bei älteren Schülerinnen und Schülern, bspw. in der Sekundarstufe I und in inklusiven oder Kooperationsklassen) mit der Methode des Chefsystems ein Peer-Tutoring-Verfahren, in dem pro Station ein bis zwei Kinder die Aufgaben bereits mit einem Erwachsenen erfolgreich bearbeitet haben und deswegen die Station erklären und Fragen beantworten können. Alle Kinder der Klasse wissen, dass sie sich auch bzw. zuerst an den jeweiligen Chef der Station wenden können. Dafür können bspw. auch Karten mit Symbolen oder Schriftsprache vorbereitet werden (ebd., 08.018.046).

Bei der Umsetzung kooperativen Lernens und individualisierenden offenen Unterrichtsformen wie Werkstattprojekten in Klassen wird oftmals die Bedeutung der Lehrpersonen und weiterer pädagogisch-therapeutischer Personen oder Klassenassistenzen unterschätzt. Eine erfolgreiche Umsetzung erfordert, dass die Lehrkraft Lernsituationen angemessen gestaltet, als Modell fungiert, fachliche und soziale Hilfestellungen anbietet, wenn sie nötig sind, und die Arbeiten begleitet (Büttner, Warwas & Adl-Amini 2012, Abs. 4). Kooperatives Lernen setzt strukturelle Bedingungen voraus, die gewährleisten sollen, dass alle Schülerinnen und Schüler aktiv an einer gemeinsamen Lerntätigkeit beteiligt sind. Das pädagogische Team und insbesondere die Lehrperson sind dafür verantwortlich, solche (verlässlichen) strukturellen Bedingungen herzustellen.

4.3.2 Lern- und Unterrichtsorganisation mit UK

In den zentralen Methoden des offenen und handlungsorientierten Unterrichts wurde in den Beispielen bereits mittelbar deutlich, wie wichtig Strukturierung und Visualisierung sind. Kapitel 3.2 stellte spezifische Konzepte wie Partnerstrategien, Kern- und Randvokabular sowie das Fokuswörterkonzept vor (▶ Kap. 3.2). Dieses Kapitel widmet sich nun weiteren zentralen Elementen zur Strukturierung und Gestaltung des Schulalltags, die grundlegende Rahmenbedingungen für eine effektive kommunikative Teilhabe schaffen können. Der Schulalltag umfasst dabei nicht nur die konkrete Unterrichtsstunde oder Unterrichtsprojekte, sondern auch die gesamte Schulorganisation in Bezug auf die zeitliche, räumliche und personelle Dimension. Unter den Zielperspektiven von Bildung, kommunikativer Teilhabe und dem Aufbau einer sozialen Gemeinschaft sind insbesondere die Transparenz, die Rhythmisierung durch Rituale und Routinen sowie die konkrete Zusammenarbeit in der Schule verbindende und tragende Elemente (Haider, Jencio-Stricker & Schwanda 2023, 173). Diese gilt es auf den unterschiedlichen Planungsebenen mit einzubeziehen (Terfloth & Bauersfeld 2019, 29 f.):

- in der sächlichen und räumlichen Planung und Gestaltung der Schule
- in der Schuljahresplanung und der Perspektivplanung von Jahrgängen oder Klassenstufen
- in der Grobplanung einer Unterrichtsreihe oder von Werkstattprojekten, die noch keine konkreten methodischen Entscheide enthalten müssen
- in der Verlaufsplanungen von konkreten Unterrichtsstunden mit Stichworten zum Lehr-Lern-Prozess, den verwendeten Medien und Methoden sowie den konkreten Lernzielen für die Stunde

Rhythmisierung: Rituale und Routinen

Planungs- und Handlungsprozesse bestimmen den Schulalltag, da sich die Abläufe der Schulorganisation auf Bildungsziele hin orientieren. Diese Orientierung kann je nach kognitiven Voraussetzungen variieren: von einem Gesamtüberblick über größere Zeiteinheiten wie das Schuljahr bis hin zu Unterrichtsreihen und -projekten, dem konkreten Schultag oder dem Wechsel von Stunde zu Stunde, Tätigkeit zu Tätigkeit. Damit Kinder ihren Lernprozess eigenverantwortlich und selbstbestimmt gestalten können, sind Strukturen und Sicherheit notwendig, die durch wiedererkennbare Abläufe vermittelt werden.

Insbesondere für Kinder und Jugendliche mit komplexer und intellektueller Beeinträchtigung ist ein ritualisierter Schulalltag auf möglichst vielen der genannten Planungsebenen essenziell. Kleine und große Abläufe müssen klar und eindeutig gestaltet werden, damit sie wiedererkannt, eingeübt und automatisiert werden können. Zentral hierfür ist die Gestaltung von Übergängen. Diese sind oft mit Veränderungen von Räumen, Personen und Abläufen verbunden und prägen den Schulalltag: vom Ankommen am Morgen in der Schule, dem Beginn der Stunde, über den Wechsel in die Pause oder in die Therapie und den Wechsel zwischen Vor- und Nachmittagsbereich bis hin zum (methodischen) Wechsel innerhalb der Unterrichtsstunde. Unklare Übergänge können auf allen Ebenen zu Schwierigkeiten (auch Missverständnissen und daraus resultierenden unerwünschten Reaktionen) führen, die sich in herausfordernden Verhaltensweisen äußern können. *Rituale* und *Routinen* bieten hier einen klaren Ablauf und ermöglichen den Aufbau von Welt- und Situationswissen. Deswegen sollten *Rituale* und *Routinen* an den genannten strukturell wichtigen Zeitpunkten gesetzt und durchgeführt werden (Haider, Jencio-Stricker & Schwanda 2023, 194).

Rituale: Sie können als sozialer Mechanismus beschrieben werden, mit dem ein Gruppengefühl und Gruppenzusammenhalt erzeugt werden. Sie stiften eine Verbindung zwischen den Interaktionspartnerinnen und -partnern, indem sie Situationen, die für eine Gruppe und deren Mitglieder wichtig sind, in besonderer Weise erlebbar machen. Das geschieht

- zum einen *kognitiv*, durch die kollektive Verwendung von Symbolen zur Darstellung bzw. Erklärung von Phänomenen oder Handlungen,
- zum anderen *affektiv*, durch die Inszenierung einer bestimmten Dramaturgie, die eine Synchronisierung des emotionalen Erlebens, bspw. durch musisch-rhythmische Elemente, ermöglicht.

Anders ausgedrückt haben Rituale die Funktion, gegenseitiges Einvernehmen und soziale Anerkennung der Kinder im Klassenzimmer untereinander erfahrbar zu machen (Thiel 2016, 61 f.). Einmal etabliert, lösen Rituale spezifische Handlungsweisen der gesamten Lerngruppe aus, sorgen für Sicherheit und Erwartbarkeit und erleichtern den Schulalltag, indem sie Abläufe beschleunigen und organisatorische Entscheidungen vereinfachen. Dies führt zu Zeitersparnis und ermöglicht Automatisierungen, die für Lernprozesse und Interaktionen genutzt werden können. Um diese Effekte zu erreichen, braucht es eine zielgerichtete und langfristige Erarbeitungsphase sowie eine klare und regelmäßige Hervorhebung des Rituals. Wichtig ist, das Ritual immer mit einer bestimmten Situation und einem konkreten Zweck zu verbinden, um die Bedeutungszuweisung zu unterstützen: zuerst durch das Erleben und Verknüpfen mit bestimmten Situationen und Tätigkeiten, dann durch die bewusste Wahrnehmung und das Erlernen der mit dem Ritual zusammenhängenden Handlungen. Diese Bedeutungszuweisung kann durch verbale, akustische und visuelle Ankündigungen sowie durch individuelle Unterstützung geschehen (Haider, Jencio-Stricker & Schwanda 2023, 174 f.).

Praxis
Rituale zum Einstieg, Phasenwechsel und Unterrichtsende

- Rituale zum *Stundeneinstieg*, über thematisch passende Lieder und/oder klare Rollen, die unter Berücksichtigung der Kompetenzen der Kinder verteilt und ausgestaltet werden: So könnte ein Step-by-Step eingesetzt werden, damit der Start für ein Lied gegeben wird, oder der Refrain des Liedes könnte darauf gespeichert werden. Auch das Stundenthema könnte bspw. durch ein Kind mit einem Sprachausgabegerät oder -stift an einer Symboltafel angekündigt werden.
- Rituale zum *Wechsel von Arbeitsformen* während der Stunde mit visuellen oder akustischen Signalen: Hier könnten ähnliche Elemente wie beim Stundeneinstieg für die unterschiedlichen Zielgruppen der UK gewählt werden. Das kann vom Einsatz einer Klangschale oder leiser Musikimpulse bis zu Piktogrammen der Sozialformen an der Tafel reichen.
- Rituale zum *Stundenende*, bspw. über individuell angepasste und/oder personell unterstützte Rückmelde- und Feedbackrituale: Für Kinder der Zielgruppen 1 oder 2 könnten bspw. musische oder rhythmische Elemente und Übergangsobjekte eingesetzt werden. Kinder der Zielgruppe 3 profitieren von Piktogrammen und einem klaren Ablauf und entsprechenden Gebärden sowie einem ritualisierten Einsatz ihrer elektronischen und nicht-elektronischen Hilfsmittel.
- Zudem finden sich (insbesondere im Unterricht bei Schülerinnen und Schüler mit intellektueller Beeinträchtigung im Sinne von Orientierung und Strukturgebung)
  - Rituale zur Begrüßung und zum Ankommen in der Klasse bzw. in der Schule (bspw. im Morgenkreis),
  - Rituale zum Ende des Schultages bzw. zum Ende der Schulwoche (bspw. in Reflexionsrunden ein gemeinsames Lied)
  - sowie zur Gruppenfindung u.a.m. (Haider, Jencio-Stricker & Schwanda 2023, 176; Jockusch & Rothmayr 2019, 32 f.).

Routinen: Während Rituale insbesondere dem Stiften von Gemeinschaft und der Anerkennung von Rollen in einer Gruppe dienen, steht im Mittelpunkt von Routinen der konkrete individuelle und kooperative Lernprozess. Routinen stellen kleine kooperative Handlungs- und Lernskripte dar und legen für unterschiedliche Aktivitäten die Handlungsweisen von Lehrpersonen und Schülerinnen und Schülern fest. Durch immer wiederkehrende Situationen werden Routinen weitgehend automatisiert, was die Handlungsplanung und den Aufbau von Handlungsstrategien (exekutive Funktionen) unterstützt.

Sie ermöglichen zudem den Umgang mit Informationen, sofern sie entwicklungslogisch angepasst sind und hierfür unterschiedliche (auch basale) Wahrnehmungs- und angemessene Symbolebenen angeboten werden. Dies unterstützt das Lerninteresse, da ein sicherer Raum geschaffen wird und Ablenkungen und Unsicherheiten reduziert werden (Thiel 2016, 56).

Gleichzeitig brauchen Routinen auch eine gewisse Flexibilität und Anpassung. Einige Kinder und Jugendliche brauchen die Gelenkte Partizipation durch Erwachsene, bspw. durch die verbale (auch unmittelbare) Begleitung der einzelnen Handlungsschritte. Dies kann an manchen Tagen auch notwendig sein, wenn das Handlungsskript bereits selbstständig durchgeführt werden kann. Gerade Kinder und Jugendliche mit intellektueller Beeinträchtigung haben unterschiedliche (und in sich sehr heterogene) Fähigkeiten bei der Aneignung von Routinen. Deswegen ist es sinnvoll, Routinen langfristig zu verwenden und bspw. mit der ganzen Klasse einzuführen und später in Kleingruppen anzuleiten und zu festigen. Auch eine Einzelförderung, bspw. in der Morgenroutine beim Ankommen in der Schule, und eine gegenseitige Unterstützung der Schülerinnen und Schüler untereinander bei Handlungsschritten, bspw. beim An- und Ausziehen in der Garderobe kann in die Schul- und Unterrichtsorganisation eingebettet werden. Je mehr (Sicherheit vermittelnde) Routinen im Schulalltag implementiert sind, umso weniger zeigen sich Verhaltensauffälligkeiten als Ausdruck von fehlender Orientierung und von Handlungsunsicherheiten (Haider, Jencio-Stricker & Schwanda 2023, 194).

> **Praxis**
> **Routinen für Übergänge, Organisation und Handlungen**
>
> - *Übergänge:* bspw. das An- und Ausziehen im Garderobenbereich, der Wechsel vom Unterricht in die Pause oder Therapie und weitere Übergänge. Hier sind für die Zielgruppen 1 und 2 insbesondere Übergangsobjekte (▶ Abb. 2.8) und die direkte Begleitung durch Erwachsene bei Handlungsschritten relevant. Ab der symbolischen Kommunikation kommen visuelle Handlungsabfolgen dazu, bspw. durch Symbolkarten (Haider, Jencio-Stricker & Schwanda 2023, 194).
> - *Selbstorganisation und Selbstsorge:* Hierzu zählen bspw. das Händewaschen bzw. die Körperpflege, sich in der Umgebung orientieren können (Wege innerhalb des Klassenraumes oder der Schule selbstständig

gehen können), Kleidung an- und ausziehen oder auswählen können u. a. m.
• *Handlungsroutinen:* Hier sind Routinen zu nennen, die vom Aufstellen in einer Reihe, um zum Sportunterricht zu gehen, über das Einüben von Handlungen zur Arbeitsorganisation bis hin zu Lernroutinen reichen (Haider, Jencio-Stricker & Schwanda 2023, 176; Jockusch & Rothmayr 2019, 32 f.).

Strukturierung und Visualisierung

TEACCH
TEACCH steht für *Treatment and Education of Autistic and related Communication Handicapped Children* (Behandlung und pädagogische Förderung autistischer und in ähnlicher Weise kommunikativ beeinträchtigter Kinder) (Häußler 2021, 189).

Strukturierung und Visualisierungen werden insbesondere im TEACCH-Ansatz eingesetzt. Die Strukturierung bezieht sich auf zwei Dimensionen: die zeitliche und die räumlich-materielle. In der zeitlichen Dimension geht es um Pläne, die Aktivitäten über verschiedene Zeiträume oder konkrete Handlungsabfolgen darstellen. Dies reicht von Wochen- und Tagesplänen über Stundenpläne bis hin zu konkreten Abläufen. Die räumlich-materielle Dimension umfasst die räumliche Gestaltung und die Organisation des Materials. In sogenannten Aufgabenplänen werden beide Dimensionen kombiniert, indem sie Anweisungen zur selbstständigen Tätigkeit und Hinweise zum Material sowie den entsprechenden Handlungsabfolgen enthalten. Zudem können funktionale Verhaltensroutinen eingeübt werden, um in bestimmten Situationen klare und sozial passende Vorgehensweisen vorzugeben (Häußler 2021, 198).

• Die *räumliche Strukturierung* ermöglicht Orientierung in drei Bereichen: a) die räumliche Zuordnung der eigenen Person, b) die Zuordnung der Dinge im Raum, c) die Zuordnung der Handlungen. Um die Orientierung im Raum zu erleichtern, können unterschiedliche Handlungs- und Tätigkeitsbereiche durch Möbel, Bodenbeläge oder Klebestreifen markiert werden. Fotos der Kinder an ihren Arbeitsplätzen unterstützen ebenfalls die räumliche Zuordnung. Dinge im Raum werden durch Fotos und Piktogramme an Schränken und Schubladen gekennzeichnet und Tätigkeiten

und Handlungen lassen sich bspw. durch Sitzkissen für den Sitzkreis oder mit Spielzeugen und entsprechenden Piktogrammen für einen Spielbereich verdeutlichen (Häußler 2021, 199 f.).
- Die *zeitliche Strukturierung* nutzt unterschiedliche Methoden und Mittel, um auf zukünftige Ereignisse hinzuweisen oder um Abläufe zu verdeutlichen. Zeitpläne können verschiedene Zeiträume umfassen, angefangen mit einem visuellen Hinweis auf das unmittelbar erfolgende Ereignis bis hin zur umfangreichen Tages-, Wochen- oder gar Jahresplänen. Die Komplexität und der Informationsgehalt der Pläne müssen auf die Fähigkeiten der Kinder und Jugendlichen angepasst werden, für die sie bestimmt sind. Sie können aus verschiedenen Elementen bestehen:
  - *konkrete Objekte*, bei denen es sich um Gegenstände handelt, die in der jeweiligen Aktivität oder der nachfolgenden Aktivität verwendet werden
  - *Fotos oder Piktogramme*, die eine Aktivität oder einen Gegenstand darstellen
  - *Schriftsprache:* Beschreibung einzelner Wörter oder Phrasen der Aktivitäten

Für eine Unterstützung in der Zone der nächsten Entwicklung (s. o.) ist auch eine Kombination von Darstellungsformen sinnvoll. Wichtig ist es, eine Darstellung zu wählen, die die Kinder und Jugendlichen mit intellektueller Beeinträchtigung verstehen und die sie mit der entsprechenden Tätigkeit und Situation in Verbindung bringen. Ein weiterer zentraler Punkt ist, dass nicht das höchste Abstraktionsniveau gewählt werden sollte, sondern das, welches auch in Stresssituationen und ggf. überfordernden Phasen des Unterrichts (bspw. in Übergängen s. o.) leicht verarbeitet werden kann (ebd., 200 f.).

Im pädagogischen Setting haben sich visuelle Tagespläne und zum Beispiel auch Verlaufspläne von einzelnen Stunden als besonders gute Möglichkeiten erwiesen, eine verlässliche und transparente Struktur zu bieten. *Tagespläne* geben eine Übersicht über die groben Kernpunkte der zukünftigen Ereignisse und damit verbundene Anforderungen wie bspw. Unterrichtsfächer, Pausen, Mittagessen und Freizeitstunden. *Verlaufspläne* zeigen einzelne Phasen einer Schulstunde oder einer ganzen Einheit.

Eine weitere wichtige Komponente ist das *Verdeutlichen des Verstreichens von Zeit*, bspw. bei Arbeits- oder Wartezeiten. Hilfreiche Mittel können hier unter anderem ein visueller Countdown, ein TimeTimer (auch digital am Smartboard), eine Spieluhr oder eine Sanduhr sein. Mit diesen Mitteln wird auch verdeutlicht, wann ein bestimmter Zeitpunkt oder das Ende einer

Handlung erreicht ist (Häußler 2021, 201). Tages- und Stundenpläne optimieren den individuellen Lernprozess und die damit verbundenen Arbeitsschritte. So ermöglichen sie selbstständiges Handeln, da Unklarheiten im Ablauf, bereits visuell (vor-)strukturiert werden und insbesondere ab der symbolischen Kommunikation nicht immer eine individuelle Unterstützung durch eine andere Person notwendig wird. Dadurch werden selbstständige Organisations- und Planungsprozesse der Kinder und Jugendlichen gefördert. Vor allem Schülerinnen und Schüler, die viel Unterstützung benötigen, profitieren besonders vom Sicherheitsaspekt, von der ständigen Orientierung an einem verlässlichen Mittel und der Ritualisierung der Methoden. Aber auch das freie Planen und Handeln kann in Tages- und Stundenverlaufsplänen enthalten sein – insbesondere dann, wenn die äußeren Bedingungen nur so stark strukturiert werden, wie es für die Lerngruppe oder einzelne Kinder notwendig ist (Haider, Jencio-Stricker & Schwanda 2023, 198).

Die Transparenz des Ablaufs bzw. ein *Ablaufplan* sollte nicht nur die Kernfaktoren mit Tages- oder Stundenablauf umfassen, sondern auch die jeweiligen Lerninhalte. Denn visuelle Pläne decken nicht nur den Faktor Zeit und seine inneren Strukturen und Elemente ab, sondern können auch andere Dimensionen konkretisieren. Wie bereits einleitend beschrieben wurde, machen Pläne und Visualisierungen Zusammenhänge zwischen verschiedenen dinglich-materiellen, organisatorischen, sozialen und emotionalen Faktoren sichtbar und verständlich.

So können zum einen Erwartungen an das Verhalten und an Regeln transparent, vorbereitend und begleitend kommuniziert werden. Für Kinder und Jugendliche mit intellektueller Beeinträchtigung ist eine solche sensible Hinführung bedeutsam und kann durch Rituale, Routinen und individualisierte Hinweise unterstützt werden (Daun & Tuckermann 2019, 296 ff.). Zum anderen können die Auswirkungen des eigenen Handelns auf andere Personen sowie grundlegende Ursache-Wirkungs-Zusammenhänge oder Zweck-mittel-Verbindungen durch visuelle oder dingliche Darstellungen transparenter gemacht werden (Haider, Jencio-Stricker & Schwanda 2023, 199 f.).

Letzteres ist besonders zentral für die Zielgruppen 1 und 2 der UK und verweist zudem nochmals auf die Verbindung zwischen Lerngegenstand und Lernprozess sowie auf die Bedeutung der Lernhandlung (▶ Kap. 4.2.1). Die Strukturierung wird insbesondere in den Aufgabenplänen deutlich, die sich auf den Lernprozess beziehen und je nach Bedarf unterschiedlich komplex sind.

> **Praxis**
> **Beispiel Lernsystem**
> Ein einfaches Lernsystem könnte so aussehen: die Lernaufgabe (bspw. mit Sortier- und Zuordnungselementen) wird von links nach rechts bearbeitet. Abgeschlossene Zuordnungsaufgaben werden in einen sogenannten *Fertigkorb* gelegt. Die Arbeit ist erledigt, wenn keine Aufgaben mehr auf der linken Seite des Kindes liegen und die fertigen Aufgaben im Fertigkorb platziert sind. Nach der abgeschlossenen Lernaufgabe kann zur Belohnung eine entspannende Tätigkeit folgen bzw. etwas, was dem Kind Spaß macht (Häußler 2021, 208).

Die Lernaufgaben können entweder mit Gegenständen, symbolisch oder mit Schriftsprache ausgeführt werden. Ab der symbolischen Kommunikation kann die Strukturierung über eine Kartenabfolge erfolgen, die bspw. an einem Klettband oder Kommunikationsordner befestigt ist. Es wird eine Karte nach der anderen abgenommen, bis alle Schritte der Aufgabe erledigt sind. Sobald das Klettband leer ist, ist auch die Aufgabe erledigt. Bei der Zielgruppe 2 oder auch am Anfang der Zielgruppe 3 können bspw. abgezählte Teile helfen, den Fortschritt zu kontrollieren. Für die Zielgruppe 2 sind insbesondere Aufgaben geeignet, die nur eine richtige Lösung zulassen, bspw. können Gegenstände nur durch den jeweils passenden Schlitz in eine Dose gesteckt werden (Häußler 2021, 202 f.). Solche Aufgabenformate sind insbesondere für Kinder und Jugendliche geeignet, die offen sind für intentionale Kommunikation und beginnen, die Objekte in ihrer Umwelt zu erfahren und zu be-greifen (▶ Kap. 2.3; ▶ Kap. 3).

> **Ablauf- und Alternativpläne**
>
> - *einfache Ablaufpläne* mit zwei bis drei Elementen: »erst – dann«, »jetzt – dann – danach«
> - *Ablaufpläne mit mittlerer Komplexität*: »erst – dann – als nächstes – als letztes«, Tagespläne
> - *einfache Alternativpläne*: »wenn – dann«
> - *Alternativpläne mit mittlerer Komplexität*: »wenn – dann – Variante 1; wenn – dann – Variante 2« usw.
>
> Zentral für die Verwendung von Ablauf- und Alternativplänen ist, dass für ihren Einsatz die Kinder und Jugendlichen Reihen- bzw. Abfolgen erkennen, einer Reihenfolge mit einer Handlung folgen können und mindestens

ein Zeitverständnis im Sinne von »dann« oder »danach« haben (Haider, Jencio-Stricker & Schwanda 2023; 2011). Einen guten Überblick über die Verwendung von Ablaufplänen zum Aufbau des Zeit- und Symbolverständnisses geben Haider, Jencio-Stricker und Schwanda (2023). Insbesondere für die Verwendung von Ablauf- und Alternativplänen bei herausforderndem Verhalten finden sich bei Fröhlich, Castaneda und Waigand (2019) geeignete Hinweise mit viel zusätzlichem Online-Material.

Visualisierung und Strukturierung ermöglichen es, viele Richtlinien und Checkpoints des UDL-Konzepts methodisch abzudecken (vgl. hierzu die UDL-Matrix; ▶ Tab. 4.2). Sie bieten unterschiedliche Wahlmöglichkeiten für das Verständnis, da unterschiedliche Darstellungsweisen verwendet werden. Diese unterschiedlichen Formen der Visualisierung unterstützen die Wahrnehmung. Insbesondere mit der klaren Strukturierung werden die exekutiven Funktionen gefördert, aber auch der Ausdruck und die Kommunikation. Zudem ermöglichen insbesondere die Aufgabenpläne und weitere Elemente des TEACCH-Ansatzes eine Transparenz der Aufgaben und unterschiedliche Aufgabenniveaus. Gleichzeitig unterstützen sie das Lerninteresse durch Vermeidung von Ablenkungen und Schaffung von sicheren Handlungsroutinen und bieten einen optimalen Zugang und Variationen für die unterschiedlichen Lernhilfen in der Zone der nächsten Entwicklung. Ein weiteres zentrales Element von Lern- und Unterrichtsorganisation ist die Kooperation im pädagogischen Team (s. u.).

Unterrichtsbezogene Zusammenarbeit (Teamteaching)

Für die Strukturqualität in Schulen und die damit zusammenhängende Schul- und Unterrichtsqualität ist die Kooperation in pädagogischen Teams eine zentrale Komponente. Es gibt unterschiedliche Formen der organisationalen Kooperation in Schulen. Diese reichen von Jobsharing-Teams über Stufen- und Fachteams bis hin zu konkreten Teamteaching- und Klassenteams. Letztere arbeiten konkret im Unterricht in unterschiedlichen Formen zusammen. Insbesondere die sogenannten Klassenteams sind die häufigste Organisationsform der unterrichtsbezogenen Zusammenarbeit an Schulen mit dem sonderpädagogischen Schwerpunkt Geistige Entwicklung sowie auch zunehmend in inklusiven Settings (wenngleich hier die Regelungen zwischen Bundesländern und Kantonen variieren und teilweise große Unterschiede erkennen lassen, bspw. in Bezug auf Personaldichte, Qualifikationen usw.).

Zentrales Ziel eines Unterrichts, der in Kooperation mit unterschiedlichen Fachdisziplinen durchgeführt und geplant wird, ist der Einbezug der jeweiligen disziplinären Ziele und Methoden, um eine unterrichtsimmanente Kommunikations- und Entwicklungsförderung zu ermöglichen. Die Zusammenarbeit bezieht sich dabei nicht nur auf eine gemeinsame Planung, bspw. mit Sprachtherapeutinnen oder UK-Fachpersonen, sondern auch auf eine konkrete Verortung und Reflexion von entsprechenden Maßnahmen und Tätigkeiten im Unterricht. Dafür wird genau festgelegt, welche Teile des Unterrichts von welcher Person übernommen werden. In diesem Kontext spielen auch *assistierende Formen* wie bspw. »eine Person unterrichtet – eine Person beobachtet« oder »eine Person unterrichtet – eine Person unterstützt einzelne Schülerinnen und Schüler oder Kleingruppen« eine Rolle.

Weitere Formen sind der *Parallelunterricht*, in dem die Schülerinnen und Schüler in zwei oder mehr Gruppen eingeteilt werden und die gleichen Inhalte und mit ähnlichen Methoden lernen, und der *Stationenunterricht*. In diesem wird der Inhalt bzw. der Lerngegenstand aufgeteilt und die Teile werden jeweils von einer Person vermittelt. Die Gruppen wechseln nach einer bestimmten Zeit von der einen zur anderen Station. Auch hier bedarf es einer engen Abstimmung in der Planung und Reflexion von Unterricht (Terfloth & Bauersfeld 2019, 249 f.).

Im Rahmen von Interdisziplinären Klassenteams und damit dem Einsatz von verschiedenen Personen im Klassenraum ist es wichtig, die Zuständigkeiten im Vorfeld zu klären. In der Planung sollten Kinder berücksichtigt werden, die bspw. auf Personenwechsel irritiert reagieren, und die Aufgabenbereiche der jeweiligen Personen im Unterricht klar definiert und kommuniziert werden. Die Aufgabenbereiche können allgemeine Anforderungen, aber auch die Übernahme von kurzfristigen Hilfestellungen, die Begleitung von einzelnen Schülerinnen und Schülern in Arbeits- und Ruhephasen sowie ggf. das Krisenmanagement in schwierigen Situationen umfassen (Pitsch & Thümmel 2023).

Mit zusätzlichen personellen Ressourcen lassen sich auch räumliche Differenzierungen besser organisieren. Diese sollten von Anfang an in die allgemeine Planung einbezogen werden. Die verschiedenen Formen des Teamteachings können dabei methodisch und visuell transparent an die Schülerinnen und Schüler kommuniziert werden. Insbesondere bei nicht pädagogisch oder therapeutisch ausgebildetem Personal (persönliche Assistenz, Schulassistenzen oder Praktikanten und Praktikantinnen) ergeben sich besondere Herausforderungen. Diese machen eine hohe Koordinationskompetenz der Klassenlehrperson erforderlich. Denn einerseits können zusätzliche Personen förderliche Unterstützung bieten, bspw. bei der personellen

Unterstützung einzelner Kinder in der Aufmerksamkeit, der Handlungsorganisation und bei der Unterstützung von Sozialkontakten. Auch eine, manchmal notwendige, individuelle Unterrichtssituationen abseits der Klasse oder ein erforderlicher direkter Eins-zu-eins-Kontakt können so umgesetzt werden.

Andererseits kann die Anwesenheit einer individuellen Schulbegleitung die Selbstwirksamkeit der Schülerinnen und Schüler beeinträchtigen, da die auf diese Weise begleiteten Kinder und Jugendlichen weniger mit den Lehrpersonen oder ihren Peers interagieren. In der Konsequenz kann das zur Stigmatisierung, Isolation und einer erhöhten Abhängigkeit von den Erwachsenen führen. Deswegen ist es zentral, dass Zielformulierungen für die eingesetzten nicht pädagogisch ausgebildeten Personen regelmäßig analysiert, angepasst, gegenüber den Schülerinnen und Schülern klar formuliert und kommuniziert sowie ggf. mit den Kindern und Jugendlichen gemeinsam geklärt werden. Die Selbstständigkeit und das Wahrnehmen von Selbstwirksamkeit sollten immer im Vordergrund stehen. Denn eine zu starke Anleitung oder Übernahme von Tätigkeiten durch die Assistenz kann dazu führen, dass Schüler und Schülerinnen Aufgaben abgeben oder ihren Einsatz reduzieren (Haider, Jencio-Stricker & Schwanda 2023, 230 f.).

Unterrichtsplanung

Die beschriebenen Methoden und die Lern- und Unterrichtsorganisation sowie die Fragen zur Unterrichtsplanung von Beukelman und Mirenda (2005) münden in eine übergeordnete Unterrichtsplanung verbunden mit einem Planungsraster, mit dem das Kapitel zur Gestaltung von unterrichtsimmanenter kommunikativer Teilhabe abschließt (▶ Tab. 4.1). Aus den vorangegangenen Überlegungen ergibt sich eine klassische Dreigliederung einer Unterrichtsstunde:

1. *Einstiegsphase*, die sich auf die unterschiedlichen kommunikativen Kompetenzen der Kinder bezieht, Rituale sowie Routinen nutzt, kommunikative Äußerungen unterstützt und das entsprechende Stundenthema auf unterschiedlichen Darstellungsebenen erfahrbar macht
2. *Erarbeitungsphase*, in der die kommunikativen Fähigkeiten und das Lernen der Schülerinnen und Schüler entlang des Stundenthemas schrittweise mit Unterstützung der Lehrperson und weiterem Fachpersonal erweitert werden. Auch hier sind alle bereits genannten Formen der Lern- und Unterrichtsinteraktion zentral dafür, kommunikative Teilhabe zu ermög-

4.3 Unterrichtsimmanente kommunikative Teilhabe gestalten

lichen und Selbstwirksamkeit und Selbsttätigkeit in der Kooperation zu unterstützen.
3. *Die Abschlussphase* dient der Festigung und Präsentation des Gelernten. Sie kann ergänzt werden durch gemeinsame Rückmeldungen, die auf das gemeinsam erarbeitete Wissen zurückgreifen.

Das Beenden einer Phase und der Beginn einer nächsten kann durch konkrete ritualisierte Signale in ihrer Wahrnehmung und handlungsinitiierenden Wirkung verstärkt werden (Haider, Jencio-Stricker & Schwanda 2023, 194). Je geregelter solche Abläufe sind und vor allem, je klarer die Veränderungen im Vorhinein kommuniziert werden, desto einfacher sind diese meist zu bewältigen (ebd., 196).

Für eine Unterrichtsplanung haben sich unterschiedliche Planungsraster bewährt. Sie ermöglichen es, die unterschiedlichen Elemente von der Gelenkten Partizipation über die Richtlinien und Checkpoints des UDL bis zur Wahl der Methoden, der konkreten Ausgestaltung individueller Unterstützung und der Verwendung von Visualisierungen und Strukturierungen zu notieren und als Planungs- und Durchführungsskript zu verwenden. Es gibt viele unterschiedliche Raster, die jeweils ähnliche Elemente enthalten und die oben beschriebene Dreiteilung verwenden (siehe u.a. Terfloth & Bauersfeld 2019, 30). In der sonderpädagogischen Praxis haben sich insbesondere Raster bewährt, die für jede Unterrichtsphase auch schüler- bzw. sonderpädagogische Kommentare bzw. Überlegungen enthalten (▶ Tab. 4.1).

Diese Unterrichtsplanung ist anwendbar auf jede konkrete Unterrichtgestaltung, auch unter den nachfolgenden Perspektiven von Literacy und Mehrsprachigkeit (▶ Kap. 4.4).

Weiterführende Literatur (Unterrichtsplanung)

Fischer, E. & Schäfer, H. (2021): Unterricht im Förderschwerpunkt geistige Entwicklung. Pädagogische Perspektiven und didaktische Erfordernisse. In: Grundschule, 6(53), 28–33.
Schäfer, H. (2014): Unterricht im Förderschwerpunkt geistige Entwicklung. In: Behindertenpädagogik, 1(53), 74–103.
Schäfer, H. (2017): Unterrichtsplanung im Förderschwerpunkt geistige Entwicklung. Das MehrPerspektivenSchema als didaktischer Orientierungsrahmen. Mit Online-Materialien. Weinheim: Beltz.
Terfloth, K. & Bauersfeld, S. (2019): Schüler mit geistiger Behinderung unterrichten. Didaktik für Förder- und Regelschule. München: Ernst Reinhardt.

Tab. 4.1: Ausdifferenziertes Planungsraster im Kontext UK (angelehnt an Terfloth & Bauersfeld 2019; Schäfer 2019)

Unterrichts-thema				
Lernziele	allgemein:			
	Schwerpunkt:			
	erweitert:			
	individuell:			
Zeit	**Unterrichts-schritte: Lehr- und Lernaktivität**	**didaktisch-methodischer Kommentar**	**schülerbezogener/sonderpädagogischer Kommentar**	**Medien und Sozialform**
Kurzbeschreibung	• konkrete Handlungen der Lehrperson • erwartete Handlung sowie Handlungsmöglichkeiten der Schülerinnen und Schüler	didaktisch-methodische Begründung (bspw. UDL-Richtlinien und Checkpoints)	• individuell angepasste Lernhilfen (Diagnostik) • Zuständigkeiten (bspw. Assistenz, Schulbegleitung) • Koordination von Differenzierungsmaßnahmen	• verwendete Medien und Sozialformen • Raumfragen • Gestaltung der Übergänge
Einstieg (Beispiele)	Einstiegslied, Stundenverlauf, Thema	Rituale, Routinen	individueller Einsatz UK	Sitzkreis, Visualisierung
Erarbeitung	Thema handelnd, eigenaktiv und kooperativ erarbeiten	Ablaufpläne, Lernprozess	Scaffolding, UK ...	Partner- oder Gruppenarbeit
Feedback/Präsentation	Feedback- und Abschlussritual, Ergebnissicherung	Rituale, Routinen	...	...

4.4 Literacy, Schriftspracherwerb und UK

Schülerinnen und Schüler machen im Rahmen ihrer individuellen Möglichkeiten und auf ihren je individuellen Entwicklungsniveaus Fortschritte in der Schriftsprachentwicklung – dies gilt auch für Kinder und Jugendliche mit intellektueller Beeinträchtigung, zumindest, wenn sie gute unterrichtliche Angebote erhalten. Denn die kompetente Nutzung von Schriftsprache ist eine erfahrungsbasierte Fähigkeit. Das heißt, dass Kinder und Jugendliche vielfältige Erfahrungen mit Schriftsprache machen müssen, um ein Verständnis dafür zu entwickeln, wie Schriftsprache funktioniert und wofür Schrift genutzt werden kann. Was es braucht, damit Kinder und Jugendliche diese bedeutsamen Erfahrungen machen können, und was es speziell bei unterstützt kommunizierenden Schülerinnen und Schülern zu beachten gilt, wird im Folgenden dargestellt.

4.4.1 Zur Bedeutung des Schriftspracherwerbs für UK-Nutzende

Schriftsprache bietet (im Gegensatz zu einem vorgefertigten Wortschatz bspw. auf einem Talker) die Möglichkeit, alles auszudrücken. Kompetente Schreibende können jeden Gedanken formulieren und sogar neue Wörter entstehen lassen. Und auch wenn eine Person nur begrenzte schriftsprachliche Fähigkeiten hat, kann dies die kommunikativen Möglichkeiten schon deutlich erhöhen.

> **Praxis**
> **Erweiterung der kommunikativen Möglichkeiten durch Schriftsprache**
> Marie-Florence kam eines Morgens aufgeregt in die Klasse. Mit ihrem Talker konnte sie erzählen, dass sie jemanden GESEHEN hat. Auf Nachfrage des Lehrers konnte sie sagen, dass es ein TIER war. Jedoch fehlte das konkrete Tier auf ihrem Talker und alles Raten (Hund, Katze, Maus) führte nicht zu einem Ergebnis. Erst als Marie-Florence auf die Frage, ob sie den Anfangsbuchstaben des Tiers nennen könne, auf ihrer Tastatur W eintippte, kam dem Lehrer die Idee: »Hast du etwa einen Waschbären gesehen?«. Freudige Zustimmung bei Marie-Florence und dem folgend der dringende Wunsch, das Wort WASCHBÄR im Talker einzuspeichern.

Häufig wird unterstützt kommunizierenden Kindern und Jugendlichen die Kompetenz zum Schriftspracherwerb abgesprochen oder die Entwicklung anderer Fähigkeiten als wichtiger für sie angesehen. Aussagen wie »Das Kind muss erst einmal lernen, zuzuhören und sich auszudrücken« ist Ausdruck eines Kandidatenmodells (▶ Kap. 2.5). Es werden gewisse Zugangsvoraussetzungen angenommen oder es wird davon ausgegangen, dass ein Kind gewisse Vorläuferfähigkeiten erworben haben muss, um Lesen und Schreiben lernen zu können. Es wird eine sogenannte »reading readiness« (Lesebereitschaft; bereit dazu sein, Lesen und Schreiben zu lernen) vorausgesetzt (Sachse 2022, 273). Das heißt, dass ein Kind zuerst bestimmte Fähigkeiten zeigen muss (bspw. sprechen können, eine phonologische Bewusstheit haben), bevor ihm gezielte Angebote zum Schriftspracherwerb gemacht werden. Eine solche Haltung lässt sich durch das Bild, das eine Lehrkraft vom Schriftspracherwerb hat, erklären. Gerade im Kontext intellektuelle Beeinträchtigung führt dies immer wieder dazu, dass Schülerinnen und Schülern der Zugang zum Schriftspracherwerb verschlossen bleibt.

4.4.2 Modelle des Schriftspracherwerbs: Stufenmodelle vs. Emergent-Literacy-Modell

In der Forschung und Didaktik zum Schriftspracherwerb werden vielfach sogenannte Stufenmodelle herangezogen. So formuliert bspw. Günther (1986) im Groben vier Strategien des Lesens und Schreibens: präliteral-symbolisch, logographemisch, alphabetisch und orthografisch. Solche Modelle beschreiben, wie Kinder die alphabetische Struktur der Schrift erlernen. Der Fokus liegt auf dem technischen Aspekt der Schriftsprache (bspw. dem Verständnis der Phonem-Graphem-Korrespondenz). Insbesondere in der alphabetischen Phase spielen die lautsprachlichen Fähigkeiten der Kinder eine zentrale Rolle. In dieser Phase sprechen Kinder Wörter und hören diese ab, sie ordnen Buchstaben Lauten zu und lernen, Laute zusammenzuschleifen. Ein solches Modell des Schriftspracherwerbs ist für unterstützt kommunizierende Kinder schwierig, weil sie die Möglichkeiten des lautsprachlichen Manipulierens und Ausprobierens nicht oder nur begrenzt haben (Köster & Schwager 2002; Sachse 2022). Es besteht die Gefahr, dass diese Kinder von Angeboten zum Schriftspracherwerb ausgeschlossen werden, weil Bezugspersonen davon ausgehen, dass die Kinder die in den Modellen angeführten notwendigen Kompetenzen nicht haben und Schriftspracherwerb somit kein relevanter Lerninhalt für sie ist.

4.4 Literacy, Schriftspracherwerb und UK

Zum Schriftspracherwerb gehört jedoch deutlich mehr als Wörter lesen und schreiben zu können. Kinder verstehen bspw., dass mit Schrift etwas ausgedrückt werden kann, dass man etwas aufschreiben kann, um es sich zu merken, und dass mithilfe des Textes in Büchern Geschichten vorgelesen werden können (Pragmatik).

Somit besteht der Schriftspracherwerb aus einem pragmatischen Anteil (wofür wird Schriftsprache genutzt) und einem technischen (wie funktioniert Schrift, wie sehen einzelne Buchstaben aus). Sachse (2022) nutzt für die Unterscheidung der beiden Anteile die Begriffe *Schrifterwerb* (technischer Aspekt) und *Schriftspracherwerb* (pragmatischer Aspekt).

> **Schrifterwerb – Schriftspracherwerb**
> Bredel, Fuhrhop und Noack (2017) beschreiben den Unterschied zwischen Schrifterwerb und Schriftspracherwerb folgendermaßen:
>
> »Der Ausdruck Schrifterwerb bezieht sich eher auf den technischen Aspekt des Lesens und Schreibens. Er bezeichnet im Allgemeinen die Aneignung [...] eines schriftlichen Zeicheninventars, der Schreib- und Lesetechnik, des Alphabets, der Buchstabenformen, des motorischen Schreibens und der Fähigkeit, beim Lesen geschriebene Zeichen in gesprochene Sprache zu übertragen. Demgegenüber impliziert der Ausdruck Schriftspracherwerb einen sehr viel weiteren Gegenstand, nämlich den Erwerb eines von der gesprochenen Sprache unterschiedlichen Codes« (Bredel, Fuhrhop & Noack 2017, 73; Hervorh. i. O.).

Der Begriff *Schrifterwerb* beschreibt somit die Entwicklung von schriftsprachlichen Kompetenzen im engeren Sinne, wie sie den Stufenmodellen zugrunde liegt: das Dekodieren von Schrift in gesprochene Sprache und umgekehrt (Lesen und Schreiben). Der Begriff *Schriftspracherwerb* bezeichnet das breitere Verständnis, in dem weitere Aspekte von Schriftsprache einbezogen werden wie bspw. die Einsicht, wofür Schriftsprache genutzt werden kann (Pragmatik). Ein solches Verständnis von Schriftspracherwerb wird bspw. im Emergent-Literacy-Modell vertreten, das im Folgenden vorgestellt wird.

> **Emergent-Literacy-Modell**
> *Literacy* ist ein »Sammelbegriff für kindliche Erfahrungen und Kompetenzen rund um Buch-, Erzähl-, Reim- und Schriftkultur« (Ulich 2008, 87). Mit dem Begriff *Emergent Literacy* (engl. *emergent* = sich entwickelnd) werden frühe Formen und Phasen des Schriftspracherwerbs bezeichnet,

die das *Hineinwachsen in die Welt der Schriftlichkeit* markieren (vgl. Nickel 2014). In diesem Verständnis bilden Erfahrungen mit Schriftsprache die Basis für die Entwicklung kindlicher Vorstellungen davon, was Schriftsprache ist und wie sie funktioniert.

Das Emergent-Literacy-Modell (Teale & Sulzby 1986) beschreibt die frühen Formen und Phasen des Schriftspracherwerbs, die den Eintritt eines Kindes in die Welt der Schriftsprache markieren. Kinder lernen durch vielfältige Erfahrungen mit Schrift etwas über deren Funktion und Struktur. Damit Kinder diese Erfahrungen machen können, brauchen sie ein Umfeld, das ihnen diese Erfahrungen ermöglicht – unabhängig von ihren Sprach- und Sprechfähigkeiten oder ihrem Entwicklungsstand. Die Erfahrungen sind je in einem sozialen Kontext verortet, was bedeutet, dass Austausch stattfindet über Schrift, wie diese aufgebaut ist, welche Funktion sie hat und wie sie verwendet werden kann. Auf Basis von bedeutsamen und reichhaltigen Erfahrungen mit Schrift, eingebunden in einen sozialen Austausch, können Kinder Einsichten sammeln und Ideen entwickeln, wie Schriftsprache funktioniert. Durch vielfältige Erfahrungen können sie die Einsichten verfeinern und korrigieren.

Willke und Sachse (2020) machen dies an konkreten Beispielen deutlich:

> »[Kinder] beginnen im dritten Lebensjahr so zu tun, als ob sie lesen und schreiben würden (Jungmann, Morawiak & Meindl 2018, 18). Die Kinder fragen, ›was dort steht‹, weil sie wissen, dass Informationen enthalten sind. Ab dem vierten Lebensjahr imitieren sie das Lesen und Schreiben von links nach rechts (vgl. ebd.). Sie lernen den eigenen Buchstaben und den eigenen Namen zu erkennen und dass man Laute und Buchstaben in den Namen und Wörtern hören und sehen kann. Diese Erfahrungen machen Kinder ganz natürlich, wenn sie in sinnvollen Situationen erleben, wie und wozu ihr Umfeld Schrift nutzt: Wenn der Name auf ein gemaltes Bild oder ins T-Shirt geschrieben wird; wenn zuhause der Kakao fehlt, *Kakao* auf die Einkaufsliste geschrieben und dann eingekauft wird (im Laden wird der Zettel nochmal gelesen); wenn die Omi eine Nachricht schickt, dass sie Lisa heute abholen kann, Mama die Nachricht vorliest und erläutert. An einem anderen Tag fragt Mama Lisa, ob sie der Omi schreiben und fragen soll, ob sie Lisa abholen kann. Irgendwann fragt Lisa vermutlich, ob sie selbst an die Omi schreiben darf« (Willke & Sachse 2020, 332).

Im Verständnis des Emergent-Literacy-Modells entwickeln sich kommunikativ-sprachliche Fähigkeiten parallel zu schriftsprachlichen Fähigkeiten: Die Fähigkeiten zu sprechen bzw. unterstützt zu kommunizieren und zu verstehen, zu lesen und zu schreiben entwickeln sich gleichzeitig und beeinflussen sich gegenseitig. Kein Bereich ist dabei wichtiger als ein anderer (vgl. Koppenhaver et al. 1991; Teale & Sulzby 1986).

Die Entwicklung dieser Fähigkeiten beginnt schon sehr früh im Leben der Kinder – wenn Angebote unterbreitet werden. Hier ist das Umfeld gefordert. Es muss dem Kind die Auseinandersetzung mit Schriftsprache in vielfältigen, für das Kind bedeutsamen Situationen ermöglichen. Dazu gehört bspw. vorzulesen, Stifte zur Verfügung zu stellen, zu zeigen, was man mit Stiften machen kann. Alle Kinder können Erfahrungen sammeln und Fortschritte machen, wenn Angebote zum Schriftspracherwerb unterbreitet werden. Vonseiten der Kinder sind dabei keine Voraussetzungen zu erfüllen (Erickson & Koppenhaver 2020). Das Umfeld bietet idealerweise je Anregungen, die zum aktuellen Entwicklungsstand und Interesse des Kindes passen – immer eingebunden in einen sozialen Kontext.

Nach der Emergent-Literacy-Auffassung werden Erfahrungen mit der Funktion von Schrift als genauso wichtig wie Erfahrungen mit der Form von Schrift angesehen (Rhyner, Haebig & West 2009).

4.4.3 Grundlegende handlungsleitende Haltungen

Kinder mit und ohne Beeinträchtigungen sollten keine spezifischen Kompetenzen vorweisen müssen, um Angebote zum Schriftspracherwerb zu erhalten (vgl. Hallbauer 2007, 160; Whitehead 2007, 61). Yoder (2000, o. S.) betont: »No student is too anything to be able to read or write« (Kein Schüler ist zu *irgendetwas*, um lesen und schreiben zu können). Es ist in erster Linie das Umfeld gefragt, passende Angebote zu machen, damit die Kinder Erfahrungen mit Schriftsprache machen können. Grundlegende Haltungen, die dafür bedeutsam sind, werden im Folgenden dargestellt.

Konstruktion – Denken kann nur jeder selbst!

Lernen ist stets ein konstruktiver Prozess, bei dem neue Erfahrungen auf der Grundlage von vorhandenem Wissen und bisherigen Erfahrungen verarbeitet werden. Individuen erschaffen ihr Wissen aktiv, anstatt es lediglich durch einfache Informationsübertragung zu erhalten. Daher ist der Lernprozess immer selbstgesteuert und aktiv (Graf 2015). Im Kontext des Schriftspracherwerbs bedeutet dies, dass Kinder selbst ein Verständnis für die Struktur von Schriftsprache entwickeln müssen. Durch ihre Erfahrungen im Umgang mit Schriftsprache formen sie eigene Vorstellungen darüber, wie Schrift funktioniert. Dies bedeutet, dass jedes Kind die Schriftsprache für sich praktisch neu erfindet (ebd.). Obwohl das Verständnis für Schriftsprache von den Kindern eigenständig konstruiert werden muss, basiert dieser Prozess stets auf Erfahrungen, die in sozialen Kontexten gesammelt werden. Kinder erleben bei Erwachsenen bspw., dass Schriftsprache zu kommunikativen Zwecken (bspw. in Briefen, WhatsApp-Nachrichten) oder als Gedächtnisstütze (bspw. Notizen, Einkaufszettel) verwendet wird. Gleichzeitig beginnen Kinder selbst, mit Schriftsprache zu experimentieren und imitieren, was sie sehen. Sie verfassen vielleicht Kritzel-Briefe oder lesen ihre Lieblingsbücher vor. Auf diese Weise zeigen Kinder, wie viel sie bereits über Schrift gelernt haben. Sie erkennen Schrift (die Form) und stellen Fragen wie »Was steht da?«, da sie verstanden haben, dass dort möglicherweise interessante Informationen enthalten sind (die Funktion von Schriftsprache). Kinder lernen, warum wir Schriftsprache nutzen, lange bevor sie selbst das Lesen und Schreiben erlernen (»form follows function«, vgl. Kress 2000).

Vorschussvertrauen bieten

Im Umfeld von lautsprachlich kommunizierenden Kindern wird meist ganz selbstverständlich davon ausgegangen, dass diese das Lesen und Schreiben erlernen werden. Bei Kindern mit intellektueller und komplexer Beeinträchtigung ist dieses grundlegende Vertrauen in die Fähigkeiten der Kinder jedoch nicht immer vorhanden (Koppenhaver, Evans & Yoder 1991, 26). Dies führt oft dazu, dass weniger Materialien und Gelegenheiten für die Auseinandersetzung mit Schrift bereitgestellt werden – andere Dinge stehen unter Umständen im Vordergrund, insbesondere, wenn bspw. auch pflegerische und vitale Aspekte zu berücksichtigen sind. In der Folge haben diese Kinder auch weniger (bis hin zu keinen) Gelegenheiten, Erfahrungen mit Schriftsprache zu machen.

Wie bei lautsprachlich kommunizierenden Kindern ist es wichtig, dass Bezugspersonen (sowie später auch Lehrpersonen) im Sinne einer pädagogischen Haltung Vorschussvertrauen zeigen, auch wenn Kinder bestimmte Fähigkeiten (noch) nicht zeigen. Sie sollten den Kindern das Schreiben zutrauen und sie ermutigen, etwas zu kritzeln oder zu schreiben. Damit Kinder sich selbst als Lesende und Schreibende kompetent wahrnehmen, müssen ihre Kritzel-, Lese- und Schreibaktivitäten anerkannt werden. Auch wenn diese Aktivitäten anfangs eher zufällig sind, ist es wichtig, ihnen Bedeutung zuzuschreiben (»Oh, du hast ein A geschrieben. Wolltest du deinen Namen auf das Bild schreiben?«). Falls Kinder keinen Stift halten können, sollten alternative Schreibwerkzeuge angeboten werden, wie eine Kommunikationshilfe mit Tastatur, ein Malprogramm mit Augensteuerung oder eine ABC-Klapptafel. Auf diese Weise können Kinder Erfahrungen sammeln, die mit dem Kritzeln vergleichbar sind (Dierker 2017, 8; Sachse 2015, 249).

Erfahrungen ermöglichen die Entwicklung von Wissen und Können

Im Verständnis des Emergent-Literacy-Modells wird deutlich, dass jedes Kind Erfahrungen mit Schrift sammeln und so Fortschritte auf dem Weg des Schriftspracherwerbs machen kann. Literacy-Fähigkeiten werden als auf Erfahrungen basierende Fähigkeiten verstanden. Fehlende Literacy-Fähigkeiten werden somit auf fehlende Erfahrungsmöglichkeiten zurückgeführt und nicht auf die Beeinträchtigungen der Kinder. Hier wird ein zweiter Unterschied in Bezug auf die gängige Auffassung des Schriftspracherwerbs deutlich: Der Schriftspracherwerb erfolgt nicht durch Instruktion, sondern durch den tatsächlichen Gebrauch von Schrift (Kochan 1990, 233; zit. nach Topsch 2005, 65).

Im Alltag bieten sich zahlreiche Gelegenheiten für Erwachsene, Lese- und Schreiberlebnisse als Lernmöglichkeiten zu gestalten. Dabei wird erneut der Unterschied zwischen dem *Erlernen des Schriftsprachgebrauchs durch Instruktion* und dem *Erlernen des Schriftsprachgebrauchs durch praktische Anwendung* deutlich. Indem Erwachsene den Interessen der Kinder folgen und sie aktiv am Schreiben und Lesen teilhaben lassen, indem sie erklären, warum bestimmte Texte gelesen werden (bspw.: »Lass uns mal nachlesen, wann Kathis Feier anfängt. Hier steht es.«) oder warum etwas geschrieben wird (bspw.: »Wir schreiben das auf, damit wir es nicht vergessen«), können Kinder auf eine interessensgeleitete Weise mehr über die Form und Funktion von Schrift erfahren. Durch gleichzeitiges Sprechen während dieser Aktivitäten werden Kinder sowohl in die Handlung als auch in die dahinterliegende Absicht einbezogen (vgl. Kammermeyer et al. 2019, 17). Beim Lesen und Schreiben von WhatsApp-Nachrichten, beim Kochen nach Rezepten oder beim Eintragen von Ereignissen in den Kalender können Kinder ihre Vorstellungen von Schrift weiterentwickeln. Für Schülerinnen und Schüler, die zudem motorische und körperliche Beeinträchtigungen haben, die möglicherweise nicht aktiv zu einem Schreibenden hingehen können, um zuzuschauen, ist es wichtig, dass Erwachsene regelmäßig zu diesen Kindern gehen und dort schreibende Tätigkeiten ausführen.

Das Vorlesen von Büchern, Geschichten, Nachrichten und anderen Texten, die für die betreffende Person von Interesse sind, ist von besonderer Bedeutung. Besonders wenn das Vorlesen als Dialog gestaltet ist, bietet es vielfältige Möglichkeiten zur Förderung von Lesekompetenz und Kommunikation (vgl. Ulich 2008, 90). Dabei geht es weniger darum, eine Geschichte schnell zu Ende zu lesen, sondern vielmehr darum, auf jeder Seite einen Austausch zu ermöglichen und persönliche Bezüge herzustellen. Solche Gespräche sind bereichernd und helfen den Kindern einerseits, den Inhalt besser zu verstehen, und andererseits, die beschriebenen Situationen mit ihren eigenen Erfahrungen zu verknüpfen (vgl. Willke & Sachse 2020).

Alltagsimmanenz

In den bisherigen Ausführungen wurde deutlich, dass nicht immer ausführlich geplante Situationen nötig sind, um Erfahrungen mit Schriftsprache zu ermöglichen. Vielmehr sind es wiederkehrende alltägliche Situationen, welche die Entwicklung von schriftsprachlichen Fähigkeiten im Besonderen unterstützen. Indem Kinder in vielen unterschiedlichen Situationen und Kontexten erleben, wie und wofür Schriftsprache genutzt wird, können sie nach und nach ihre schriftsprachlichen Fähigkeiten entwickeln. Gerade die im sonderpädagogischen Schwerpunkt Geistige Entwicklung häufig übliche Ganztagsbeschulung mit integrierten Frühstücks- und Mittagessenszeiten sowie einem ganzheitlichen Unterrichtsansatz bieten zahlreiche Möglichkeiten des Einbezugs von Schriftsprache von Beginn an. Von Bedeutung sind unsere Haltung und eine geeignete Umgebungsgestaltung.

4.4.4 Das Merge-Modell

Merge-Modell
Die bislang beschriebenen Perspektiven für die Entwicklung früher Kompetenzen im Schriftspracherwerb integriert Sachse (2022) im Merge-Modell. Dieses stellt eine Weiterentwicklung des oben beschriebenen Emergent-Literacy-Modells (Teale & Sulzby 1986) dar, indem es die Rolle des Umfeldes als Rahmen in das Modell integriert und die Aspekte der persönlichen Bedeutsamkeit von Schrift und deren Aspekte von Form und Funktion ergänzt (▶ Abb. 4.2).

Sachse (2022) fasst die grundlegenden Annahmen aus der Emergent-Literacy-Auffassung, die dem Merge-Modell zugrunde liegen, zusammen:

- Merkmal 1: Die Fähigkeiten zu sprechen bzw. unterstützt zu kommunizieren, zuzuhören und zu verstehen, zu lesen und zu schreiben entwickeln sich gleichzeitig und beeinflussen sich gegenseitig (Ergänzung von Unterstützter Kommunikation bzw. UK durch Koppenhaver et al. 1991; Teale & Sulzby 1986).

- Merkmal 2: Kein Bereich ist wichtiger als ein anderer oder geht einem anderen voraus (Erickson & Koppenhaver 2020).
- Merkmal 3: Entwicklung beginnt früh, wenn Angebote unterbreitet werden (ebd.). Das Umfeld stellt den Rahmen für den frühen Schriftspracherwerb. Es geht darum, dass die Bezugspersonen potenzielle Lese- und Schreibanlässe als Lernanlässe erkennen und nutzen, sodass die Kinder Erfahrungen mit Schrift in ganz unterschiedlichen Kontexten machen können. Hier sind alle Kinder gemeint, auch und ausdrücklich Kinder, die aufgrund von schweren Beeinträchtigungen gar nicht sprechen können. Aus diesem Grund findet sich im Modell auch der Hinweis auf Adaptionen (bspw. Blätterhilfen, alternative Stifte).
- Merkmal 4: Vonseiten der Kinder müssen keine Voraussetzungen erfüllt werden (ebd.).
- Merkmal 5: Im Fokus steht die Schrift; genauer: persönlich bedeutsame Erfahrungen mit der Form von Schrift (Wörter, Buchstaben, Graphem-Phonem-Korrespondenzen) sowie persönlich bedeutsame Erfahrungen mit verschiedenen Funktionen von Schrift (Sachse 2022, 278 f.).

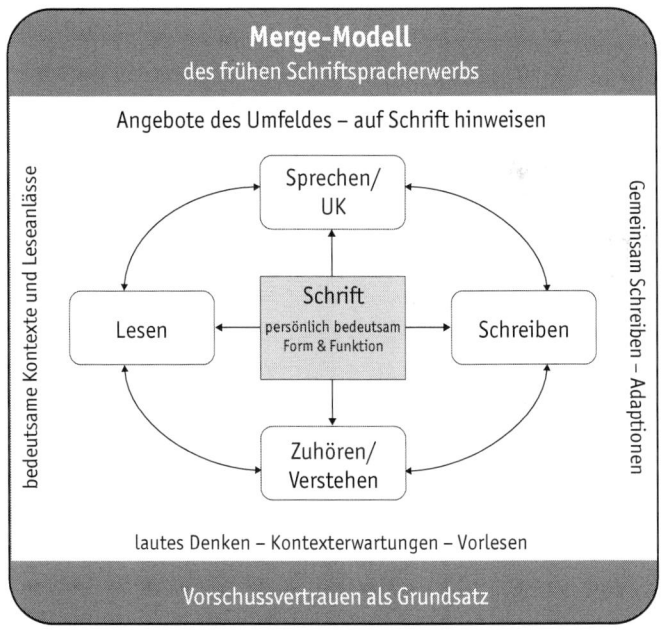

Abb. 4.2: Merge-Modell (Sachse 2022, 278)

4.4.5 Schriftspracherwerb im engeren Sinne

Die bisherigen Ausführungen haben sich vor allem auf frühe Phasen des Schriftspracherwerbs und grundlegende Haltungen bezogen. Die beschriebenen Herangehensweisen sind für viele UK-Nutzende lange Zeit von besonderer Relevanz. Haben Kinder und Jugendliche grundlegende Einsichten darin gewonnen, wie Schriftsprache funktioniert, braucht es spezifische Angebote, die vor allem den Fokus auf die Entwicklung von Fähigkeiten zum Schriftspracherwerb im engeren Sinne legen, wie es weiter oben in Zusammenhang mit Schrifterwerb (▶ Kap. 4.4.2) beschrieben wurde.

Um zu entscheiden, ob eine Person eher Angebote im Bereich früher Schriftspracherwerb bzw. Emergent Literacy benötigt oder zum Schrifterwerb bzw. Schriftspracherwerb im engeren Sinne, stellen Erickson, Koppenhaver und Cunningham (2017) vier Fragen:

1. Kennt die Person die meisten Buchstaben?
2. Beteiligt sie sich an gemeinsamem Lesen?
3. Verfügt die Person über Kommunikations- und Interaktionsmöglichkeiten?
4. Versteht die Person, dass Schrift eine Bedeutung hat?

Wird nur eine dieser Fragen mit nein beantwortet, sollten verstärkt Angebote im Bereich Emergent Literacy gemacht werden. Werden alle vier Fragen mit ja beantwortet, sollte der Schwerpunkt der Angebote im Bereich des »Schriftspracherwerbs im engeren Sinne« liegen.

Der Schriftspracherwerb im engeren Sinne unterscheidet sich bei UK-Nutzenden nicht grundsätzlich von dem von lautsprachlich kommunizierenden Kindern. Es gibt jedoch besondere Herausforderungen.

Einsicht in die phonologische Struktur von Wörtern gewinnen

Viele unterstützt kommunizierende Kinder und Jugendliche können zwar einzelne Buchstaben benennen, haben jedoch Schwierigkeiten, die Laute zusammenzuziehen. Dies lässt sich durch mangelnde Erfahrungen mit der Phonologie (dem Klang) von Sprache erklären. Da sie Wörter nicht selbst aussprechen und abhören können, kann es ihnen schwerfallen, die Klangstruktur der Sprache zu verstehen und zu reproduzieren. Im Gegensatz zu sprechenden Kindern haben sie nicht die Möglichkeit, die Laute zu vereinen, das entstandene Wort laut auszusprechen und es anschließend aufzuschreiben (Sachse 2020).

Es müssen daher alternative Unterstützungssysteme genutzt werden, um das Lesen und Schreiben von Wörtern zu fördern. In diesem Zusammenhang kommt der sogenannten »inneren Stimme« eine große Bedeutung zu. Die innere Stimme spielt eine entscheidende Rolle beim Schriftspracherwerb von unterstützt kommunizierenden Kindern. Diese innere Stimme repräsentiert das innere Sprechen oder Denken, das mit der Vorstellung von Lauten und Wörtern verbunden ist. Sie ermöglicht es, sich innerlich vorzustellen, wie Wörter klingen, und hilft, eine interne Repräsentation der Lautstruktur zu entwickeln. Die innere Stimme unterstützt den Prozess der Verknüpfung von geschriebenen Wörtern mit gesprochener Sprache. Kinder können sich durch die innere Stimme beim Lesen vorstellen, wie die Wörter ausgesprochen werden würden, auch wenn sie diese Wörter möglicherweise nicht laut aussprechen können. Beim Schreiben können unterstützt kommunizierende Kinder mithilfe ihrer inneren Stimme die Lautfolge der Wörter planen und überprüfen.

Es gibt im Zuge der Unterstützung durch die Lehrperson unterschiedliche Möglichkeiten, die Entwicklung der inneren Stimme zu unterstützen. Dies können unter anderem sein:

- *laut denken:* Indem Erwachsene ihre eigenen Gedanken und Strategien mit Lauten und Wörtern laut äußern, können sie dazu beitragen, dass Kinder verstehen, wie man innerlich über Schriftsprache nachdenkt.
- *bewusstes Auffordern, auf die innere Stimme zu hören:* Es kann helfen, Kinder bewusst aufzufordern, auf ihre »Stimme im Kopf« bzw. »Flüsterstimme« zu hören. So kann bspw. ein Reim formuliert werden, bei dem das letzte Wort ausgelassen wird und anschließend Zeit gelassen wird, damit dieses Reimwort mit der inneren Stimme gesprochen werden kann: »Morgens früh um sechs, kommt die kleine ...«.
- *Spielen mit Sprache:* Die Beschäftigung mit Reimen, Versen und Sprachspielen unterstützt die Entwicklung des Sprachbewusstseins und die phonologische Bewusstheit.
- *Nutzung elektronischer Hilfsmittel:* Die Nutzung von Sprachausgabegeräten oder speziellen Apps kann die innere Stimme stärken. Kinder können mithilfe dieser Hilfsmittel Wörter und Laute immer wieder hören und sich so mit ihnen auseinandersetzen. Gleichzeitig können sie ihre Gedanken formulieren und hören, was sie kommunizieren.

Sinnentnehmendes Lesen unterstützen

Um Texte effektiv lesen zu können, ist es notwendig, dass der Großteil der Wörter automatisch erkannt wird. Wenn zu viele Wörter beim Lesen erarbeitet werden müssen, wird es schwierig, die Wörter und die Betonung des Satzes im Arbeitsgedächtnis zu behalten. Dies beeinträchtigt die Sinnerfassung des Satzes (vgl. Dahlgren Sandberg 2001). Sachse (2020) nennt vier Ansätze, die unterstützt kommunizierenden Schülerinnen und Schülern helfen können, potenzielle Herausforderungen zu minimieren.

1. *Kontexterwartungen:* Kinder entwickeln durch Erfahrungen mit verschiedenen Schriftstücken Sinnerwartungen. Solche Erwartungen unterstützen das Lesen, indem bspw. vorhersehbar wird, welche Wörter mit »M« in einem Rezept wahrscheinlicher sind. Erfahrungen mit verschiedenen Texten und das allgemeine Weltwissen der Kinder beeinflussen diese Erwartungen und fördern das Verständnis (Füssenich & Löffler 2008, 82).
2. *Steuerungsfragen:* Kompetente Lesende haben in der Regel vor dem Lesen eines Textes eine klare Leseabsicht. Diese Absicht lenkt die Aufmerksamkeit beim Lesen, indem bspw. Fragen formuliert werden wie: Wann beginnt die Geburtstagsfeier? Wie verlaufen die Koalitionsverhandlungen? Das Festlegen von Leseabsichten vor dem Lesen unterstützt das Leseverständnis und ermöglicht es, gemeinsam Informationen zu sammeln (vgl. Erickson et al. 2009).
3. *Fokus auf Betonung:* Das Verständnis von Sätzen wird durch die richtige Betonung unterstützt. Das innere Mitsprechen beim Lesen fördert eine bessere strukturelle und inhaltliche Verarbeitung (vgl. Köster & Schwager 2002). Die innere Stimme als unterstützendes System sollte dabei besonders berücksichtigt werden. Bücher mit kurzen, strukturell gleichbleibenden Sätzen eignen sich gut, da der eingängige Rhythmus dazu beiträgt, dass die Sätze schrittweise mit der inneren Stimme betont werden können.
4. *Transfertexte* (Erickson et al. 2009, 6): Erstlesebücher können für viele unterstützt kommunizierende Leseanfänger zu anspruchsvoll sein. Um Erfolgserlebnisse zu ermöglichen, sind einfache Bücher mit klaren, gleichbleibenden Sätzen notwendig. Bei selbst erstellten Büchern sollten die Interessen der Personen berücksichtigt werden, bspw. ein Buch mit Fotos von Mitschülerinnen und Mitschülern, die Grimassen schneiden, und Sätzen wie »Simon macht so ..., Lisa macht so ...« und auf der letzten Seite ein Foto mit allen und dem Satz »Und alle machen mit«. Die Sätze sind einfach, und nach und nach werden die Kinder mehr Wörter automatisch erkennen und mit der inneren Stimme korrekt betonen können.

Praktisches Tun

Die wiederkehrende Erfahrung mit Schriftsprache und vor allem das eigene Tun sind die zentralen Einflussfaktoren bei der Entwicklung von schriftsprachlichen Fähigkeiten. Es braucht motivierende Anlässe, die für die Kinder und Jugendlichen eine möglichst große persönliche Bedeutsamkeit haben.

Es gibt vielfältige Situationen im Alltag, die Erfahrungen mit Schriftsprache ermöglichen. Besonders das Schreiben bietet reichhaltige Möglichkeiten für Erfahrungen mit Schriftsprache. So erleben sich UK-Nutzende bspw. im Erfinden und Aufschreiben eigener Geschichten als kompetent. Auch das Führen eines Tagebuches, in dem besondere Erlebnisse festgehalten werden (versehen mit Fotos, Zeichnungen und Erinnerungsstücken wie bspw. Eintrittskarten), motiviert zum Schreiben und dazu, das Notierte immer wieder zu lesen. Neben klassischen Briefen und Postkarten kann auch die Kommunikation über digitale Medien zum Schreiben und Lesen persönlich bedeutsamer Nachrichten genutzt werden: eine WhatsApp-Nachricht an die Therapeutin mit der Frage, wo die Therapie stattfindet, oder eine Mail an die beste Freundin, die heute nicht in der Schule ist. Eine feste Lesezeit am Tag kann durch das Einrichten einer Leseecke mit vielfältigen motivierenden (Sach-)Büchern, Zeitschriften, Comics, Klassen-Tagebüchern, einer Schülerzeitung und weiteren Angeboten motivierend gestaltet werden.

Neben diesen spezifisch geplanten und bewusst gestalteten Aktivitäten sind kleine alltäglich auftauchende Situationen ebenfalls wertvoll für die Förderung schriftsprachlicher Erfahrungen – bspw. eine kurze Notiz (»Kannst du das kurz für mich aufschreiben, damit ich es nicht vergesse?«), ein Vermerk auf dem Einkaufszettel oder das Überprüfen eines Termins (»Könntest du im Kalender nachlesen, wann Bea uns besuchen kommt?«).

Weiterführende Literatur (Grundlagen)

Sachse, S. K. (2020): Schriftspracherwerb kaum- und nichtsprechender Kinder und Jugendlicher. Besondere Herausforderungen und Lösungsansätze. In: Boenisch, J. & Sachse, S. K. (Hrsg.): Kompendium Unterstützte Kommunikation. Stuttgart: Kohlhammer. 338–346. (https://doi.org/10.17433/978-3-17-036059-4)

Sachse, S. K. (Sachse 2022): Das Merge-Modell beim Schriftspracherwerb. Eine Zusammenführung verschiedener Perspektiven. In: Zeitschrift für Heilpädagogik, 6 (73), 273–283. (https://doi.org/10.18716/kups/64518)

4.4.6 Schrift oder Symbole?

Im schulischen Alltag tritt häufig die Frage auf, ob Beschriftungen und Texte zusätzlich mit grafischen Symbolen versehen werden sollen. Die Idee dahinter ist, Kindern einen zusätzlichen Kanal für das Verständnis des Geschriebenen zu bieten und sie so in ihrer Schriftsprachentwicklung zu unterstützen. Tatsächlich ist dieses Vorgehen jedoch eher hinderlich, wenn das Ziel ist, dass die Kinder Schriftsprache lernen (Lesen und Schreiben im engeren Sinne). Dies lässt sich dadurch erklären, dass die Bildsymbole von der Schriftsprache ablenken, weil sie für Kinder und Jugendliche einfacher zu entschlüsseln sind, wenn sie noch am Beginn des Schriftspracherwerbs stehen.

Wann immer die Förderung der allgemeinen kommunikativen Fähigkeiten im Vordergrund steht, sind bei Kindern und Jugendlichen, die noch keine umfangreichen schriftsprachlichen Fähigkeiten entwickelt haben, grafische (oder taktile) Symbole das Mittel der Wahl (▶ Kap. 2.7.4). Steht jedoch die Förderung der schriftsprachlichen Fähigkeiten im Fokus, sollten möglichst keine ergänzenden grafischen Symbole angeboten werden, da diese von der Schriftsprache ablenken. Dies lässt sich mit der Faustregel »Symbols are for communication, letters are for reading and writing« (Erickson et al. 2009, 6) zusammenfassen.

Bei allem, was in Form von Schriftsprache angeboten wird, empfiehlt sich die Nutzung von Groß- und Kleinbuchstaben (Gemischtantiqua). Dies hat mehrere Gründe:

1. Die allermeisten gedruckten Texte im Alltag sind in Gemischtantiqua verfasst. Wenn die Kinder schon früh in ihrer Entwicklung Erfahrungen mit Groß- und Kleinbuchstaben machen, haben sie einen alltagsrelevanten Zugang.
2. Das Wortbild von Schrift mit Groß- und Kleinbuchstaben bietet durch die Über- und Unterlängen weitere Orientierungsmerkmale, im Vergleich zu Schrift in Großbuchstaben, die alle gleich hoch sind (also keine Ober- und Unterlänge haben). Werden die Umrisse von Wörtern (bspw. von Namen) zusätzlich umrandet, wird die Aufmerksamkeit auf diese Merkmale geleitet.

4.5 Mehrsprachigkeit und UK

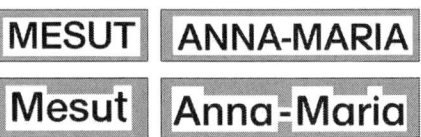

Abb. 4.3: Namenskärtchen in Großschreibung (je oben) vs. in Gemischtantiqua mit Umrandung (je unten) (eigene Darstellung)

Exkurs
Lesen und Schreiben in Gemischtantiqua
Die beiden genannten Vorteile der Nutzung von Gemischtantiqua sind insbesondere für die visuellen Wahrnehmungsfertigkeiten von Schülerinnen und Schülern mit intellektueller Beeinträchtigung zu nennen (Fischer 2024). Zugleich wird jedoch nicht selten infolge der graphomotorischen Schwierigkeiten bei der Umsetzung der Rundungen der Kleinbuchstaben (Auf- und Abschwung sowie Drehrichtungswechsel) im Schreiblernprozess das Üben mit Großbuchstaben präferiert und so zugleich auch beim Lesen das Angebot einer gemischten Darstellungsform vernachlässigt. Dies sollte unbedingt vermieden werden, um den Schülerinnen und Schülern im SGE schon in der Primarstufe die oben genannten Vorzüge der Gemischtantiqua anbieten zu können. In diesem Zusammenhang sei noch auf die Nutzung einer geeigneten Schriftart hingewiesen, wie sie in Abbildung 4.4 zu sehen ist (Druckschrift Nord; ▶ Abb. 4.3).

4.5 Mehrsprachigkeit und UK

Mehrsprachigkeit ist keine Ausnahme mehr, sondern der Normalfall im Bildungssystem. Durch Zuwanderungsbewegungen steigt in allen Ländern seit Jahren die Anzahl mehrsprachiger Personen. In Schule und im Unterricht im sonderpädagogischen Schwerpunkt Geistige Entwicklung und in der Unterstützten Kommunikation gibt es jedoch aktuell wenige deutschsprachige theoretische oder methodisch-didaktische Veröffentlichungen zum Umgang mit Mehrsprachigkeit in diesen Gebieten (Lingk 2020, 133). Die Studien SFGE I und SFGE II (Dworschak et al. 2012; Baumann et al. 2021) zeigen, dass ca. ein Fünftel der Schülerschaft im sonderpädagogischen Schwerpunkt Geistige Entwicklung einen Migrationshintergrund hat und es deswegen notwendig ist, dass Lehrpersonen sowohl interkulturelle Kompetenzen als auch Kompetenzen für den Spracherwerb unter Bedingungen der Mehrsprachigkeit brauchen (Selmayr & Dworschak 2021, 44). Die Ergebnisse einer Studie zu unterstützt kommunizierenden Kindern und Jugendlichen an Schulen für körperliche und motorische Entwicklung in Nordrhein-Westfalen zeigte, dass 29,18 % der Schülerinnen und Schüler mit einem Zuwanderungshintergrund Unterstützte Kommunikation benötigen. Von diesem Drittel der Schülerschaft sprechen 86,09 % zu Hause eine andere Familiensprache als Deutsch. Dennoch stehen mehr als der Hälfte (64,9 %) keine mehrsprachigen Kommunikationssysteme zur Verfügung. Die Ergebnisse decken sich mit internationalen Studien, die ebenfalls belegen, dass die Familiensprache bei UK-Interventionen selten berücksichtigt wird (Lingk 2020, 134).

> **Weiterführende Literatur** (Fachzeitschrift)
>
> Gesellschaft für Unterstützte Kommunikation e.V. (Hrsg.) (2020): Mehrsprachig unterstützt kommunizieren. Themenheft Nr. 1. Unterstützte Kommunikation. Die Fachzeitschrift der Gesellschaft für Unterstützte Kommunikation e.V. Köln. (https://www.gesellschaft-uk.org/ueber-uk/publikationen/die-zeitschrift-unterstuetzte-kommunikation.html und https://inklusiv-shop.ariadne.de/kommunikation/unterstuetzte-kommunikation/zeitschrift-uk/10159/unterstuetzte-kommunikation-1/2020-n/uk-0120/)

4.5.1 Spracherwerb im Kontext von Mehrsprachigkeit

Beim Spracherwerb im Kontext von Mehrsprachigkeit wird zwischen *simultanem* und *sukzessivem Erwerb* mehrerer Sprachen unterschieden.

- Der *simultane Spracherwerb* von zwei oder mehreren Sprachen ist dadurch gekennzeichnet, dass Kinder bereits ab Geburt bis zu einem Alter von ca. drei Jahren, also im frühen Spracherwerb bis zum Wortschatzspurt, gleichzeitig und gleichwertig sprachlichen Input in allen Sprachen erhalten. Das führt dazu, dass die Kinder sprachliche Kompetenzen in den beteiligten Sprachen erwerben, die vergleichbar mit den sprachlichen Fähigkeiten sind, die einsprachig aufwachsende Kinder haben.
- Wenn Kinder erst ab einem Alter von drei Jahren oder später Input in einer anderen Sprache erhalten, wird das als *sukzessiver Spracherwerb* bezeichnet.

4.5 Mehrsprachigkeit und UK

Oftmals sind die sprachlichen Kompetenzen bei den später erworbenen Sprachen weniger umfassend als bei einsprachig aufwachsenden Kindern. Insofern kann man sagen: Je früher die Kinder von mehreren Sprachen umgeben sind, umso besser können sie Fähigkeiten in allen Sprachen erwerben. Allerdings spielen neben dem Zeitpunkt auch noch andere Aspekte eine Rolle:

- die Häufigkeit und die Qualität, in der Kinder sprachlichen Input in den unterschiedlichen Sprachen erhalten
- die unterschiedlichen Lebenskontexte wie Familie, Schule und Freizeit, in denen sie von den verschiedenen Sprachen umgeben sind
- die Stellung der Sprache innerhalb der Gesellschaft

Denn es gibt Sprachen, die soziolinguistisch ein höheres Ansehen haben als andere, bspw. ist es etwas anderes, ob ein Kind Englisch spricht oder wie Mesut in den o. g. Beispielen Dari. Es geht also gesamthaft darum, dass mehrsprachige Kinder umfassende sprachliche Kompetenzen erwerben können, je mehr Input sie von möglichst vielen unterschiedlichen Personen in verschiedenen Lebenskontexten erhalten. Diese Einflussfaktoren können sich im Verlauf der jeweiligen Biografie immer wieder verändern, sodass bspw. bis zum Kindergartenalter die Familiensprache die dominante Sprache ist und im Verlauf der Schulzeit mehr und mehr die Umgebungssprache bzw. die »language of instruction« zur dominanten Sprache wird und die Familiensprache als nicht dominante Sprache in den Hintergrund tritt. Das Verhältnis von dominanter und nicht-dominanter Sprache ist jedoch flexibel und variabel. So kann es bspw. sein, dass die Familiensprache in der Pubertät wieder an Bedeutung gewinnt (Lüke & Vock 2019, 188 f.).

> **Exkurs**
> **Dynamisches Sprachkontinuum**
>
> »Menschen, die mehrsprachig sind, erwerben und gebrauchen ihre Sprachen für unterschiedliche Zwecke (bspw. um Ärger auszudrücken, um über eigene Gefühle zu berichten, einen Witz zu erzählen, jemanden zu überzeugen), in unterschiedlichen Kontexten (bspw. in der Familie, in der Schule, beim Einkaufen, auf dem Spielplatz, im Urlaub) und mit unterschiedlichen Menschen (bspw. Eltern, Geschwister, Lehrkraft, Freunden, Arzt). Dadurch erwerben sie kommunikative Kompetenz. Kommunikative Kompetenz bedeutet, dass neben dem Erwerb grammatikalischer Fähigkeiten auch der angemessene Sprachgebrauch (pragmatische Fähigkeiten) in den sozial und kulturell geprägten Situationen erworben wird. Die Fähigkeiten bewegen sich nicht unbedingt auf demselben Niveau, sondern werden durch den

> Zeitpunkt des Spracherwerbs, die Intensität des Sprachgebrauchs sowie durch emotionale, soziale und persönliche Aspekte beeinflusst. Es handelt sich um ein dynamisches Sprachenkontinuum, auf dem sich die starke und die schwache Sprache zwischen zwei Polen bewegen« (Lingk 2020, 133).

Die beschriebene Flexibilität und Variabilität zwischen dominanter und nicht-dominanter Sprache bei mehrsprachigen Personen bezieht sich nicht nur auf die Biografie, sondern auch auf den jeweils aktuellen Wechsel zwischen den unterschiedlichen Kontexten – zwischen Schule, Familie und Freizeit. Für diesen Wechsel sind im Sprachgebrauch insbesondere zwei wesentliche pragmatische Fähigkeiten wichtig: Das *Code-Mixing* und das *Code-Switching*.

- Mit *Code-Mixing* ist die Sprachmischung gemeint, bei der auf unterschiedlichen Ebenen die Sprachen in der konkreten Kommunikation ineinander verwoben werden. Das geschieht bspw., wenn einem Kind das Wort in der Schulsprache nicht einfällt »Ich mag *sib* (»Apfel« in Dari/neupersisch)«. Aber auch Kompetenzen, welche die Wortschatzaneignung unterstützen zählen zum Code-Mixing. Dazu gehören:
  - Fragen stellen können, wenn man ein Wort nicht weiß, bspw. »Was heißt *sib* auf Deutsch?«
  - Nachdenken über Sprachen: Dieses Nachdenken wird an Äußerungen erkennbar, wie bspw. »Das hört sich irgendwie komisch an!« oder »Warum heißt das so? Bei uns heißt das …«.
  - Aber auch ein einfaches »Hä« oder eine Zeigegeste können darauf hindeuten, dass Kinder einen Gegenstand oder eine Tätigkeit benannt haben möchten.
- Mit dem *Code-Switching* wird der situationsadäquate Sprachwechsel (und damit eine weitere pragmatische Kompetenz) bezeichnet, der Grundlage dessen ist, zu wissen, mit welcher Person und in welcher Umgebung man welche Sprache spricht (Lingk 2020, 138). Insbesondere das Code-Switching beruht auf dem Sprachverständnis und der Sprachbewusstheit, die bereits relativ früh im Kommunikations- und Spracherwerb möglich sind.

Exkurs
Code-Switching – Studienergebnisse (Österreich)
Besonders eindrücklich zeigen das Aussagen von Lehrpersonen einer in Österreich durchgeführten qualitativen Interviewstudie zu »Communica-

tion Intervention in Children with Severe Disabilities and Multilingual Backgrounds: Perceptions of Pedagogues and Parents« (Pickl 2011):

- »Ich weiß von einem Jungen, dass er zu Hause viel mehr vokalisiert. Er hat auch Geräusche und Gesten für Familienmitglieder. Seine Mutter erzählte mir zudem, dass er sogar erzählen kann, was in der Schule passiert – und wir kennen ihn nur total stumm und zurückgezogen! Ich würde sagen, dass alle meine multikulturellen Kinder viel besser zu Hause kommunizieren, einfach, weil dort jeder die Familiensprache spricht und sie keine große Sprachbarriere haben.«
- »Er (ein blinder Junge mit Cerebralparese) versteht viel mehr Albanisch, obwohl er hier geboren wurde. Ich war so überrascht, als seine Eltern mir erzählten, dass er vom ersten Schultag an haargenau berichtete, was in der Schule passierte. Das würde er nie auf Deutsch tun« (ebd., 237; Übers. K. L.).

Interessanterweise wird bei den Interviews mit den Eltern von mehrsprachigen Kindern mit komplexen Beeinträchtigungen eines deutlich: Auch die kommunikativen und sprachlichen Äußerungen und damit die produktiven Kompetenzen sind in der Familie(nsprache) wesentlich höher als im schulischen Kontext. Insgesamt zeigen noch weitere Studien, dass sich eine mehrsprachige Sozialisation nicht negativ auf die sprachlichen und kommunikativen Kompetenzen von Kindern mit intellektueller (sowie auch komplexer) Beeinträchtigung auswirkt. Dies wird durch weitere internationale Studien gestützt.

- So zeigt eine Studie von Kay-Raining-Bird et al. (2005) zu mehrsprachigen Kindern mit Down-Syndrom keine signifikanten Unterschiede in der Verwendung der Lautsprache und dem Spracherwerb zwischen einsprachig aufwachsenden und mehrsprachig aufwachsenden Kindern mit Down-Syndrom. Voraussetzung ist allerdings, dass die Kinder gleichwertige und ständige Erfahrungen sowohl in der Familiensprache als auch der Umgebungssprache haben (ebd.).
- Die Notwendigkeit des gleichwertigen und vielfältigen Sprachinputs bzw. der Gleichwertigkeit der sprachlichen Lebenskontexte wird noch unterstützt durch eine Studie zu Kindern und Jugendlichen mit Autismus-Spektrum-Störungen (ASS). Hier wurde den Eltern durch die Sprachtherapie und Ärzte empfohlen, mit ihren Kindern nur in der Umgebungs- bzw. in der Zweitsprache zu sprechen. In der Beobachtungstudie wurde

deutlich, dass genau diese Empfehlung dazu führte, dass die Kinder mit ASS im Vergleich zu ihren Geschwistern in familiären Situationen ausgeschlossen werden und dadurch der Spracherwerb insgesamt erschwert wird (Kremer-Sadlik 2005).

Die Einschätzung, dass Kinder mit intellektueller und komplexer Beeinträchtigung mit zwei oder mehr Sprachen überfordert wären, ist bei Sprachtherapeutinnen und -therapeuten sowie in der Sonderpädagogik relativ häufig anzutreffen. Das führt aber in der Konsequenz dazu, dass die betroffenen Kinder in mindestens einem bedeutsamen Lebenskontext nicht kommunikativ teilhaben können und die Kommunikationssituationen in Familie und Freizeit eingeschränkt werden:

> »Ich war so unsicher, was ich tun soll, als unser Kinderarzt sagte, wir sollen Deutsch mit unserem Sohn sprechen, weil er aufgrund seines Down-Syndroms mit beiden Sprachen überfordert wäre und ich nicht von der Schule erwarten könnte, dass sie Polnisch mit meinem Sohn sprechen. Aber mein Deutsch ist weit davon entfernt perfekt zu sein – und die Lehrerin versicherte mir, dass es für sie vollkommen in Ordnung ist, wenn ich mit meinem Sohn polnisch spreche. Sie sagte mir, er wird es in beiden Sprachen gut schaffen und dass sein Down-Syndrom kein Grund dafür ist, seine Erstsprache aufzugeben« (Pickl 2011, 237; Übers. K. L.).

Inzwischen ist es Common Sense, dass Mehrsprachigkeit und die Wertschätzung der Familiensprache Grundlage für die Arbeit mit mehrsprachigen Kindern, auch bei intellektueller und komplexer Beeinträchtigung, ist. Allerdings ist es häufig noch gängige Praxis, dass die Familiensprache erst dann in die Förderung integriert oder bei UK-Interventionen berücksichtigt wird, wenn die Kinder sich symbolisch ausdrücken können. Es ist jedoch wichtig, die Familiensprache bereits in den Phasen der frühen Kommunikationsentwicklung einzubeziehen und zu berücksichtigen (Kelz 2016, 20). Wie dies in der Praxis gelingen kann, wird im Folgenden anhand der Unterstützungsmöglichkeiten für die unterschiedlichen Zielgruppen der UK vorgestellt.

4.5.2 Mehrsprachigkeit – Unterstützungsmöglichkeiten und Zielgruppen der UK

Die vorgestellten Erkenntnisse zum Spracherwerb und aus Studien im Kontext von Mehrsprachigkeit und intellektueller (sowie auch komplexer) Beeinträchtigung zeigen, dass die Lebenslage von Kindern mit einer anderen Erstsprache als der Umgebungssprache durch einen alltäglichen Umgang mit mehr als einer Sprache geprägt ist. Das wird auch als »lebensweltliche Mehrsprachigkeit« bezeichnet (Gogolin 2010, 544). Für ihre kommunikative Teilhabe sind sie auf ein mehrsprachiges Kommunikationssystem angewiesen. Denn die Sprachwahl und die Nutzung von Kommunikationsformen sind emotional und sozial mit verschiedenen Lebensbereichen verbunden. In unterschiedlichen sozialen Kontexten können sich daher auch unterschiedliche kommunikative Kompetenzen zeigen. Deshalb ist das übergreifende Ziel der Erwerb einer mehrsprachigen UK-Kompetenz. Hierbei geht es darum, eine Sprachumgebung zu gestalten, die sich positiv auf die kommunikativen Kompetenzen der Kinder auswirkt. So kann gezielt und entwicklungslogisch auf die vorhandenen sprachlichen Fähigkeiten eingegangen werden, sodass diese weiterentwickelt werden können (Lingk 2020, 134). Um in der UK-Interventionsplanung und im Unterricht eine förderliche Sprachumgebung zu schaffen, ist es zunächst notwendig, die »lebensweltliche Mehrsprachigkeit« (Gogolin 2010, 544) des jeweiligen Kindes zu erheben.

Erfassung der mehrsprachigen Kompetenz

Zur Erfassung der »lebensweltlichen Mehrsprachigkeit« (Gogolin 2010, 544) wird zusammengetragen, welche Sprachen in unterschiedlichen Lebensbereichen als Input präsent sind und von welchen Bezugspersonen diese verwendet werden. Denn Mehrsprachigkeit zeichnet sich durch eine enorme Vielfalt aus, die sich sowohl auf den sprachlichen Input der Bezugspersonen als auch auf die eigenen sprachlich-kommunikativen Äußerungen bezieht. So sprechen bspw. die Bezugspersonen nicht nur eine Sprache mit dem Kind und lautsprachlich kommunizierende Kinder verwenden oftmals verschiedene Sprachen, je nach ihrem Gegenüber, dem sozialen oder dem räumlichen Kontext. Auch die Kommunikationsziele und -inhalte oder die Stimmung bestimmen die Auswahl der jeweils persönlich passenden und sinnvollen Sprache.

Diese komplexen Strukturen sind nun nicht festgelegt, sondern unterliegen ständigen Veränderungen. Deswegen geht es darum, ob und welche Sprachen aktuell eine lebensweltliche Relevanz für das Kind haben, und es gilt diese bei der Erstellung eines multimodalen Kommunikationssystems und in der Interventionsplanung und im Unterricht zu berücksichtigen. Dies kann gemeinsam mit den Bezugspersonen mit dem sogenannten Mehrsprachen-Kontext (Ritterfeld & Lüke 2013) erfolgen (▶ Abb. 4.4).

4 UK in Schule und (inklusivem) Unterricht

Mehrsprachen-Kontext
Beim Mehrsprachen-Kontext handelt es sich um eine Grafik (▶ Abb. 4.4), auf der alle Informationen über den sprachlichen Input und die vom Kind selbst verwendeten Sprachen bzw. Kommunikationsformen sowie der sprachliche Kontext in einer bestimmten Lebensphase eingetragen werden können (Lüke & Vock 2019, 192).

Im Zentrum der Grafik steht das Kind. Pfeile führen zu den relevanten Bezugspersonen und wieder zurück. Diese Pfeile ermöglichen es,

- die unterschiedlichen Sprachverwendungen des Kindes (Mit welcher Bezugsperson spricht das Kind welche Sprache?),
- den sprachlichen Input der Bezugspersonen (In welcher Sprache sprechen die verschiedenen Bezugspersonen mit dem Kind?)
- und das angebotene Sprachumfeld skizzenhaft, aber differenziert zu erfassen.

Zudem werden weitere Bereiche der Lebenswelt des Kindes erfasst, indem das Sprachumfeld der unmittelbaren (Nachbarschaft) und erweiterten (Wohnort) Umgebung, der Bildungseinrichtungen (Kindergarten, Schule) sowie die Mediennutzung in die Grafik eingetragen werden können. Das Sprachverständnis wird in der Grafik nicht berücksichtigt, da dieses über informelle Beobachtungen im Alltag nicht valide eingeschätzt werden kann (Ritterfeld & Lüke 2013, 4).

Die Grafik steht mit einem erläuternden Manual unter http://hdl.handle.net/2003/31166 und http://dx.doi.org/10.17877/DE290R-5716 kostenlos online zur Verfügung.

Praxis
Mehrsprachen-Kontext Mesut
In dem für Mesut ausgefüllten Mehrsprachen-Kontext werden unterschiedliche Sprachnutzungen deutlich und es zeigt sich, dass Mesut nicht nur von einer Sprache umgeben ist und sprachlichen Input erhält. Die nahen Bezugspersonen haben aus seinem multimodalen Kommunikationssystem insbesondere die Gebärden als gemeinsame Sprache übernommen. Die METACOM-Symbole sind den Bezugspersonen bekannt und in allen Materialien in Zusammenarbeit mit den Eltern zweisprachig beschriftet. Sie werden jedoch selten verwendet.

4.5 Mehrsprachigkeit und UK

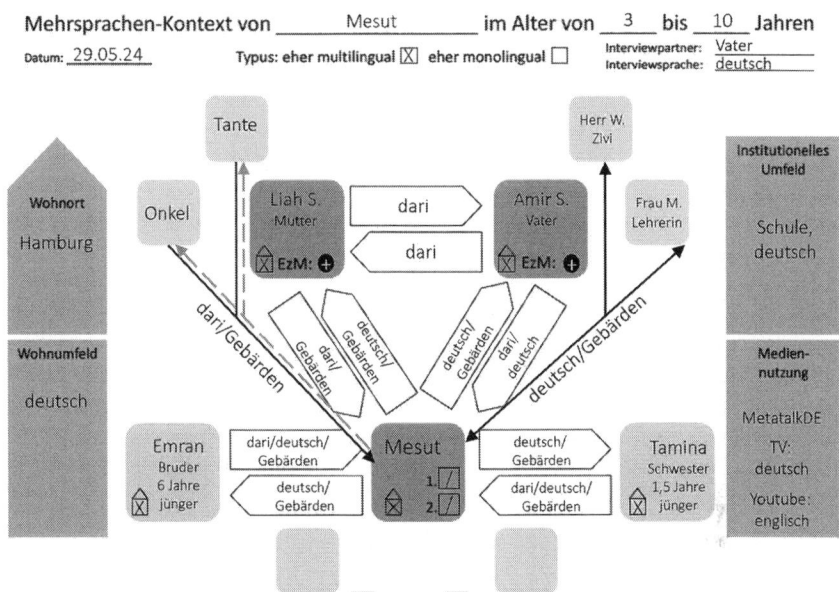

Abb. 4.4: Beispiel Mehrsprachen-Kontext von Mesut (CC-BY_NC_ND, Ritterfeld & Lüke 2013) Legende: Haus: gemeinsamer Haushalt, EzM: Einstellung zur Mehrsprachigkeit/UK (+ bei Untersützung), graue Pfeile: Kind spricht nicht mit der Person bzw. den Personen

> Aktuell steht Mesut mit MetaTalkDE keine mehrsprachige Sprachausgabe zur Verfügung. Deswegen *spricht* er Deutsch und verwendet in der Alltagskommunikation insbesondere Gebärden. Mit seiner Tante und seinem Onkel gebärdet er nicht. Auch die Sprachausgabe nutzt er nicht, sondern kommuniziert insbesondere über Gesten und Mimik, obwohl er gerne bei ihnen ist und sich auch wohlfühlt. Deswegen sind die Kommunikationspfeile von Mesut zu ihnen grau und durchbrochen dargestellt (▶ Abb. 4.4). Aufgrund der multimodalen Kommunikation von Mesut sind die Kästchen für die dominante Sprache (1. und 2.) durchgestrichen, da diese nicht klar unterschieden werden können. Bedingt durch die Mediennutzung (Youtube) haben insbesondere die Geschwister auch englische Begriffe in ihrem Wortschatz, die sie gerne zum Kommentieren verwenden, und es ist Mesut anzumerken, dass er das auch gerne machen würde.

Auf der Grundlage des Mehrsprachen-Kontextes können die Interventionen im Sinne des Partizipationsmodells (▶ Kap. 3.1.6) gemeinsam mit dem sozialen Umfeld von Mesut geplant werden. Gleichzeitig kann der Mehrsprachen-Kontext für alle Zielgruppen eingesetzt werden, auch um die unterschiedlichen kommunikativen Kompetenzen im Familien- und institutionellen Kontext darzustellen und zu analysieren.

Zielgruppe 1 (vorintentionale Kompetenzen)

Mehrsprachige Kinder der Zielgruppe 1 profitieren von sprachlichem Input in ihrer Familiensprache, da sie zum einen auf Stimmen reagieren, die sie kennen und die ihnen vertraut sind. Zum anderen können sie bereits auf dieser basalen Ebene prosodische Merkmale der Erst- bzw. Familiensprache von prosodischen Merkmalen der Umgebungssprache unterscheiden (siehe Infokasten in ▶ Kap. 2.2). Insofern sind insbesondere auch Angebote wie Lieder und Schlüsselwörter in ihrer Erstsprache zentrale Angebote, die in der präintentionalen Phase den Aufbau des Sprachverständnisses unterstützten. Für das soziale Umfeld ist die Gestaltung von zweisprachigen sogenannten »Über-mich-Büchern« sinnvoll, in denen festgehalten wird, welche Routinen, Interessen und Rituale für das Kind bedeutsam sind (Kelz 2016, 20).

Die basalen körpereigenen Kommunikationsformen der Kinder, wie Muskelanspannungen, Mimik oder das Zu- oder Abwenden des Blicks, sind sprachunabhängig und werden in den unterschiedlichen Lebenskontexten gleich verstanden. Auch die im Übergang zur intentionalen Kommunikation auftauchenden Aufforderungsgesten (»am Ärmel zupfen«, »die Hand greifen«) sind ohne Probleme sprach- und kulturunabhängig verwendbar (Lüke & Vock 2019, 193). Die elektronischen *basalen Hilfen* bzw. *Adaptionshilfen* für diese Zielgruppe verzichten am Anfang des Einsatzes meist auf sprachliche Äußerungen. Sie bahnen vor allem die Einsicht in den Ursache-Wirkungs-Zusammenhang an, in dem bspw. ein interessantes, batteriebetriebenes Spielzeug oder ein Ventilator an- und ausgeht, wenn eine Taste gedrückt wird, die mit einem Batterieunterbrecher verbunden ist (Lüke & Vock 2019, 196).

Zielgruppe 2 (intentional präsymbolische Kompetenzen)

Kinder der Zielgruppe 2 umfassen sowohl Kinder in der vorintentionalen Kommunikation mit intentionalen Verhaltensweisen als auch Kinder, die bereits intentional, aber vorsymbolisch kommunizieren. Auch im Aufbau der intentionalen Kommunikation ist die Bedeutung des Austausches in der Familiensprache zentral. Denn die Etablierung der gemeinsamen Aufmerksamkeit und das erste Zeigen auf Objekte und Handlungen wird durch die Verknüpfung von Emotion, Handlung, Reaktion und Sprache unterstützt.

Auch die Erhöhung der Aufmerksamkeit und die Erweiterung der Symbolisierungsfähigkeiten profitieren vom bereits bekannten und emotional bedeutsamen sprachlichen Input der direkten Bezugspersonen (Kelz 2016, 21).

Für die körpereigenen Kommunikationsformen bzw. kommunikativen Äußerungen von Kindern, die offen für die intentionale Kommunikation sind, ist die Etablierung der gemeinsamen Aufmerksamkeit und von Zeigegesten bedeutsam. Insbesondere das Zeigen auf Objekte oder Personen kann in den unterschiedlichen Lebenskontexten kultur- und sprachunabhängig verwendet werden. Bei der Vermittlung und Verwendung von Gesten und insbesondere von ersten konventionellen Gesten sind kulturelle Unterschiede zu beachten. Nicht alle natürlichen Gesten haben in allen Kulturen die gleiche Bedeutung. So verweisen Vock und Lüke (2013, 193) unter Bezugnahme auf Grosse et al. (2010) darauf, dass »Daumen hoch« im westlichen Kulturraum eine positive Bedeutung hat (super, gut, cool, ja, ok), der erhobene Daumen für Menschen aus dem Iran, Irak oder Afghanistan jedoch eine vulgäre Beleidigung ist.

Die einfachen externen Kommunikationsmittel (▶ Kap. 2.7) umfassen bei der Zielgruppe erste symbolische und sprachliche Angebote für den Aufbau des Sprachverständnisses. Sprechende Tasten (Step-by-Step, BIGmack) können ebenfalls in mehreren Sprachen für Kinder und Jugendliche, die in mehrsprachigen Lebenswelten aufwachsen, angeboten werden. Dazu gibt es zwei Möglichkeiten:

1. Der Wechsel zwischen zwei Sprachen wird durch die jeweilige Person ermöglicht, die die Sprachaufnahme macht. Bei mehrsprachigen Bezugspersonen kann die Aufnahme direkt den Gesprächspartnerinnen oder -partnern und der Situation angepasst werden. Ebenso denkbar ist, dass die Sprachausgabetaste von der Schule in Deutsch besprochen wird und von den Eltern in der Familiensprache.
2. Das Kind wird mit zwei baugleichen Tasten versorgt. Auf die eine Taste wird die Aussage in Deutsch aufgesprochen, auf die andere Taste die gleiche Aussage in der Familiensprache. Dies gibt dem unterstützt kommunizierenden Kind die Möglichkeit, selbst zu wählen, in welcher Sprache es die Aussage abspielen will, und so auszuprobieren, wie in der Schule oder Familie auf den Sprachwechsel reagiert wird (Lüke & Vock 2019, 197).

Oftmals werden solche *kleinen Hilfen* auch zum Austausch von Erlebnissen in der Schule oder zu Hause genutzt. Wie zentral auch bei dieser Zielgruppe der Sprachwechsel und möglichst der Einsatz von zwei Tasten sind, verdeutlicht folgende Aussage eines Vaters:

»Wir benutzen den Step-by-Step nur, um die Nachrichten abzuspielen, die in der Schule aufgenommen wurden. Wir verändern die Sätze nie. Mein Deutsch ist besser als das meiner Frau. Aber mein Sohn nimmt mich nicht ernst, wenn ich Deutsch mit ihm spreche, er fängt einfach an zu lachen. Aber er mag es, uns zu zeigen, was er in der Schule gemacht hat, deswegen brauchen wir die Aufnahmen auch nicht zu verändern« (Pickl 2011, 236; Übers. K. L.).

Praxis
Kommunikation mit Familie und Umfeld
Diese Vorgehensweise, die so zentral das familiäre Umfeld aktiv mit einbezieht, ist auf eine gute und wertschätzende Kommunikation angewiesen. Es empfiehlt sich von Beginn an die Eltern und weitere Personen in gemeinsamen Gesprächen in diesen Prozess einzubeziehen, indem die Grundlagen der UK einfach und verständlich erklärt werden. Erst mit dem Verständnis der Kommunikationsstrategien und der Wahrnehmung ihrer sprachlichen Expertenrolle im Kommunikationsprozess kann die Bedeutsamkeit dieses dialogischen Miteinanders und die Nutzung der *kleinen Hilfen* (bspw. Step-by-Step, BIGmack) konkret eingeordnet werden (▶ Kap. 2.7.3).

Zielgruppe 3 (symbolische bis sprachliche Kompetenzen mit deutlichen Einschränkungen)

Die Zielgruppe 3 reicht von Kindern und Jugendlichen, die sich über erste Gesten (die Zeigegeste) kommunikativ äußern können, bis zu Kindern, die sich über Piktogramme, Gebärden und Sprachausgabegeräte ausdrücken können, allerdings »nicht altersgemäß«.

Bei den körpereigenen Kommunikationsformen steht die Vermittlung von Gebärden aus der Gebärdensprache im Vordergrund, die entweder als Signalgebärden oder lautsprachunterstützende Gebärden eingesetzt werden. Ähnlich wie die ersten Gesten sind sie sehr gut auch in den unterschiedlichen Lebenswelten von mehrsprachigen Kindern einsetzbar. Sie können als Unterstützung zwischen beiden Sprachen genutzt werden und zwischen diesen vermitteln, wie das Beispiel von Mesut verdeutlicht. Auch hier ist es zentral, dass die Gebärden mit den Angehörigen abgesprochen werden und ein Gebärdenordner angelegt wird, der die Bedeutung der Gebärden in der Schul- und Familiensprache festhält. Auch eine Schulung zur Verwendung von Signalgebärden und lautsprachbegleitenden Gebärden der Eltern ist wichtig (siehe auch Infokasten oben).

4.5 Mehrsprachigkeit und UK

Die Auswahl von Piktogrammen für elektronische und nichtelektronische Hilfen ist ebenfalls kultursensibel, da ein Symbol in verschiedenen Kulturen semantisch unterschiedlich dekodiert werden, also etwas völlig anderes bedeuten kann. Daher ist es wichtig darauf zu achten, dass, sobald symbolbasierte Kommunikationshilfen eingesetzt werden, alle die gleiche Bedeutung mit den ausgewählten und eingesetzten Piktogrammen verbinden (Lüke & Vock 2019, 194).

Bei den elektronischen Sprachausgabegeräten kommt es zum einen auf die Komplexität der Benutzeroberfläche und zum anderen auf die Nutzung einer synthetischen Sprachausgabe an. Bei den »Lowtech-Sprachausgabegeräten« mit mindestens zwei Ebenen, die das Konzept »Ein Satz/ein Konzept« pro Piktogramm verwenden, kann man sowohl die Familien- als auch die Schulsprache als Sprachaufnahme hinterlegen (z. B. GoTalkNow). Diese Parallelbelegung kann bei komplexen Sprachausgabeprogrammen mit dynamischer Organisation zugunsten von getrennten Oberflächen bzw. Seiten der Sprachen weiterentwickelt werden. Hier zeigte eine südafrikanische Studie, dass dieses Vorgehen mehrsprachige unterstützte Kommunikation ermöglicht. Allerdings wurden insbesondere bei der synthetischen Sprachausgabe von den unterstützt kommunizierenden Personen, auch bei Hightech-Programmen und verschiedenen Oberflächen in ihrer Familiensprache, die Sprachaufnahmen gegenüber der synthetischen Sprachausgabe vorgezogen (Tönsing et al. 2018, 68).

Bei nicht-elektronischen Kommunikationshilfen (Ordner, Mappen, Ich-Bücher) können die ausgewählten Piktogramme zweisprachig beschriftet werden und mit einem Lesestift in beiden Sprachen zu *sprechenden* Piktogrammen werden, wenn zwei Scanpunkte auf das Piktogramm gelegt werden. Zudem ermöglichen die verschiedenen Programme zur Erstellung für nicht-elektronische symbolbasierte Kommunikationsmaterialien relativ einfach eine mehrsprachige Beschriftung von Symbolen.

> **Praxis**
> **Mehrsprachige Beschriftungen**
>
> - Beim Boardmaker kann bspw. direkt in den Einstellungen der Symbolsuche die Sprache ausgewählt werden. So gelingt es selbst nicht Deutsch sprechenden Bezugspersonen, selbstständig die Materialien in ihrer Sprache zu beschriften (Lüke & Vock 2019, 193 f.).
> - Zusätzlich liegen mit den *Kölner Kommunikationsmaterialien* (www.fbz-koeln.de → Produkte) bereits vorgefertigte Kommunikationsordner und

> Kommunikationstafeln mit jeweils zweisprachig beschrifteten MET-ACOM-Symbolen in insgesamt sechs Sprachen vor (Deutsch, Englisch, Schwedisch, Arabisch, Ukrainisch/Russisch und Türkisch). Die Kölner Kommunikationsmaterialen beruhen auf dem Konzept des Kern- und Randvokabulars, wobei das feststehende Kernvokabular auf den Tafeln in den Wortarten und der Syntax jeweils anders angeordnet wird. Die arabische Tafel bspw. ist für den kontrastiven Sprachvergleich von rechts nach links angeordnet und orientiert sich damit an der Schriftsprache des Arabischen.

Mit den symbolbasierten Kommunikationsmaterialien und darauf aufbauenden komplexen elektronischen Kommunikationshilfen taucht im Übergang von Gruppe 3 zu Gruppe 4 ein zentrales Problem für mehrsprachige UK-Nutzende auf: Wie kann mit unterschiedlicher Grammatik und symbol- oder schriftbasierten Kommunikationshilfen umgegangen werden? Eng damit verbunden ist auch die Frage, inwiefern Sprachausgabe-Apps mehrsprachige oder unterschiedliche (Themen-)Seiten ermöglichen.

Zielgruppe 4 (sprachliche Kompetenzen ohne Einschränkung)

Für unterstützt kommunizierende mehrsprachige Kinder und Jugendliche der Zielgruppe 4 stehen der funktionale Sprachgebrauch, die Sprachtrennung sowie der Grammatikerwerb im Mittelpunkt. Deswegen sollten die verwendeten Sprachausgabegeräte einen schnellen Wechsel zwischen beiden Sprachen und der Grammatik unterstützen (Lingk 2020, 135).

Grundlage dafür sind die bereits beschriebenen Strategien der Belegung beider Sprachen auf einem Feld und der späteren Trennung der Sprachen in dynamischen Systemen über unterschiedliche Seitenstrukturen. In den letzten Jahren hat die Anzahl an synthetischen Sprachausgaben zugenommen und es stehen bereits viele Sprachen als synthetische Sprachen zur Verfügung. Allerdings trifft das noch selten für die Wortschatzstrategien, also dafür, wie das Vokabular auf den Sprachausgabegeräten organisiert ist, zu. In Deutschland stehen momentan nur für Deutsch und für Englisch entsprechende Wortschatzstrategien zur Verfügung. Insbesondere bei Sprachen, die sich grammatikalisch stark voneinander unterscheiden, können die bestehenden bzw. bekannten Wortschatzstrategien und der Seitenaufbau völlig ungeeignet sein, wenn es darum geht, Wörter zu Sätzen zusammenzusetzen und grammatikalisch anzupassen. Hier wird es noch weitere Entwicklungen brauchen, da selbst erstellte Vokabularstrategien ein hohes linguistisches

4.5 Mehrsprachigkeit und UK

Wissen in der entsprechenden Sprache erfordern, ihre Erstellung viel Zeit in Anspruch nimmt und sie nicht so umfangreich und flexibel sind wie bereits vorhandene komplexe Wortschatzstrategien in deutscher und englischer Sprache (Lüke & Vock 2019, 198 f.).

> **Praxis**
> **Sprachenvergleich und Reflexion am Fallbeispiel Mesut**
> Im Gegensatz zu germanischen Sprachen sind die persischen Sprachen, zu denen Dari zählt, sogenannte agglutinierende Sprachen. Das bedeutet, die meisten grammatikalischen Formen (Fälle, Zeitformen, Mehrzahl und Einzahl, Flexionen usw.) werden einfach an das jeweilige Wort als Suffix »angeklebt«. Zudem gibt es keine bestimmten Artikel (der, die, das) oder unbestimmte Artikel (ein, eine) und Adjektive werden nicht gesteigert. Auch der Satzbau ist anders. Bereits der einfache Satzbau hat eine Subjekt-Objekt-Verb-Folge und Adjektive stehen immer direkt hinter dem Nomen, das sie beschreiben. Sobald das Subjekt oder Objekt durch Pronomen (er, sie) ersetzt wird, kommen jedoch je nach Sinnzusammenhang der Aussage auch andere Subjekt-, Objekt- und Verbstellungen vor.
>
> Aus diesem Grund würde der Aufbau einer darischen Vokabular-Oberfläche, auf der die Aussagen nach dem deutschen Prinzip der Satzstellung Subjekt-Verb-Objekt angeordnet sind, die sprachspezifischen Charakteristika, die für Mesuts Familiensprache zentral sind, nicht beachten. Das kann bspw. das Modelling in der Familie erschweren. Nimmt man nun noch hinzu, dass darisch die arabische Schriftsprache verwendet, die genau die umgekehrte Lese- und Schreibrichtung hat, wären im weiteren Aufbau seiner elektronischen Hilfe folgende Bereiche partizipativ mit ihm und den Eltern zu beachten und zu überprüfen:
>
> - Welche Kommentare und Themenseiten in Dari wären für die Familie sinnvoll?
> - Welche Schriftsprache wird in der Familie verwendet?
> - Reichen die bisherige Duplizierung der Vokabularstrategie und eine Übersetzung der Einzelworte ohne grammatikalische Anpassungen aus?
> - Braucht es eine davon getrennte zweite Oberfläche, ähnlich dem »MyCore Englisch«?
> - Geht die Familie vielleicht insgesamt davon aus, dass Deutsch auch mit den Geschwistern von Mesut zur dominierenden Familiensprache wird und er bspw. mit seinem Onkel mit den Themenseiten und den Einzelworten weiterhin gut kommunizieren kann?

Im Beispiel des Sprachenvergleiches werden insbesondere in den weiterführenden Fragen nochmals zentrale Prinzipien deutlich, die bspw. in den Darstellungen zur Interventionsplanung (▶ Kap. 3) und zu den Handlungsfeldern der UK behandelt wurden (▶ Kap. 4.1).

5 Schlusswort

Unterstützte Kommunikation (UK) in Schule und Unterricht ist ein komplexes Themenfeld, das wir in diesem Buch möglichst grundlegend und konkret behandelt haben. Unser Fokus lag dabei sowohl auf den theoretischen Grundlagen als auch auf der praktischen Gestaltung von Interventionen und dem Einsatz von UK im Schulalltag von Schülerinnen und Schülern mit intellektueller (sowie auch komplexer) Beeinträchtigung mit dem Ziel die Unterrichtsqualität zu verbessern. Die Verbreitung der Prinzipien, Konzepte, Methoden und Mittel der UK an Förderschulen und in inklusiven Settings war für uns von zentraler Bedeutung, als Grundlage stetiger Verbesserung der Kommunikation, insbesondere im Kontext kognitiver und kommunikativer Beeinträchtigungen. Wir hoffen nun, dass dieses Buch eine wertvolle Hilfe für alle Fachpersonen darstellt, die sich für eine bessere Kommunikationsförderung einsetzen.

Literatur

Antener, G. (2001): Und jetzt? – Das Partizipationsmodell in der Unterstützten Kommunikation. In: Boenisch, J. & Bünk, C. (Hrsg.): Forschung und Praxis der Unterstützten Kommunikation. Karlsruhe: von Loeper. 257–267.
ANUK (2020): Kommunikation bringt Teilhabe – Teilhabe braucht Methode. In: GesUK (Hrsg.): Handbuch der Unterstützten Kommunikation. Karlsruhe: von Loeper. 08.018.014–008.018.021.
Baumann, D. (2021): Kommunikative Kompetenzen. In: Baumann, D., Dworschak, W., Kroschewski, M., Ratz, C., Selmayr, A. & Wagner, M. (Hrsg.): Schülerschaft mit dem Förderschwerpunkt geistige Entwicklung II (SFGE II). Bielefeld: Athena, wbv. 89–116.
Baumann, D., Dworschak, W., Kroschewski, M., Ratz, C., Selmayr, A. & Wagner, M. (Hrsg.) (2021): Schülerschaft mit dem Förderschwerpunkt geistige Entwicklung II (SFGE II). Bielefeld: Athena, wbv.
Baunach, M. (2020): Unterstützte Kommunikation in Schule und Unterricht. In: GesUK (Hrsg.): Handbuch der Unterstützten Kommunikation. Karlsruhe: von Loeper. 08.003.001–008.022.001.
Baunach, M., Bräunig, Z., Kruse, G., Pivit, C., Simon, W., Steinhaus, I. & Wernsmann, D. (2020): Gelingensfaktoren für eine aktive Teilhabe an Bildungsangeboten in heterogenen Gruppen. Voraussetzungen für Schülerinnen und Schüler mit Unterstützungsbedarf in den Bereichen Assistive Technologien und Unterstützte Kommunikation. In GesUK (Hrsg.),: Handbuch der Unterstützten Kommunikation. Karlsruhe: von Loeper. 08.018.030–008.018.040.
Bernasconi, T. (2020): ICF und UK: Chancen einer aktivitätsbezogenen Perspektive. In: Boenisch, J. & Sachse, S. K. (Hrsg.): Kompendium Unterstützte Kommunikation. Stuttgart: Kohlhammer. 365–371.
Bernasconi, T. (2023): Diagnostik und Interventionsplanung in der Unterstützten Kommunikation. Methoden und Einsatz in der Praxis. München: Ernst Reinhardt.
Bernasconi, T. (2024): Kommunikation mit Menschen mit komplexer Behinderung. In: Schäfer, H., Loscher, T. & Mohr, L. (Hrsg.): Unterricht bei komplexer Behinderung. Sonderpädagogischer Schwerpunkt Geistige Entwicklung. Stuttgart: Kohlhammer. 107–124.
Bernasconi, T., Bächler, L. & Feichtinger, M. (2023): Bedarf und Einsatz von Assistiver Technologie und Unterstützer Kommunikation in den Förderschulen mit den Förderschwerpunkten Geistige Entwicklung und Körperliche und motorische Entwicklung in Nordrhein-Westfalen. UK & Forschung, 13, 4–15.
Bernasconi, T. & Sachse, S. K. (2019): Kommunikative Kompetenz, Teilhabe und ICF-CY-Perspektive in der Unterstützten Kommunikation. Frühförderung interdisziplinär, 3(38), 127–134.
Bernasconi, T. & Sachse, S. K. (2020): Ziele formulieren und Maßnahmen beschreiben mit dem ABC-Modell. In: Boenisch, J. & Sachse, S. K. (Hrsg.): Kompendium Unterstützte Kommunikation. Stuttgart: Kohlhammer. 203–216.

Bernasconi, T. & Sachse, S. K. (2023): Das ABC-Modell in der Praxis. Köln: fbz gGmbH.
Bernasconi, T. & Sachse, S. K. (2024): Das ABC-Modell. In: Lernen konkret, 1 (43), 30–33.
Bernasconi, T. & Terfloth, K. (2020): Partizipation im Kontext von Unterstützter Kommunikation. In: Boenisch, J. & Sachse, S. K. (Hrsg.): Kompendium Unterstützte Kommunikation. Stuttgart: Kohlhammer. 33–39.
Berns, K., Graf, G. & Innerhofer, P. (2023): In: Niediek, I., Scholz, M. & Stegkemper, J. M. (Hrsg.): Unterstützte Kommunikation mitten im Leben?! Ideen zu mehr kommunikativer Teilhabe in allen Lebensbereichen. Düsseldorf: Verlag selbstbestimmtes leben. 274–289.
Beukelman, D. R. & Mirenda, P. (2005): Augmentative and Alternative Communication. Supporting Children and Adults with Complex Communication Needs. Baltimore: Paul H. Brookes Pub.
Beukelman, D. R. & Mirenda, P. (2013): Augmentative and Alternative Communication: Supporting Children and Adults with Complex Communication Needs. Baltimore: Paul H. Brookes Pub.
Blackstone, S. W. & Hunt Berg, M. H. (2006): Soziale Netzwerke. Ein Instrument zur Erfassung der Kommunikation unterstützt kommunizierender Menschen und ihrer Kommunikationspartnerinnen und -partner. Hrsg. u. übers. v. S. Wachsmuth. Karlsruhe: von Loeper.
Bloom, L. & Lahey, M. (1978): Language Development and Language Disorders. New York: Wiley an Sons.
Bloomberg, K., West, D. & Hilary, J. (2009): The Triple C: Checklist of Communication Competence. Victoria: SCOPE Limited.
Boenisch, J. (2009): Kinder ohne Lautsprache: Grundlagen, Entwicklungen und Forschungsergebnisse zur Unterstützten Kommunikation. Karlsruhe: von Loeper.
Boenisch, J. (2013): Kernvokabular im Kindes- und Jugendalter. Vergleichsstudie zum Sprachgebrauch von Schülerinnen und Schülern mit und ohne geistige Behinderung und Konsequenzen für die UK. UK & Forschung, 3, 4–23.
Boenisch, J. (2014): Die Bedeutung von Kernvokabular für unterstützt kommunizierende Kinder und Jugendliche. Logos: Die Fachzeitschrift für Logopädie und Sprachtherapie, 3(22), 164–178. (https://kups.ub.uni-koeln.de/53339/)
Boenisch, J. & Nonn, K. (2020): UK-Förderung oder UK-Therapie? In: Boenisch, J. & Sachse, S. K. (Hrsg.): Kompendium Unterstützte Kommunikation. Stuttgart: Kohlhammer. 40–49.
Boenisch, J. & Sachse, S. K. (2007): Diagnostik und Beratung in der Unterstützten Kommunikation: Theorie, Forschung und Praxis. Karlsruhe: von Loeper.
Boenisch, J. & Sachse, S. K. (Hrsg.) (2020a): Kompendium Unterstützte Kommunikation. Stuttgart: Kohlhammer.
Boenisch, J. & Sachse, S. K. (2020b): Kernvokabular – Bedeutung für den Sprachgebrauch. In: Boenisch, J. & Sachse, S. K. (Hrsg.): Kompendium Unterstützte Kommunikation. Stuttgart: Kohlhammer. 108–116.
Boenisch, J., Willke, M. & Sachse, S. K. (2020): Elektronische Kommunikationshilfen in der UK. In: Boenisch, J. & Sachse, S. K. (Hrsg.): Kompendium Unterstützte Kommunikation. Stuttgart: Kohlhammer. 250–258.

Literatur

Bollmeyer, H. & Hüning-Meier, M. (2020): Teilhabe an Bildung und Erziehung in der Schule – Das »Partizipationsmodell für Inklusion« von Beukelman und Mirenda. In: GesUK (Hrsg.): Handbuch der Unterstützten Kommunikation. Karlsruhe: von Loeper. 08.018.022–008.018.029.

Braun, U. (2020): Entwicklung der Unterstützen Kommunikation in Deutschland – eine systematische Einführung. In: Boenisch, J. & Sachse, S. K. (Hrsg.): Kompendium Unterstützte Kommunikation. Stuttgart: Kohlhammer. 19–32.

Braun, U. & Baunach, M. (2021): Unterstützte Kommunikation in der Sonderschule. In: Wilken, E. (Hrsg.): Unterstützte Kommunikation. Eine Einführung in Theorie und Praxis. Stuttgart: Kohlhammer. 151–165.

Bredel, U., Fuhrhop, N. & Noack, C. (2017): Wie Kinder lesen und schreiben lernen. Tübingen: Narr Francke.

Bruner, J. S. (2002): Wie das Kind sprechen lernt. Bern: Hans Huber.

Bundschuh, K., Herbst, T. & Kannewischer, S. (1999): Unterstützte Kommunikation an Schulen zur individuellen Lebensbewältigung – eine empirische Untersuchung. Zeitschrift für Heilpädagogik, 11(50), 516–522.

Burkhart, L. & Porter, G. (2015): Which way to autonomous communication. (https://lindaburkhart.com/wp-content/uploads/2016/06/handout-Which-Way-to-Autonomous-Communication-AS-Porter-Burkhart.pdf)

Büttner, G., Warwas, J. & Adl-Amini, K. (2012): Kooperatives Lernen und Peer Tutoring im inklusiven Unterricht. Zeitschrift für Inklusion, 1–2(6). (https://www.inklusion-online.net/index.php/inklusion-online/article/view/61)

CAST (2020): Universal Design for Learning Guidelines version 2.2. (http://udlguidelines.cast.org)

CAST (2021): Universal Design for Learning Guidelines. Full-Text Representation Version 2.0. (Hrsg.): Wakefield, MA. (https://udlguidelines.cast.org/more/downloads#v2-0)

Dahlgren Sandberg, A. (2001): Reading and spelling, phonological awareness, and working memory in children with severe speech impairments: A longitudinal study. Augmentative and Alternative Communication, 1(17), 11–26. (https://doi.org/10.1080/aac.17.1.11.26)

Dangschat, H. & Ender, K. (2017): Gebärden im Fokus. In: Lage, D. & Ling, K. (Hrsg.): UK spricht viele Sprachen. Zusammenhänge zwischen Vielfalt der Sprachen und Teilhabe. Karlsruhe: von Loeper. 21–36.

Dangschat, H. & Plachta, S. (2020): Teilhaben mit Gebärden: Strategien zur Etablierung von lautsprachunterstützenden Gebärden (LUG). In: Boenisch, J. & Sachse, S. K. (Hrsg.): Kompendium Unterstützte Kommunikation. Stuttgart: Kohlhammer. 233–239.

Daun, K. & Tuckermann, A. (2019): Autismus-Spektrum-Störung: Herausforderungen und unterrichtliche Möglichkeiten. In: Schäfer, H. (Hrsg.): Handbuch Förderschwerpunkt geistige Entwicklung. Grundlagen – Spezifika – Fachorientierung – Lernfelder. Weinheim: Beltz. 291–302.

Dierker, S. (2017): Der Einschätzungsbogen »UK & Literacy – beobachten, einschätzen und planen«. Unterstützte Kommunikation, 3(17), 6–9.

Deutsches Institut für Medizinische Dokumentation und Information (DIMDI) (2005): ICF - k Internationale Klassifikation der Funktionsfähigkeit, Behinderung und Gesundheit. WHO. (https://www.bfarm.de/DE/Kodiersysteme/Klassifikationen/ICF/_node.html)

Dowden, P. A. (2004): Continuum of communication independence. Washington: University of Washington. (https://www.aaccessible.org/cci)

Dworschak, W., Kannewischer, S., Ratz, C. & Wagner, M. (Hrsg.) (2012): Schülerschaft mit dem Förderschwerpunkt geistige Entwicklung. Eine empirische Studie (SFGE I). Oberhausen: Athena.

Erdélyi, A. & Thümmel, I. (2011): Teilhabe durch Unterstützte Kommunikation UK in niedersächsischen Bildungseinrichtungen? Ergebnisse einer landesweiten Studie zu Bedarfen und Ressourcen an UK in niedersächsischen Schulen und Tagesbildungsstätten. In: Bollmeyer, H., Engel, K., Hallbauer, A. & Hüning-Meier, B. (Hrsg.): UK inklusive. Teilhabe durch Unterstützte Kommunikation. Karlsruhe: von Loeper. 15–30.

Erdélyi, A. & Thümmel, I. (2019): Kommunikation II: Zum Stand der Implementation von Unterstützter Kommunikation an Schulen. In: Schäfer, H. (Hrsg.): Handbuch Förderschwerpunkt geistige Entwicklung. Grundlagen – Spezifika – Fachorientierung – Lernfelder. Weinheim: Beltz. 423–433.

Erickson, K., Hanser, G., Hatch, P. & Sanders, E. (2009): Research-based practices for creating access to the general curriculum in reading and literacy for students with significant intellectual disabilities. Chapel Hill, NC: Center for Literacy and Disabilities Studies. (https://literacyforallinstruction.ca/wp-content/uploads/2020/05/Research-Based-Practices-for-Creating-Access-to-the-General-Curriculum-in-Reading-and-Literacy-for-Students-with-Significant-Intellectual-Disabilities.pdf)

Erickson, K. & Koppenhaver, D. (2020): Comprehensive Literacy for All: Teaching Students with Significant Disabilities to Read and Write. Baltimore: Paul H. Brookes Pub.

Erickson, K., Koppenhaver, D. & Cunningham, J. W. (2017): Balanced reading intervention and assessment in augmentative and alternative communication. In: McCauley, R. J. & Frey, M. E. (Hrsg.): Treatment of language disorders in children. Baltimore, MD: Paul H. Brookes Pub. 309–345.

Feuser, G. (2013): Die »Kooperation am Gemeinsamen Gegenstand« – ein Entwicklung induzierendes Lernen. In: Feuser, G. & Kutscher, J. (Hrsg.): Entwicklung und Lernen. Stuttgart: Kohlhammer. 282–293.

Fischer, E. (2024): Wahrnehmungsförderung. Sonderpädagogischer Schwerpunkt Geistige Entwicklung (Schule und Unterricht bei intellektueller Beeinträchtigung – Band 4). Stuttgart: Kohlhammer.

Fischer, E. & Schäfer, H. (2021): Unterricht im Förderschwerpunkt geistige Entwicklung. Pädagogische Perspektiven und didaktische Erfordernisse. Grundschule, 6(53), 28–33.

Fried-Oken, M. & Granlund, M. (2021): AAC and ICF: A Good Fit to Emphasize Outcomes. In: Augmentative and Alternative Communication, 28, 1–2.

Fröhlich, N. (2020): Grafische Symbole und nichtelektronische Kommunikationshilfen in der UK. In: Boenisch, J. & Sachse, S. K. (Hrsg.): Kompendium Unterstützte Kommunikation. Stuttgart: Kohlhammer. 240–249

Fröhlich, N., Castaneda, C. & Waigand, M. (2019): (K)eine Alternative zu herausforderndem Verhalten?! Heigenbrücken: Verlag UK-Coach.

Füssenich, I. & Löffler, C. (2008): Schriftspracherwerb: Einschulung, erstes und zweites Schuljahr. München: Ernst Reinhardt.

Garbe, C. & Herrmann, T. (2020): UK-Diagnostik – Eine Einführung. In: Boenisch, J. & Sachse, S. K. (Hrsg.): Kompendium Unterstützte Kommunikation. Stuttgart: Kohlhammer. 157–169.

Gogolin, I. (2010): Stichwort: Mehrsprachigkeit. Zeitschrift für Erziehungswissenschaft, 13, 529–547. (https://doi.org/10.1007/s11618-010-0162-3)

Graf, A. (2015): Begegnungen mit Schrift im Kindergarten. Eine Studie zur Initiierung früher Schrifterfahrung. Dissertation. Pädagogische Hochschule Ludwigsburg. (https://phbl-opus.phlb.de/frontdoor/deliver/index/docId/456/file/dissertationaktu ellonlineversion.pdf)

Grimm, H. (2012): Störungen der Sprachentwicklung. Grundlagen – Ursachen – Diagnose – Intervention – Prävention. Göttingen: Hogrefe.

Grosse, G., Behne, T., Carpenter, M. & Tomasello, M. (2010): Infants communicate in order to be understood. Developmental Psychology, 6 (46), 1710–1722 (https://doi.org/10.1 037/a0020727) (https://www.researchgate.net/publication/46576666_Infants_Commu nicate_in_Order_to_Be_Understood/link/09e415137138d5af8d000000/download)

Günther, K. B. (1986): Ein Stufenmodell der Entwicklung kindlicher Lese- und Schreibstrategien. In: Brügelmann, H. (Hrsg.): ABC und Schriftsprache. Rätsel für Kinder, Lehrer und Forscher. Konstanz: Faude. 31–54

Haider, S., Jencio-Stricker, E. & Schwanda, A. (2023): Autismus und Schule. Inklusive Rahmenbedingungen für Lehren, Lernen und Teilhabe. Berlin: Springer.

Hallbauer, A. (2007): Bücher lesen und Reime reimen – frühe Literacy-Erfahrungen für und mit UK Kids. In: Sachse, S. K., Birngruber, C. & Arendes, S. (Hrsg.): Lernen und Lehren in der Unterstützten Kommunikation. Karlsruhe: von Loeper. 147–161.

Hansen, F. (2020): Basale Förderung bei Menschen mit komplexen Beeinträchtigungen in Kommunikation und Interaktion. In: Boenisch, J. & Sachse, S. K. (Hrsg.): Kompendium Unterstützte Kommunikation. Stuttgart: Kohlhammer. 259–268.

Häußler, A. (2021): TEACCH – ein kommunikationsorientierter Ansatz zur ganzheitlichen Förderung von Menschen mit Autismus. In: Wilken, E. (Hrsg.): Unterstützte Kommunikation. Eine Einführung in Theorie und Praxis. Stuttgart: Kohlhammer. 188–211.

Heim, M., Jonker, V. & Veen, M. (2005): COCP: Ein Interventionsprogramm für nicht sprechende Personen und ihre Kommunikationspartner. In: GesUK (Hrsg.): Handbuch der Unterstützten Kommunikation. Karlsruhe: von Loeper. 01.026.007–001.026.015.

Hernando, A., Boenisch, J. & Bernasconi, T. (2020): UK-Beratungsstellen in Deutschland: Ein Überblick zum Ist-Stand. In: Boenisch, J. & Sachse, S. K. (Hrsg.): Kompendium Unterstützte Kommunikation. Stuttgart: Kohlhammer. 372–385.

Hewett, D., Firth, G., Barber, M. & Harrison, T. (Hrsg.) (2012): The Intensive Interaction Handbook. London: Sage Publications.

Höhl, S. & Weigelt, S. (2015): Entwicklung in der Kindheit (4–6 Jahre). München: Ernst Reinhardt.

Hollenweger, J. (2019): ICF als gemeinsame konzeptuelle Grundlage. In: Luder, R., Kunz, A. & Müller Bösch, C. (Hrsg.): Inklusive Pädagogik und Didaktik. Bern: hep. 30–54.

Hüning-Meier, M. & Bollmeyer, H. (2012): Nichtelektronische Kommunikationshilfen – theoretische Grundlagen und praktische Anwendung. In: GesUK (Hrsg.): Handbuch der Unterstützten Kommunikation. 9. Nachlief., 1. Aufl. 03.003.001–03.005.001

Jantzen, W. (2002): Identitätsentwicklung und pädagogische Situation behinderter Kinder und Jugendlicher. In: Sachverständigenkommission 11. Kinder- und Jugendbericht (Hackauf, H., Seifert, B., Beck, I., Jantzen, W. & Mrozynski, P.) (Hrsg.): Gesundheit und Behinderung im Leben von Kindern und Jugendlichen. München: Verlag Deutsches Jugendinstitut. 317–394.

Janz, F., Klauß, T. & Lamers, W. (2009): Unterricht für Schülerinnen und Schüler mit schwerer und mehrfacher Behinderung. Empirische Unterrichtsforschung in der Allgemeinen Pädagogik und in der Sonderpädagogik. Behindertenpädagogik, 2(48), 117–142.

Jockusch, D. & Rothmayr, A. (2019): Dabei sein ist nicht alles! Unterrichtspartizipation auch auf präverbaler Ebene. Unterstützte Kommunikation, 2(19), 29–34.

Jungmann, T., Morawiak, U. & Meindl, M. (2018): Überall steckt Sprache drin: Alltagsintegrierte Sprach- und Literacy-Förderung für 3- bis 6-jährige Kinder. München: Ernst Reinhardt.

Just, M. (2020): Gemeinsamer Unterricht und unterrichtsimmanente Kommunikationsförderung. Es geht – und es geht richtig gut! In: GesUK (Hrsg.): Handbuch der Unterstützten Kommunikation. Karlsruhe: von Loeper. 08.018.041–008.018–047.

Kammermeyer, G., Goebel, P., King, S., Lämmerhirt, A., Leber, A., Metz, A., Papillion-Piller, A. & Roux, S. (2019): Mit Kindern im Gespräch (Kita). Strategien zur Sprachbildung und Sprachförderung von Kindern in Kindertageseinrichtungen. Augsburg: Auer.

Karus, A. (2023): Digitales Unterstützungsangebot in der UK-Beratung. In: Niediek, I., Scholz, M. & Stegkemper, J. M. (Hrsg.): Unterstützte Kommunikation mitten im Leben?! Ideen zu mehr kommunikativer Teilhabe in allen Lebensbereichen. Düsseldorf: Verlag selbstbestimmtes leben. 160–168.

Kaufmann, U. (2006): Sprachentwicklung unterstützt kommunizierender Kinder – eine qualitative Pilotstudie mit 10 Kindern im Alter von 3–6 Jahren. (https://kups.ub.uni-koeln.de/2025/1/Dissertation_Druckfassung.pdf)

Kay-Raining-Bird, E., Cleave, P., Trudeau, N., Thordardottir, E., Sutton, A. & Thorpe, A. (2005): The language abilities of bilingual children with down syndrome. American Journal of Speech-language Pathology, 14, 187–199.

Kelz, A. (2016): Zielgruppen der Unterstützten Kommunikation im Kontext von Mehrsprachigkeit. Unterstützte Kommunikation, 3(16), 18–22.

Klafki, W. (2007): Neue Studien zur Bildungstheorie und Didaktik. Zeitgemäße Allgemeinbildung und kritisch-konstruktive Didaktik. Weinheim: Beltz.

Klang, N., Rowland, C., Fried-Oken, M., Steiner, S., Granlund, M. & Adolfsson, M. (2016): The content of goals in individual educational programs for students with complex communication needs. Augmentative and Alternative Communication, 1(32), 41–48. (https://doi.org/10.3109/07434618.2015.1134654)

Klann-Delius, G. (2016): Spracherwerb. Eine Einführung. Stuttgart: Verlag J. B. Metzler.

Klauß, T., Lamers, W. & Janz, F. (2006): Die Teilhabe von Kindern mit schwerer und mehrfacher Behinderung an der schulischen Bildung – eine empirische Erhebung. Ergebnisse aus dem Forschungsprojekt zur »Bildungsrealität von Kindern und Jugendlichen mit schwerer und mehrfacher Behinderung in Baden-Württemberg (BiSB)«. Heidelberg (http://archiv.ub.uni-heidelberg.de/volltextserver/6790/)

Kochan, B. (1990): Von der Untersuchung des »Lernens durch Instruktion« zur Untersuchung des »Lernens durch Gebrauch«. In: Brügelmann H. & Balhorn, H. (Hrsg.): Das Gehirn, sein Alfabet und andere Geschichten. Konstanz: Ekkehard Faude Verlag. 231–234.

Koppenhaver, D., Coleman, P., Kalman, S. & Yoder, D. (1991): The implications of emergent literacy research for children with developmental disabilities. American Journal of Speech-language Pathology, 1(1), 38–44. (https://doi.org/10.1044/1058-0360.0101.38)

Koppenhaver, D., Evans, D. & Yoder, D. (1991): Childhood reading and writing experiences of literate adults with severe speech and motor impairments. Augmentative and Alternative Communication, 1(7), 20–30.

Köster, U. C. & Schwager, A. (2002): »Sprechen kann ich nicht, aber trotzdem alles sagen!«: Schriftspracherwerb bei »nicht sprechenden« körperbehinderten Kindern. Karlsruhe: von Loeper.

Kremer-Sadlik, T. (2005): To be or not to be bilingual: Autistic children from multilingual families. In: Cohen, J., McAlister, C. T., Rolstad, K. & MacSwan, J. (Hrsg.): 4th International Symposium on Bilingualism. Arizona State University: Cascadilla Press. 1225–1234.

Kress, G. (2000): Before writing. Rethinking the paths to literacy. London: Routledge.

Lage, D. (2006): Unterstützte Kommunikation und Lebenswelt. Eine kommunikationstheoretische Grundlegung für eine behindertenpädagogische Konzeption. Bad Heilbrunn: Klinkhardt.

Lage, D., Antener, G. & Knobel, C. (1997): Ein soziologischer Zugang zur Unterstützten Kommunikation. In: ISAAC (Hrsg.): Tagungsreader der vierten Kölner Fachtagung zur Unterstützten Kommunikation (CD-Rom). Karlsruhe: von Loeper. (Beobachtungsbogen online unter https://buk.ch/wp-content/uploads/2023/12/7-Beobachtungsbogen.pdf)

Lage, D. & Knobel Furrer, C. (2014): Rahmenbedingungen für die Unterstützte Kommunikation – die neuen Herausforderungen. Schweizerische Zeitschrift für Heilpädagogik, 11–12(20), 20–26.

Lage, D. & Knobel Furrer, C. (2017): Das Kooperative Partizipationsmodell. Ein notwendiger Relaunch. In: Lage, D. & Ling, K. (Hrsg.): UK spricht viele Sprachen. Zusammenhänge zwischen Vielfalt der Sprachen und Teilhabe. Karlsruhe: von Loeper. 125–138.

Leber, I. (2012): Einschätzen und Unterstützen. Förderdiagnostik Unterstützte Kommunikation. (https://verlagvonloeper.ariadne.de/media/pdf/e5/98/95/Einschaetzen-und-Unterstuetzen-Foerderdiagnostik-UK-Vers-2012.pdf)

Leber, I. (2018): Kommunikation einschätzen und unterstützen: Poster und Begleitheft zu den Fördermöglichkeiten in der Unterstützten Kommunikation. Karlsruhe: von Loeper.

Lengyel, D. (2012): Unterrichtsinteraktion in sprachlich heterogenen Klassen. In: Fürstenau, S. (Hrsg.): Interkulturelle Pädagogik und sprachliche Bildung. Wiesbaden: VS Verlag. 143–161.

Light, J. & Mcnaughton, D. (2015): Designing AAC research and intervention to improve outcomes for individuals with complex communication needs. Augmentative and Alternative Communication, 2(31), 85–96. (https://doi.org/10.3109/07434618.2015.1036458)

Light, J. C. (1989): Toward a definition of communicative competence for individuals using augmentative and alternative communication systems. Augmentative and Alternative Communication, 2(5), 137–144. (https://doi.org/10.1080/07434618912331275126)

Light, J. C. (2003): Shattering the silence. In: Light, J. C., Beukelman, D. R. & Reichle, J. (Hrsg.): Communicative competence for individuals who use AAC. Baltimore: Brookes. 3–38.

Light, J. C., Arnold, K. B. & Clark, E. A. (2003): Finding a place in the »social circle of life«. The development of sociorelational competence by individuals who use AAC. In: Light, J. C., Beukelman, D. R. & Reichle, J. (Hrsg.): Communicative competence for individuals who use AAC. Baltimore: Brookes. 361–399.

Light, J. C. & McNaughton, D. (2014): Communicative competence for individuals who require augmentative and alternative communication: A new definition for a new era of communication? Augmentative and Alternative Communication, 1(30), 1–18.

Lindmeier, B. & Lindmeier, C. (2012): Pädagogik bei Behinderung und Benachteiligung. Band 1: Grundlagen. Stuttgart: Kohlhammer.

Ling, K. (2011): Nutzerkontrolle bei eingeschränkter verbaler Kommunikation. In: Beck, I. & Greving, H. (Hrsg.): Gemeindeorientierte pädagogische Dienstleistungen. Enzyklopädisches Handbuch der Behindertenpädagogik. Band 6. Stuttgart: Kohlhammer. 187–191.

Ling, K. (2013): Das Modell von Gal'perin. Ein Modell für die Planung, Analyse und Reflexion von Lehr-Lernprozessen. Inklusive – Zeitschrift Spezielle Pädagogik und Psychologie, 3, 14–16.

Ling, K. (2015): Identitätsentwicklung und Kommunikation(sbeeinträchtigungen). In: Antener, G., Blechschmidt, A. & Ling, K. (Hrsg.): UK wird erwachsen. Initiativen der Unterstützten Kommunikation. Karlsruhe: von Loeper. 195–213.

Ling, K. (2021): Unterstützte Kommunikation. In: Kunz, A., Luder, R. & Müller Bösch, C. (Hrsg.): Inklusive Pädagogik und Didaktik. Bern: hep Verlag. 281–289.

Lingk, L. (2020): Mehrsprachigkeit und Unterstützte Kommunikation. In: Boenisch, J. & Sachse, S. K. (Hrsg.): Kompendium Unterstützte Kommunikation. Stuttgart: Kohlhammer. 133–140.

Lüke, C. & Vock, S. (2019): Unterstützte Kommunikation bei Kindern und Erwachsenen. Berlin: Springer.

Mcnaughton, D., Light, J. C., Beukelman, D. R., Klein, C., Nieder, D. & Nazareth, G. (2019): Building capacity in AAC: A person-centred approach to supporting participation by people with complex communication needs. Augmentative and Alternative Communication, 1(35), 56–68.

Millar, D. C., Light, J. C. & Schlosser, R. W. (2006): The impact of augmentative and alternative communication intervention on the speech production of individuals with developmental disabilities: A research review. Journal of Speech, Language, and Hearing Research, 2(49), 248–264. (https://doi.org/10.1044/1092-4388(2006/021))

Miller, P. (2000): Wygotskis Theorie und die Kontexttheoretiker. In: Miller, P. (Hrsg.): Theorien der Entwicklungspsychologie. Heidelberg: Spektrum. 340–385.

Mischo, S. (2012): Teilhabe am Gemeinwesen fördern – Möglichkeiten der Unterstützten Kommunikation. In: GesUK (Hrsg.): Handbuch der Unterstützten Kommunikation. Karlsruhe: von Loeper. 10.076.001–010.088.001.

Mischo, S. & Thümmel, I. (2024): Unterstützte Kommunikation. Diagnostik und Interventionsplanung. Themenheft Lernen konkret Nr. 1. Braunschweig: Westermann.

Mohr, L., Zündel, M. & Fröhlich, A. (Hrsg.) (2019): Basale Stimulation: Das Handbuch. Bern: Hogrefe.

Moorcroft, A., Scarinci, N. & Meyer, C. J. (2018): A systematic review of the barriers and facilitators to the provision and use of low-tech and unaided AAC systems for people with complex communication needs and their families. Disability and Rehabilitation: Assistive Technology, 7(14), 1–22. (https://doi.org/10.1080/17483107.2018.1499135)

Müller, A. & Gülden, M. (2016): Linguistische Aspekte der visuellen Darstellung von Sprache in der Unterstützten Kommunikation. In: Unterstützte Kommunikation, 4, 17–23.

Mußmann, J. (2020): Inklusive Sprachförderung in der Grundschule. München: Ernst Reinhardt.

Nelson, K. (2007): Young Minds in Social Worlds. Expierence, Meaning and Memory. Cambridge: Harvard University Press.

Nelson, K. & Kessler Shaw, L. (2002): Developing a Socially Shared Symbolic System. In: Amsel, E. & Byrnes, J. P. (Hrsg.): Language, Literacy, and Cognitve Development. The Development and Consequences of Symbolic Communication. Mahwah, New Jersey: Lawrence Erlbaum Associates. 27–57.

Nickel, S. (2014): Sprache und Literacy im Elementarbereich. In: Braches-Chyrek, R., Röhner, C., Sünker, H. & Hopf, M. (Hrsg.): Handbuch Frühe Kindheit. Opladen: Budrich. 645–657.

Nonn, K. (2014): Gesucht wird eine Lokomotive, die den Spracherwerb zieht: Das sozialpragmatische Spracherwerbsmodell von Michael Tomasello als theoretisches Bezugssystem für Unterstützte Kommunikation. UK & Forschung, 3, 24–46.

Nonn, K. (2023): Transfer und soziale Teilhabe in der Unterstützten Kommunikation für Kinder ohne ausreichende Lautsprache: kooperativ und kompetenzorientiert. Spektrum Patholinguistik, 16, 53–69. (https://doi.org/10.25932/publishup-61342)

Papoušek, M. (1994): Vom ersten Schrei zum ersten Wort: Anfänge der Sprachentwicklung in der vorsprachlichen Kommunikation. Bern: Huber

Pauen, S. & Roos, J. (2020): Entwicklung in den ersten Lebensjahren (0–3 Jahre). München: Ernst Reinhardt.

Pickl, G. (2011): Communication intervention in children with severe disabilities and multilingual backgrounds: Perceptions of pedagogues and parents. Augmentative and Alternative Communication, 4(27), 229–244.

Pitsch, H.-J. & Thümmel, I. (2023): Konzepte – Verfahren – Methoden. Sonderpädagogischer Förderschwerpunkt Geistige Entwicklung. (Schule und Unterricht bei intellektueller Beeinträchtigung, Band 2). Stuttgart: Kohlhammer.

Pretis, M. (2019): ICF-basiertes Arbeiten in der Frühförderung. München: Ernst Reinhardt.

REHAVISTA (2021): Schau hin: vorsymbolische Kommunikationssignale und motivierende Elemente finden. Bremen: Rehavista GmbH.

REHAVISTA (2014): PlanBe. Bremen: Rehavista GmbH.

Reisenberger, U. (2019): Schwerste Behinderung III: Basale Stimulation – konzeptionelle Grundlagen und intentionale Kommunikationsförderung. In: Schäfer, H. (Hrsg.):

Handbuch Förderschwerpunkt geistige Entwicklung. Grundlagen – Spezifika – Fachorientierung – Lernfelder. Weinheim: Beltz. 335–343.

Renner, G. (2004): Theorie der Unterstützten Kommunikation. Eine Grundlegung. Berlin: Edition Marhold im Wissenschaftsverlag Volker Spiess.

Rhyner, P., Haebig, E. & West, K. (2009): Understanding Frameworks for the Emergent Literacy Stage. In: Rhyner, P. M. (Hrsg.): Emergent literacy and language development. Promoting learning in early childhood (Challenges in language and literacy). New York: Guilford Press. 5–35.

Ritterfeld, U. & Lüke, C. (2013): Mehrsprachen-Kontexte 2.0. Erfassung der Inputbedingungen von mehrsprachig aufwachsenden Kindern. (https://eldorado.tu-dortmund. de/bitstream/2003/31166/2/Mehrsprachen-Kontexte%202.0_2013.pdf)

Rowland, C. (2011): Using the communication matrix to assess expressive skills in early communicators. Communication Disorders Quarterly, 3(32), 190–201. (https://doi.org/10.1177/1525740110394651)

Rowland, C. (2015): Communication Matrix. Deutsche Übersetzung: Scholz, M. & Jester, M. (2015): Die Kommunikationsmatrix. Ein Instrument zur Feststellung kommunikativer Kompetenzen. (https://www.communicationmatrix.org/NewTranslations)

Sachse, S. (2015): Literacy-Förderung von Anfang an. Rahmenbedingungen, Ziele und Inhalte. In: Antener, G., Blechschmidt, A. & Ling, K. (Hrsg.): UK wird erwachsen. Initiativen in der Unterstützten Kommunikation. Karlsruhe: von Loeper. 245–264.

Sachse, S. K. (2020): Schriftspracherwerb kaum- und nichtsprechender Kinder und Jugendlicher. Besondere Herausforderungen und Lösungsansätze. In: Boenisch, J. & Sachse, S. K. (Hrsg.): Kompendium Unterstützte Kommunikation. Stuttgart: Kohlhammer. 338–346.

Sachse, S. K. (2022): Das Merge-Modell beim Schriftspracherwerb. Eine Zusammenführung verschiedener Perspektiven. Zeitschrift für Heilpädagogik, 6(73), 273–283. (https://doi.org/10.18716/kups/64518)

Sachse, S. K. & Bernasconi, T. (2020): Ziele formulieren und Maßnahmen beschreiben mit dem ABC-Modell. In: Boenisch, J. & Sachse, S. K. (Hrsg.): Kompendium Unterstützte Kommunikation. Stuttgart: Kohlhammer. 202–216.

Sachse, S. K. & Willke, M. (2011): Fokuswörter in der Unterstützten Kommunikation. Ein Konzept zum sukzessiven Wortschatzaufbau. In: Bollmeyer, H., Engel, K., Hallbauer, A. & Hüning-Meier, M. (Hrsg.): UK inklusive – Teilhabe durch Unterstützte Kommunikation. Karlsruhe: von Loeper. 375–394.

Sachse, S. K. & Willke, M. (2020): Fokuswörter in der Interventionsplanung und -umsetzung. In: Boenisch, J. & Sachse, S. K. (Hrsg.): Kompendium Unterstützte Kommunikation. Stuttgart: Kohlhammer. 224–232.

Sarimski, K. (2020): Sprachentwicklung bei Kindern mit Behinderungen. In: Sachse, S., Bockmann, A.-K. & Buschmann, A. (Hrsg.): Sprachentwicklung. Berlin, Heidelberg: Springer. 399–414. (https://doi.org/10.1007/978-3-662-60498-4_18)

Sarimski, K. (2024): Intellektuelle Behinderung im Kindes- und Jugendalter: Psychologische Analysen und Interventionen. Göttingen: Hogrefe.

Schäfer, H. (2014): Unterricht im Förderschwerpunkt geistige Entwicklung. Behindertenpädagogik, 1(53), 74–103.

Schäfer, H. (2017): Unterrichtsplanung im Förderschwerpunkt geistige Entwicklung: das MehrPerspektivenSchema als didaktischer Orientierungsrahmen. Weinheim: Beltz.

Schäfer, H. (2019): Zur Gestaltung von Unterricht im Förderschwerpunkt geistige Entwicklung. In: Schäfer, H. (Hrsg.): Handbuch Förderschwerpunkt geistige Entwicklung. Grundlagen – Spezifika – Fachorientierung – Lernfelder. Weinheim: Beltz. 92–98.

Schäfer, H. (2024): Diagnostik, Beratung und Interventionsplanung bei komplexer Behinderung. In: Schäfer, H., Loscher, T. & Mohr, L. (Hrsg.): Unterricht bei komplexer Behinderung. Sonderpädagogischer Schwerpunkt Geistige Entwicklung (Schule und Unterricht bei intellektueller Beeinträchtigung, Band 3). Stuttgart: Kohlhammer. 85–107.

Schäfer, H. & Rittmeyer, C. (2019): Schulentwicklung – Grundlagen und Perspektiven. In: Schäfer, H. (Hrsg.): Handbuch Förderschwerpunkt geistige Entwicklung. Grundlagen – Spezifika – Fachorientierung – Lernfelder. Weinheim: Beltz. 195–208.

Schelten-Cornish, S. & Wirts, C. (2008): Beobachtungsbogen für vorsprachliche Fähigkeiten und Eltern-Kind-Interaktion (BFI). L. OG. OS Veröffentlichungen.

Schlosser, R. W. (2003): The efficacy of augmentative and alternative communication. Toward evidence-based practice. New York: Academic Press.

Scholz, M. & Stegkemper, J. M. (2022): Unterstützte Kommunikation. Grundfragen und Strategien. München: Ernst Reinhardt.

Scholz, M., Wagner, M. & Negwer, M. (2018): Kompetenzen und Unterstützungsbedürfnisse im Bereich Kommunikation und Sprache von Schülerinnen und Schülern im Förderschwerpunkt körperliche und motorische Entwicklung. Eine Vollerhebung der Schülerschaft in Rheinland-Pfalz. UK & Forschung, 8, 23–30.

Schreiber, V. & Sevenig, H. (2020): DiaKomm: Diagnostik und Kommunikationsförderung: unterstützte Kommunikation mit Menschen auf frühen Entwicklungsniveaus. Karlsruhe: von Loeper.

Schulz von Thun, F. (2014): Miteinander reden 1: Störungen und Klärungen: Allgemeine Psychologie der Kommunikation. Reinbek bei Hamburg: Rowohlt.

Schwab, S. (2016): Partizipation. In: Hedderich, I., Biewer, G., Hollenweger, J. & Markowetz, R. (Hrsg.): Handbuch Inklusion und Sonderpädagogik. Bad Heilbrunn: Klinkhardt. 127–131.

Seifert, M., Fornefeld, B., Koenig, P. & Dycker, O. (2001): Zielperspektive Lebensqualität eine Studie zur Lebenssituation von Menschen mit schwerer geistiger Behinderung im Heim. Bielefeld: Bethel-Verlag.

Selmayr, A. & Dworschak, W. (2021): Soziobiographische Aspekte. In: Baumann, D., Dworschak, W., Kroschewski, M., Ratz, C., Selmayr, A. & Wagner, M. (Hrsg.): Schülerschaft mit dem Förderschwerpunkt geistige Entwicklung II (SFGE II). Bielefeld: Athena, wbv. 35–56.

Siebert, B. & Rodina, K. (2013): Interiorisation in der Zone der nächsten Entwicklung. In: Feuser, G., Kutscher, J. & Siebert, B. (Hrsg.): Lernen und Entwicklung. Enzyklopädisches Handbuch der Behindertenpädagogik. Stuttgart: Kohlhammer. 230–234.

Soto, G. & Tetzchner, S. v. (2003): Supporting the development of alternative communication through culturall significant activities in shared educational settings. In: Tetzchner, S. v. & Grove, N. (Hrsg.): Augmentative and alternative communication. Developemental issues. London: Whurr Publishers. 287–299.

Teale, W. H. & Sulzby, E. (1986): Emergent literacy as a perspective for examining how young children become writers and readers. In: Teale, W. H. & Sulzby, E. (Hrsg.): Emergent literacy: Writing and reading. Norwood: Ablex Publishing Corporation. vii-xxv.

Terfloth, K. & Bauersfeld, S. (2019): Schüler mit geistiger Behinderung unterrichten Didaktik für Förder- und Regelschule. München: Ernst Reinhardt.

Tetzchner, S. v. & Martinsen, H. (2000): Einführung in Unterstützte Kommunikation. Heidelberg: Universitätsverlag Winter.

Theunissen, G. & Ziemen, K. (2000): Unterstützte Kommunikation. (K)ein Thema für den Unterricht mit geistig behinderten Schülern? Dargestellt und diskutiert am Beispiel einer Lehrerbefragung an Schulen für geistig Behinderte im Land Sachsen-Anhalt. Zeitschrift für Heilpädagogik, 9(51), 361–368.

Thiel, F. (2016): Interaktion im Unterricht. Opladen: Budrich.

Tomasello, M. (2011): Die Ursprünge der menschlichen Kommunikation. Frankfurt am Main: Suhrkamp.

Tomasello, M. (2020): Mensch werden. Eine Theorie der Ontogenese. Berlin: Suhrkamp.

Tomasello, M., Carpenter, C. & Liszkowski, U. (2007): A new look at infant pointing. In: Child Development, 3 (78), 705–722.

Tomasello, M. & Rakoczy, H. (2003): What makes human cognition unique? From individual to shared to collective intentionality. Mind & Language, 2(18), 121–147.

Tönsing, K. M., van Niekerk, K., Schlünz, G. I. & Wilken, I. (2018): AAC services for multilingual populations: South African service provider perspectives. Journal of Communication Disorders, 73, 62–76. (https://doi.org/10.1016/j.jcomdis.2018.04.002)

Topsch, W. (2005): Grundkompetenz Spracherwerb. Methoden und handlungsorientierte Praxisanregungen. Weinheim: Beltz.

Trissia, B., Geck, T. & Tüscher, K. (2020): Kommunikation mit hörsehbehinderten/taubblinden Menschen. In: Boenisch, J. & Sachse, S. K. (Hrsg.): Kompendium Unterstützte Kommunikation. Stuttgart: Kohlhammer. 125–132.

Ulich, M. (2008): Literacy und sprachliche Bildung im Elementarbereich. In: Ebert, S. (Hrsg.): Die Bildungsbereiche im Kindergarten: Orientierungswissen für Erzieherinnen. Freiburg: Herder. 86–107.

UN-BRK. (2008): Die UN-Behindertenrechtskonvention. Übereinkommen über die Rechte von Menschen mit Behinderungen. o. O.: Beauftragter der Bundesregierung für die Belange von Menschen mit Behinderungen. (https://www.institut-fuer-menschenrechte.de/fileadmin/Redaktion/PDF/DB_Menschenrechtsschutz/CRPD/CRPD_Konvention_und_Fakultativprotokoll.pdf)

Vock, S. & Lüke, C. (2013): Unterstützte Kommunikation bei mehrsprachigen Kindern und Jugendlichen. In: GesUK (Hrsg.): Handbuch der Unterstützten Kommunikation. Karlsruhe: von Loeper. 01.026.060–001.026.069.

Vygotskij, L. (2002): Denken und Sprechen. Psychologische Untersuchungen. Weinheim: Beltz.

Wachsmuth, S. (2006): Kommunikative Begegnungen. Aufbau und Erhalt sozialer Nähe durch Dialoge mit Unterstützter Kommunikation. Würzburg: Edition Bentheim.

Wachsmuth, S. (2020a): Geschichte der Unterstützten Kommunikation. In: Boenisch, J. & Sachse, S. K. (Hrsg.): Kompendium Unterstützte Kommunikation. Stuttgart: Kohlhammer. 74–80.

Wachsmuth, S. (2020b): Besonderheiten im kommunikativen Verhalten. In: Boenisch, J. & Sachse, S. K. (Hrsg.): Kompendium Unterstützte Kommunikation. Stuttgart: Kohlhammer. 101–107.

Wagner, M. & Kannewischer, S. (2012): Einschätzung der Kompetenzen im Bereich Sprache/Kommunikation. In: Dworschak, W., Kannewischer, S., Ratz, C. & Wagner, M. (Hrsg.): Schülerschaft mit dem Förderschwerpunkt geistige Entwicklung. Eine empirische Studie. Oberhausen: Athena. 99–110

Watzlawick, P., Beavin, J. H. & Jackson, D. (2017): Menschliche Kommunikation. Formen, Störungen, Paradoxien. Bern: Hogrefe.

Weid-Goldschmidt, B. (2013): Zielgruppen Unterstützter Kommunikation. Karlsruhe: von Loeper.

Weinert, S. & Grimm, H. (2012): Sprachentwicklung. In: Schneider, W. & Lindenberger, U. (Hrsg.): Entwicklungspsychologie. Weinheim: Beltz. 433–456

Wember, F. B. & Melle, I. (2018): Adaptive Lernsituationen im inklusiven Unterricht: Planung und Analyse von Unterricht auf Basis des Universal Designs for Learning. In: Hußmann, S. & Wetzel, B. (Hrsg.): DoProfiL – Das Dortmunder Profil für inklusionsorientierte Lehrerinnen- und Lehrerbildung. Münster: Waxmann. 57–72

Whitehead, M. R. (2007): Sprache und Literacy von 0 bis 8 Jahren. Troisdorf: Bildungsverl. EINS.

Willke, M. (2020): Partnerstrategien in der UK. In: Boenisch, J. & Sachse, S. K. (Hrsg.): Kompendium Unterstützte Kommunikation. Stuttgart: Kohlhammer. 217–223.

Willke, M. & Sachse, S. K. (2020): Früher Schriftspracherwerb (Emergent Literacy). Oder: Wie lernen Kinder lesen und schreiben? In: Boenisch, J. & Sachse, S. K. (Hrsg.): Kompendium Unterstützte Kommunikation. Stuttgart: Kohlhammer. 331–337.

Yoder, D. (2000): DJI-AbleNet Literacy Lecture. Vortrag auf der Internationalen ISAAC-Tagung. Washington, D. C.

Register

3

3D-Kommunikationssymbole 77

A

ABC-Modell 17, 92
abstrakte Symbole 32
Aktivität 54, 57, 66, 86, 96, 97, 101, 103, 105, 106, 112, 120, 125, 135, 147, 158, 160, 181
Alltag 101, 103, 105, 131, 142, 146, 175, 181, 182, 190
- alltägliche Interaktionen 66
- alltägliche Kommunikationssituationen 146, 147
- alltägliche Situationen 40, 41, 54, 117, 143, 146, 176, 181
- Alltagsaktivität 93, 96
- Alltagsimmanenz 176
- Alltagskommunikation 115, 191
- Alltagskontext 88, 147
- Alltagsrelevanz 182
- Alltagssituationen 115
- Schulalltag 124, 156, 159, 182
Asymmetrie-Hypothese 42
Aufmerksamkeit
- gemeinsame Aufmerksamkeit 28–30, 34
- getrennte Aufmerksamkeit 27, 28
Augmentative and Alternative Communication (AAC) 49

B

Barrieren 63, 97, 123, 137, 142, 145
- Gelegenheitsbarrieren 97, 100, 101, 122, 134, 140, 145
- Lernbarrieren 137
- Partizipationsbarrieren 96, 100
- Zugangsbarrieren 95, 97, 101, 122, 134, 140
Benachteiligungen 124
Beratung 122
- Beratungsstellen 122, 123
- kollegiale Beratung 123
Bezugsobjekte 75
Bezugspersonen 35, 90, 102, 103, 110, 142, 174
Bildung 56, 124
- Bildungsangebote 124
- Bildungsinhalte 154
- Bildungssystem 122, 183
- Bildungsziele 126, 127, 156
Blickbewegungen 70, 71, 73

C

Checkpoints 136, 137, 146, 152, 154, 164, 167
COCP 90, 111

D

Diagnostik 42, 88–90, 93, 95, 122, 134
Differenzierung 125, 137, 154
- Binnendifferenzierung 125, 147, 152

E

Emergent Literacy 170–173, 175, 176, 178
Entwicklungsbegleitung 146
Erfahrungsbasierung 30, 32, 169, 175
Evaluation 88, 90–92, 100, 101, 105, 117

F

Fähigkeitskontinuum 59, 65, 66, 87
Fokuswörter 117, 120, 121, 156
Form, Funktion und Inhalt 59, 61
funktionaler Ansatz 35

G

Gebärden 21, 60, 62, 63, 65, 69, 70, 72, 99, 142, 154, 158, 190, 191, 194
- Deutsche Gebärdensprache (DGS) 72
- Lautsprachbegleitendes Gebärden (LBG) 72
- Lautsprachunterstützendes Gebärden (LUG) 72
Gelenkte Partizipation 127, 129, 130, 137, 150, 159, 167
gelingende Alltagskommunikation 61, 84, 86, 88
gemeinsame Aufmerksamkeit 38, 192, 193
Gesprächssituation 111, 143
Gesten 28, 29, 31, 63, 69, 70, 72, 130, 144, 191, 194
- deiktische Gesten 72
- ikonische Gesten 72
- individuelle Gesten 30, 142
- konventionelle Gesten 23, 29, 30, 193
- natürliche Gesten 30, 193
- symbolische Gesten 72
- unkonventionelle Gesten 29
- Zeigegesten 23, 29, 30, 38, 186, 193, 194
Gestik 70
grafische Symbole 60, 76, 77, 182
Gruppensetting 125, 142

H

Handlungsfelder 122–125
Handlungsorientierung 127, 152, 155

I

ICF 53, 55, 57, 58, 86, 92, 97, 102, 106, 111
Individualisierung 137
Inklusion 122, 127
innere Stimme 179, 180
Integration 17, 122, 126
intentionale Kommunikation 24, 29, 30, 32, 37, 39, 70, 142, 152, 163, 192, 193
intentionale vorsymbolische Kommunikation 28, 29
intentionales Verhalten 24, 26, 36
Interaktion 19–21, 27, 41, 90, 124, 140, 145, 150
interaktionistische Theorie 22, 24
Interdisziplinarität 53, 146, 165
Intervention 55, 71, 84, 85, 87, 90, 93, 95, 100–103, 106, 122, 125, 145, 184, 188, 191
- Interventionsplanung 83–88, 90, 92, 95, 100, 103, 105, 146, 189
- Interventionsziele 66
- Interventionszyklus 101, 105

J

joint attention 28, 29

K

Kandidatenmodell 52, 170
Kernvokabular 67, 79, 115, 117, 196
Klassenassistenz 124, 154, 155
Kleine Hilfen 79
Kommunikationsformen 60, 68, 86
- basale Kommunikationsformen 71, 192
- elektronische Hilfsmittel 63
- elektronische Kommunikationshilfen 68, 69, 75, 78, 79, 192, 195–197
- elektronischen und elektronischen Kommunikationshilfen 117
- körpereigene Kommunikationsformen 63, 68, 70, 72, 73, 75, 82, 83, 142, 154, 193, 194
- nicht-elektronische Kommunikationshilfen 68, 75, 77, 195
- nicht-elektronischen und elektronischen Kommunikationshilfen 117
Kommunikationsmatrix 23
Kommunikationsmotiv 26, 27, 60
Kommunikationspartnerinnen und -partner 41, 62, 63, 65, 66, 68, 69, 73, 78, 82, 84, 86, 87, 89, 95, 106, 110, 111, 114, 130, 140, 141, 144, 157, 193
kommunikative Kompetenz 59, 61, 64, 66, 84, 86, 102, 103, 105, 185
Kommunikative Teilhabe 103
kommunikative Teilhabe 43, 104, 122–124, 137, 145, 146, 153, 156, 166, 189
kommunikative Unabhängigkeit 65, 87
kompetenzorientierter Ansatz 35, 36
konkrete Symbole 30
Kontextfaktoren 85
Konventionelle Kommunikation 29
Kooperation 22, 23, 92, 126, 128–130, 135, 148, 151, 164, 165, 167
Kooperation am gemeinsamen Gegenstand 130, 152
kooperatives Lernen 146–152, 155
kultursensibel 195

L

Lehr-Lern-Interaktion 125
Lehr-Lern-Prozess 130, 134, 156
Lerngegenstand 131, 132, 134–137, 146, 147, 150, 151, 153, 162, 165
Lerngelegenheiten 140, 141
Lerngruppe 124–126, 136, 137, 157, 162
Lernhandlung 127, 130–133, 135, 162
Lernprozess 136, 162, 168, 173
Lernumgebung 127–129, 135
Lexikon 23, 61, 62
linguistische Fähigkeiten 62, 105
Literacy 95, 105, 167, 169, 171, 175
Lormen 73

M

Mehrsprachen-Kontext 191
mehrsprachiges Kommunikationssystem 189
Mehrsprachigkeit 183, 189, 192, 193, 195, 196
- Mehrsprachen-Kontext 189, 190
Merge-Modell 176, 177
metasprachliches Bewusstsein 33
Mimik 39, 63, 68, 70, 143, 144, 152, 191, 192
Mirroring 24, 26, 37
Modelling 35, 110, 114, 117, 120, 197
Morphologie 23, 59
Motivation 130
multimodales Kommunikationssystem 68, 82, 97, 99, 100, 189, 190

N

nicht-intentionale Kommunikation 65, 70, 71

Register

O

Objektpermanenz 28, 30, 31
offene Unterrichtsformen 125
operationale Fähigkeiten 62, 63, 67, 68, 105

P

Partizipation 20, 55, 85
- Partizipationsbarrieren 96, 100
Partizipationsmodell 55, 64, 134, 191
Partizipationsmuster 93
Partnerstrategien 111, 156
Peerpersonen 96
Phonetik 23
Phonologie 23, 59, 178
Piktogramme 51, 62, 75, 76, 135, 149, 154, 158, 160, 161, 190, 194, 195
Pragmatik 26, 60, 117, 143, 171
pragmatische Fähigkeiten 61
präintentionale Kommunikation 36
präsymbolische Kommunikation 37
Prävention 122
Projektunterricht 153

R

Randvokabular 116
Rhythmisierung 146, 156
Richtlinien 136
Rituale 146, 156–158, 192
Routinen 146, 156, 158, 159, 192

S

Sachanalyse 134
Scaffolding 127, 129, 137, 146, 150
Schrift 182
Schriftsprache 105, 155, 163, 169, 173, 174, 181, 196, 197
Schriftspracherwerb 131, 169–171, 173, 175, 177, 178

Semantik 23, 61
Separation 122
Signalwörter 30
simultaner Spracherwerb 184
Sonderpädagogische Dienste 123
soziale Fähigkeiten 62, 105
sozialpragmatische Theorie 22, 24
Sozialraum 123
soziokulturelle Fähigkeiten 145
Sprachproduktion 144
Sprachumgebung 189
Sprachverständnis 31, 32, 34, 35, 39, 40, 43, 47, 48, 143
strategische Fähigkeiten 62, 63, 105
Strukturierung 160
sukzessiver Spracherwerb 184
symbolische Kommunikation 30, 32, 39, 142
Symbolverständnis 39
Syntax 23, 60

T

Talkergruppe 124
TEACCH-Ansatz 51, 160
Teamteaching 124, 164
Teilhabe 20, 51, 54, 85, 101
Theory of Mind 34, 151
turn-taking 26, 30, 37, 144

U

Übergangsobjekte 28
UDL 127, 137, 152, 154, 164
Umfeld 65, 102, 123
Umweltfaktoren 86
UN-BRK 54–56, 58, 122
Universal Design for Learning (UDL) 134
unkonventionelle Kommunikation 28
Unterrichtsentwicklung 123
unterrichtsimmanente Kommunikationsförderung 124, 147
Unterrichtsinhalte 125

Unterrichtsplanung 166
Ursache-Wirkungs-Verständnis 79
Ursache-Wirkungs-Zusammenhang 83

V

verbale Kommunikation 33
Visualisierung 160
Vokabularauswahl 114
Vokalisationen 70
vorintentionale Kommunikation 24–26, 36, 146, 148, 152, 192
vorintentionales Verhalten 24, 25, 36
Vorläuferfähigkeiten 170
Vorschussvertrauen 174

W

Wortschatz 61

Z

Zielgruppen 35
Zone der aktuellen Entwicklung 127, 129
Zone der nächsten Entwicklung (ZdnE) 127